組織のあらゆる困難・葛藤を力に変える

対立を歓迎するリーダーシップ

THE LEADER AS MARTIAL ARTIST

アーノルド・ミンデル［著］
松村憲・西田徹［訳］
バランスト・グロース・コンサルティング株式会社［監訳］

日本能率協会マネジメントセンター

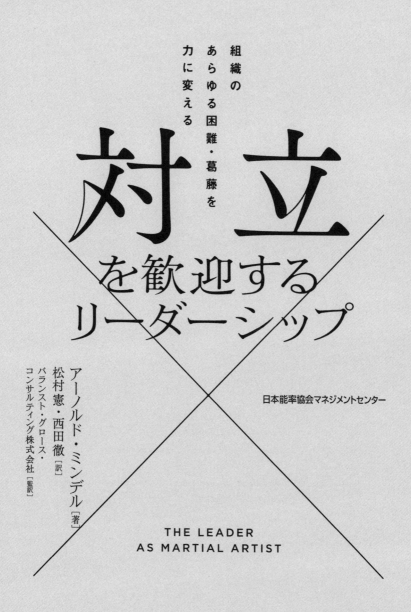

前書き

組織変容に伴う対立をデータとロジックで抑え込めるか？

ある会社でダイバーシティー&インクルージョン（D&I）をテーマとした検討会が実施されました（事実をもとに脚色しています）。

D&I担当役員 「女性や外国人といった多様な人材の可能性をもっと引き出してください」

マネジャーA氏 「理想はわかりますが、そんなことをすると職場が混乱して業績が下がりますよ！」

D&I担当役員 「このデータを見てください。D&Iを推進している会社や、女性を役員・管理職に登用している会社は、業績が良いのです。多様性はイノベーションを生み、業績に貢献するのです。これが事実です。
あなたの意見は単なる思い込みにすぎません」

巻き起こった対立とそのことへの対処を簡略化してセリフにしてみました。さて、この会社のD＆I施策は実践されたでしょうか。皆さんのご想像のとおりです。この検討会から5年たった今でも、この会社では日本人男性が主流派を占め、女性や外国人の活躍は絵に描いた餅のままです。

組織の未来を真剣に考えるリーダーたちは、ビジョンを描き、その方向性が正しいことをデータとロジックで訴えてきました。しかし、それだけでは抵抗勢力を納得させて組織を変容させることはできないと、多くのリーダーたちが気づき始めています。「今までのやり方は通用しないことがわかった」「でも、どうしていいかの代替案がない」……そんな心あるリーダーたちへの朗報が、アーノルド・ミンデルが提唱する「ワールドワーク」という、集団の変容のための考え方です。

対立と変容を扱う達人、アーノルド・ミンデル

アーノルド・ミンデルは、対立と変容を扱う達人です。そんな凄い人だといわれても、今まで名前を聞いたことがないという、ビジネスセクターの方も多いでしょう。それには理由があります。

ミンデルはユング心理学を土台として、そこに老荘思想やネイティブ・アメリカンの英知などを統合して独自の心理学「プロセスワーク」を生み出しました。初期のころに個人を相手にしたセラピーを提供していたミンデルは、ある晩こんな夢を見ました。神様が新しいクライアントを連れてきました。それは誰なのかと目を向けると、なんと新しいクライアントは世界（地球）だったのです。それ以降のミンデルは、個人へのワークに限らず、関係性を扱い、集団を扱い、さらには民族間の紛争といった世界レベルの対立までも扱うようになりました。そして近年、彼はビジネスや政治の領域をも取り扱い始めています。例えばユダヤ人とアラブ人の険悪な対立さえ扱って感動的な結末を導いてしまう彼のワールドワークであれば、D＆I推進派と保守的な抵抗勢力との対立と変容を扱うことができるのは当然ともいえるでしょう。

ミンデルが使う「魔法」を少し種明かししておきます。まずは対立に関してですが、

彼はいわゆる調停のようなやり方を取りません。むしろ隠されていた対立を歓迎して赤裸々な会話が起きるようにします。そしてそれぞれが、相手側の立場への気づきを育むことをミンデルは助けます。一般常識ではありえないこんなやり方を実現してしまうのが、ミンデルが提唱するワールドワークです。

次に変容についてです。ミンデルは個人であれ集団であれ、慣れ親しんだものと、馴染みがなくて現れ出ようとするものがあると考え、その2つの間にある目に見えない壁をエッジと呼びます。この枠組みで状況を見立てながら、様々な介入を行うことで変容を促すのがプロセスワークです。

「武道家としてのリーダー」：日本の武術の秘伝に学んだミンデル

この本の原書タイトルは『The Leader as Martial Artist』、直訳すると「武道家としてのリーダー」です。対立のマネジメントや組織変容に取り組むミンデルは、合気道の開祖である植芝盛平、剣術の柳生宗矩などが残したエピソードに深いレベルでの共通点を見出し、感銘を受けたようです。例えば、起倒流柔術の「起倒流伝書注釈」に次のようなものがあります。

「起倒とは起きることと倒れることである。起とは陽の現れであり、倒とは陰の現れである。陽に頼って勝つことがある。陰に頼って勝こともある。相手が陰を示せば陽によって勝つべし。相手が陽なら陰によって勝つべし。自分の強さを捨てて、相手の強さを使って勝つ。それが気の極意である」(現代語訳)

上記のD&I推進検討会の例では抵抗勢力の「陽」のエネルギーに対し、ロジックと定量データという「陽」でねじ伏せようとしました。その結果、いったん勝利したように見えた改革推進派は、その実践が破綻するという面従腹背にあい、事実上敗北したわけです。

本文の中でもミンデルは、対立を扱う際の同様の体験(失敗)を披露してくれています。陽に対して陽で応じてしまった例です。ジェンダーをテーマにしたワークショップで、ある女性がファシリテーターであるミンデルに叫びました。「私は男性が大嫌いだ。彼らは本当にうるさいから」。ロジックを最大限に活用してミンデルはこう答えました。「私自身も騒がしい人は、男性だろうと女性であろうと嫌いだ」。自分自身がうるさく叫びながら、うるさい人が嫌いだという彼女のロジックの破綻を見事に指摘したミンデルは、勝った気になり、自分を誇らしく思ったそうです。そして彼女は二度とミンデルに話しかけませんでした。この場で起きたことに対して、後にアウェアネスを得たミンデルはこう記しています。「でも私は何に対して勝ったというのだろうか。なぜ私は勝つ必要があったのか。彼女が私に対して叫んだときに、なぜ単に涙を流さなかったのだろうか」――つまり、陽に対して陰で応じるべきであったことにミンデルは気づいたのです。

気の極意：抵抗勢力の声を増幅した後のロールスイッチ

もう一度「起倒流伝書注釈」を引用します。

「相手が陽なら陰によって勝つべし。自分の強さを捨てて、相手の強さを使って勝つ。それが気の極意である」(現代語訳)

この叡智を最初のD&I推進検討会の場面にあてはめてみましょう。抵抗勢力の強い意見が出てきたら、それを抑え込まずにもっと言ってもらいます。「相手の強さ」を使うのです。場合によってはファシリテーターも反対派に混じって一緒に声をあげたりします。「女性が優秀だなんて、俺だって認めているよ。でもその人に大事な業務を任せて、育児休暇を取られたらどうするんだ！　あんたが代わりにその仕事をやってくれるのか？」などと。反対派がもうこれ以上言うことはないぐらいに言いきった時点を見極めます。ある意味反対意見が「成仏」した時点です。

ここで反対派にロールスイッチをしてもらいます。物理的に相対する別の場所に、「D&I推進派の椅子」を用意して、そこに座り替えてもらいます。そこで反対派は気づきを得るはずです。例えば「この椅子に座っていると、不当に扱われてきた女性たちの悲しみと苦しみがヒシヒシと伝わってきます。これは、なんとかしなくては……」などと。D&I推進派にも反対派（抵抗勢力）の椅子に座ってもらいます。「うわ。職場のこんな混沌、絶対に嫌だ」などと気づきが得られるかもしれません。このような深いレベルでの相互理解が起きたら、そこから本当の組織変革が起こり始めるはずです。

総合格闘技的な叡智

この本を読み進めていくと、様々なテーマが現れて驚かれることと思います。対立する組織の変容はもちろんのこと、ブッダが悟りを得た際の瞑想ともいわれるヴィパッサナー瞑想、柳生宗矩や合気道の達人・植芝吉祥丸、エントロピーの増大を阻むマックスウェルの悪魔などなど。なんらかのテーマを持ってこの本を手に取られた方にとっては「この話は自分に関係ない」と思われても不思議ではありません。

一方でミンデルのすごさは、自分が探求する目的のためであれば、何に対しても興味を持ち、そこから知恵を引き出すことです。総合格闘技的な英知ともいえます。よって皆さんには「この話はもしかしたら自分に関係するかもしれない」という気持ちでこの本を読み進めていただければ、必ず得るものがあるはずです。

様々なコンセプトが交じり合っていることのもうひとつの意味は、全く異なる領域における知恵が示している真実はひとつだということです。組織の対立マネジメントと武道における陰陽バランスの共通点についてはすでに触れました。

ミンデルの様々なアドバイスの中で極めて重要なもののひとつに、アウェアネス（気づき）を持つことがあります。マックスウェルの悪魔は、目の前を通る分子の素早さにアウェアネスを持ってドアを開閉することで、素早い分子の集まりと遅い分子の集まりを作れるとされています。このようにしてエントロピーの増大を阻むことで、世界の終焉を避けられます。

ミンデルは言います。「我々１人ひとりが様々なものたちへのアウェアネスを育むことで、世界が終焉に向かう流れを阻止できるはずである」と。ミンデルは、個人の変容、組織の変容、そして世界の変容に本気なのです。では、この本に託されたメッセージ「対立を歓迎し、そこから大いなる変容への旅路を歩む」を学び、実践してみましょう。

２０２１年12月　西田　徹

目次

第3部　グローバルワーク　171

第8章　葛藤解決の実践　173

第10章　カーストと人種差別のシステム　225

【本文中の記載について】

・原著者による注は、本文中において[1]などの数字表記で示し、注の内容は章末に記載している。加えて、日本語版に伴う追加の補足事項などを訳注としてまとめている。訳注は本文において*などの表記で示し、注の内容はページ下部に記載している。

・各章および各節のタイトルは、理解を補足するため修正を加えている。

第1部

理論と手法

第1章

混乱の渦中で

この章を読むヒント

ディープ・デモクラシー

民主主義（デモクラシー）は素晴らしいが、それだけではいまだ何かが足りないとミンデルは考えます。多数決の原理が支配するデモクラシーとは異なり、ディープ・デモクラシーでは、すべての声を尊重します。性別・学歴・民族などにおける主流派と少数派の両方の声を重視します。それに加えて、自分自身の中にある強い感情・価値観や理念（主流派）だけでなく、現れ出ようとする自分の中の何か（少数派）にも注意を払うという意味も持っています。

プロセス

春夏秋冬のように全ては移ろいゆくという概念に加え、病気・憎悪・苦痛といった一見ネガティブに思えるものに対してもアウェアネスを持って、大いなる流れに従うことで有意義なものが生まれるという考え方です。禅における「日日是好日」、すなわち晴れの日も雨の日も、すべての日は良い日であるという姿勢にも通じます。

ワールドワーク

数十人程度の様々な意見を持つ人たちが集まり、真摯な対話を行います。多くの場合、原発廃止派と原発存続派のような両極を立てての議論を行います。訓練されたファシリテーターの進行により、参加者は相手側の立場を理屈で理解することから大きく進展し、深い感情レベルでの相手側への気づき（アウェアネス）を得ることができ、対立関係から新たなものが生まれます。

この本は、現れ出る世界の状況をワークするスキル、理論、方法を説明したものです。今日、地球には約5000の言語と宗教が存在しますが、人類は宇宙船を飛ばす方法は熟知していても、互いに協調し合いながら生きていく術をまだ知りません。本書で説明するスキルを使って目指すビジョンとは、「家《ホーム》」としての世界――戦争よりも魅力的で、平和よりも安全で有意義な世界です。

21世紀の世界では、政治学、心理学、スピリチュアリティ、物理学は、互いに独立した別々の領域として存在しています。また、フィールド理論、ドリームワークとボディワーク、関係性ワーク、国境を超えた組織的ワークといった概念も存在します。今こそ、小規模のあるいは大規模の集団がそれぞれの環境の中でともに生き、働き、成長していくことを促す手法としての「ワールドワーク」を発展すべきときです。私たちは、心理学、科学、スピリチュアルな伝統の知識を活用し、かつそれらに縛られることのないワールドワークを必要としています。大きな組織と個人の両方をワークし、より有意義で楽しい世界を創造していく新しい職業を創り出す必要があります。この新しい職業は、これまで別々のものであった複数の職業を統合し、必要に応じて環境や物理的宇宙と相互に作用し合い、私たちが生きている時代の精神性《スピリット》から利益を得るものでなければなりません。

物質を対象とする物理学や人を対象とする心理学はかなり身近なものとなりましたが、私たちは自らが生きている環境の雰囲気や時代の精神性《スピリット》をよく理解していません。この雰囲気あるいは時代の精神性《スピリット》とは、どのようなものでしょうか？　独裁政治でしょうか、それとも市民権でしょうか？　あるいは肉体を持たず銀河系の間を漂う幽霊《ゴースト》でしょうか？　それとも、意識の中に今まさに現れ出ようとしている新たな元型《アーキタイプ》でしょうか？　時代の精神性《スピリット》を理解し、それをワークすることは可能でしょうか？　株式市場や将来の宗教対立、地震の予測に活用することは可能でしょうか？　私たちが発展させるワールドワークの効果は、これらの質問に対する私たちの関心によって決まります。

この本の背景を知ることで、その本質をよりよく理解できるようになります。物理学とユング心理学の研究を経て、個人、関係性、集団における夢と身体のつながりを扱う「プロセス指向心理学」を創始して以降、私は世界中でプロセス指向心理学を教え、実践してきました。このワークに取り組む中で、私と妻のエイミーは、「大規模な集団に対応するには、どうすれば良いのだろう？」「プロセス指向心理学は、文化の壁を超えることができるのか？」「私たちのワークは、心理学の枠に収まりきるものなのだろうか？」といった、当初は私たちの知識の範囲を超えたところにあるように思われた疑問を引き起こす数々の事象に直面しました。

ケープタウンで直面した一見解決不可能な紛争、ヨハネスブルグで目撃した殺人的なまでの怒り、イスラエルにおける反ユダヤ主義、ケニアの呪術師、ポートランドの都市問題、ムンバイの宗教的恍惚……私は、これらすべてのものにより効果的に取り組みたいと思いました。国際的な集団やアメリカ人の集団における人種、民族、性差別、同性愛に関する問題をどのようにファシリテートしていくべきなのでしょうか。戦争よりも魅力的で、平和よりも持続性の高い何かを生み出すことは可能でしょうか。

あるとき、私の夜見る夢に現れた新しいクライアントは「世界」でした。私は、日本人の集団に対する感受性の高さ、ポートランドの麻薬・都市問題、ワルシャワの士気の低い組織や破産しそうな企業、プラハで現れ出る熱狂、モスクワの民主主義に関する疑問に取り組みたいと思いました。しかし、当初の私のワールドワークのスキルは、自らの内面が平和であるときにだけ効果を発揮することに気がつきました。そして、これは口で言うのは容易いけれども、外部の暴力や衝突に囲まれた中で真の内面の平和を保つのは非常に難しいことでした。

対立の最中、グループファシリテーターは中立的でなければならないという暗黙の前提に気づいたことは、他の無意識的な前提を再度見直すきっかけになりました。西洋の心理学、組織論、スピリチュアルな慣習が政治に及ぼす影響とは何でしょうか。女性と男性は平等に扱われているでしょうか。多くの心理学の流派は、気の強いもしくは感情的な女性、そして気分屋な男性に対する暗黙の偏見を抱えており、同性愛は神経症的な関係性であるという前提に立っています。セラピストは人の内面にばかり注目して、政治を取り巻く現実や環境への感受性を軽視しがちです。心理学やスピリチュアルの領域では、聖人でない限り日常的に実践するのは到底不可能な「善い」振る舞いが推奨されるばかりで、実際に人間関係に役立つ実践的手法はほとんど示されていません。

西洋の一部の心理療法では、特定の人種や神話は、他の人種や神話よりも原始的であるという前提に立っていますが、これは極めて残念なことです。そして、セラピストのほとんどは常に自分について考えてばかりいる人間だけが意識的な人間なのだと決めてかかります。このような一見「無害な」前提はナイーヴな偏見に満ちています。西洋の心理療法や集団・組織への実践が都市部の問題や国際問題の解決に役立たないのも当然です。私たちには、西洋だけでなく、アフリカ、インド、日本でも通用するような新しいワールドワークが必要です。私たちがこれから取り組むべき課題は、民主主義の原則を反映し、広く応用することのできる組織スキルと葛藤解決スキルを慎重に開発することです。

　ワールドワークの手法では、責任を持つファシリテーターやリーダーが常に中立的であるという前提に立つべきではありません。プロセスのファシリテーター、グループインストラクター、企業の役員、心理学者、政治家、教師の意識が中立的あるいは標準的であることはほとんどありません。ビジネスの会議においてすらそうです。ワールドワークは、内的平和や外部の均衡状態に制限されるものではなく、混沌《カオス》と攻撃、変容、そして対立に満ちた現実の状況に適用できるものでなければなりません。

　画家は筆や絵の具の使い方などの技法を身につける必要はありますが、素晴らしい絵が描けるかどうかは、究極的にはそこに感覚《フィーリング》があるかどうかで決まります。同様に、ワールドワークのツールは、ディープ・デモクラシーの姿勢、すなわち、人間のすべての部分、そして私たちを取り巻く世界に存在するすべての視点は本来的に重要であると信じる特別な感覚《フィーリング》があってこそ、初めて効力を発揮します。ワールドワークのツールは、地球に対する理解が深まるにつれて随時アップデートされていくべきものです。一方、ディープ・デモクラシーの感覚《フィーリング》は不変のものであり、それは武道、老荘思想、禅など、古くから続くスピリチュアルな伝統の中に見られるものです。自然の流れに従い、運命、エネルギー、あるいは極東で「道《タオ》」もしくは「気」と呼ばれるものを尊重することは、私たちの責任であり、歴史の共創における私たちの役割《ロール》でもあります。ディープ・デモクラシーとは、世界は私たちが自分自身の全体性を生きる手助けをするためにここにあり、同時に、私たちは世界が全体性を現す手助けをするためにここにいるのだ、という感覚のことをいいます。

このような特別な感覚《フィーリング》は、心理的成長の結果としてもたらされる場合もあれば、シンプルに与えられる場合もあります。しかし、スピリチュアルな能力と同様に、ディープ・デモクラシーだけでは世界の状況に取り組むのに十分ではありません。同様に、内的成長が不十分な、ディープ・デモクラシーの感覚を持たない人がワールドワークのテクニックを知っても何の意味もありません。幸いなことに、ディープ・デモクラシーの感覚はどこでも育むことができます。家を掃除しているとき、他者に共感を寄せているとき、会社へ通勤しているとき、ビジネスの中で、政治活動の中で、大工仕事をしているとき、勉強しているとき、文章を書いているとき……何をしていても、私たちは、世界をまるでワークショップのように、すなわち、内的宇宙と外的宇宙に存在するすべてのものに対して自分たち自身と互いを開かせるための実験場のように使っているようです。

ディープ・デモクラシーは、個人的な問題に対するグローバルで平和主義的なアプローチを含む、これまで培われてきた心理学や哲学を基盤としています。それは、私たちの感覚《フィーリング》や動きが、解決を求めるグローバルなスピリットであると理解させてくれるあらゆる形式のボディワークといえます。それは、イメージが個人にのみ属するものではないと理解するドリームワークです。ディープ・デモクラシーは、私たちが口にする言葉だけではなく、身体の動きも考慮する関係性ワークの中に見出すことができます。そして、ディープ・デモクラシーは、集団の対立と政治的対立が、いかにして時代の精神《スピリット》に関連しているか気づかせるグループワークの中で生じるものです。

今日、組織開発が企業のためだけのものではないのと同様に、世界規模の問題や政治は富裕層や高い教育を受けた人たちだけが解決すべきものではなくなりました。もはや科学者も、政治家も、司祭も、呪術師も、この地球という小さな素晴らしい星の雰囲気をコントロールすることはできません。世界の状況は、私たち全員が取り組むべきタスクなのです。他人任せにしておくことはできません。トランスパーソナルな経験と、俗世的な現実、宗教儀式、政治活動、東洋の無私の精神と西洋の合理主義、ドリームワークとボディワークをつなぐワールドワークを開発すべきときが来ました。私は物理学とユング心理学の研究から出発しましたが、それ以降、混沌とした大規模なグループプロセスをたくさん経験してきました。クライアントの中には、高度に構造化された組織もあれば、緩やかなネットワークもありました。国際的企業や、世界の様々なホット・スポットにおける人種間の対立に取り組んできた経験もあります。しかし、どれだけ個人的な経験を積んだとしても、私たちの課題を解決するには十分ではありません。ハイテク技術、量子物理学、政治学と内的成長、アウェアネス、テレパシーを組み合わせたとしても、十分ではありません。なぜなら、今日の世界の発展は、もはや私たちがコントロールできるものではないからです。

個人の責任

もしも世界が客観的経験と主観的経験の入り混じったものであるのなら、ワールドワークにおいて外的現実に取り組む際には、まず、私たちの内面において外的現実がどのように経験されたか、というところから出発しなければなりません。次のように考えてみてください。崖の端《エッジ》に石があるとします。この石の周りの地面が崩れれば、重力によって石は崖の下に落下します。しかし、この崖の端にいるのが人間である場合、地面が崩れるとき、その人には選択の余地があります。すなわち、重力を感じてそのまま受動的に崖の下に落ちていくこともできれば、この状況に抵抗して崖の端につかまるという反応をすることで、一命を取り留めることもできます。

私たちは皆、崖の端に置かれた石のようです。家庭においても世界においても、私たちは無意識のうちに問題に振り回されています。しかし、このように私たちを振り回す力の内的経験や、そのような力と取り組んだり、それに抗ったりできる自分たちの能力を意識することはほとんどありません。世界の歴史そのものも、このような崖っぷち《エッジ》にあるため、状況の深刻さが私たちに重くのしかかっています。私たち1人ひとりがそれに気づき、「このまま落ちるのか、あるいはつかまるのか?」と自らに問わなくてはなりません。誰もが、困難な環境や変化し続ける文化の力に気づいています。2000年代に生きる意識的な市民として、私たちはこれらの力に意識的に反応しなくてはなりません。そのようにできて初めて、私たちは歴史に十全に参加し、私たちが生きる時代の変容に貢献していくことができます。この本は、私たちが有限な能力の中で、この宇宙をともに創り上げることについて綴ったものです。

人間に作用する力は物理学、地質学、心理学において一部分は説明されています。しかし、私たちの世界は人間関係、集団、都市、国家、世界的事象の上に成り立つものでもあるため、夢、身体的経験、家族ダイナミクス、集団、組織の発展なども私たちに作用する力であるといえます。

さらに、地球という星は様々な面においてひとつの巨大な生き物として振る舞うため、ワールドワークでは様々な集団をひとつの生きた個体として扱わなければならず、またそれは世界の神話や宗教の理解の上に立ったものでなければなりません。ワールドワークは、政府が破綻し、灰燼に帰したあとから、新たな文化を生み出すものでなければなりません。ただし、ワールドワークは民主主義的手続きによってのみ成功するというのが、本書が展開する理論です。もしも私たちが自らの一部を抑圧すれば、それはいずれ私たちの私生活を崩壊させます。突如として降ってくる思考あるいは身体的経験が伝えるメッセージを、病気にもならずに永久に抑圧できる人などいません。

同様に、新しい政府を創るときも、軽視されがちな声に耳を傾けるようにしなければなりません。良きワールドワーカーとは、最高のセラピストのようであり、心理学と政治学を融合させる「民主主義者」です。権力を分かち合い、様々な声に耳を傾け、情報を収集するという最もシンプルな形態の民主主義は、唯一の持続可能な統治のあり方です。なぜなら、誰も他人の指図など受けたくないからです。このことから、独裁政権は一時的にしか成り立ちません。

そのため、ワールドワークは民主主義があって初めて成功します。しかし、真に民主主義的な人などいるでしょうか？　個人的な問題によって強制的に自分と向き合わせられない限り、自分の内面のフィーリングに耳を傾けたり、民主主義的態度で向き合ったりする人はほとんどいません。そして、ほとんどの人はリーダーに不平不満を言う一方で、公的行事への参加を回避したり自分を弱い存在と見なしたりすることで、リーダーに独裁的な力を与えてしまっています。権力を分かち合い、人の声に耳を傾けるという最もシンプルな民主主義の手法でさえ、新しいスキル、包括的な心理学的知見、そして変化なしには、政府の形態として機能させることはできません。この本では、これらの必要とされる内面と世界の変化と、トランジションと混沌《カオス》の渦中における永遠や平常心の感覚を保つ古の叡智との関連について語ります。

ワールドワークを成功させるため、そして世界が自らのあらゆる部分にアクセスできるようになり、真の意味で完全になるためには、私たちの成長が不可欠です。集団を組織しようとする際に基本となる包括的な理論や通念の中には、まず合理的な精神状態にある人から取り組むことを推奨するものがあります。これらの理論によると、不機嫌な人々は邪悪である、あるいは混乱しているとされています。これとは対照的に、ディープ・デモクラシーにおいては、すべての人を網羅したワールドワークを創る姿勢が求められます。これには、感情が乱れている人や混乱した状態の人も含みます。なぜなら、急激な変化の時期においては、こうした精神状態が蔓延するからです。

私の経験では、最初は偶発的で混沌としているように見える人的事象は、それまで隠れていたパラメーターから秩序立って意味ある進化を遂げることが常です。急激な変化、あるいは革命が起きている間の混沌とした状況は、潜在的な意味と秩序に満ち溢れています。大規模な集団の状況は、様々な点で個人的な問題と相似の関係にあります。体の病気、精神的不調や狂気、そして混沌とした人間関係の状況は、高度に構造化されています。これらのパターンを見つけ出し、紐解く方法を知ることで、世界的な混乱の渦中にあっても心の平静を保つことができるようになります。隠れたパラメーターにアウェアネスを持ち、逆境や荒波の中でワールドワークを経験することで、最も悲観的な人でさえ、世界の行く末について楽観的な見方をするようになることもあるでしょう。私たちの世界は、現代の物理学でいうフィールドのようなものです。フィールドとは、空間の中にある、様々な力が働く場をいいます。それは、すべての人とともにあらゆる場所に同時に存在します。私たちがそれについて考えた瞬間に、今、この場に永遠に存在するのです。世界はあなたであり、私です。それは夢や体の不調の中に、人間関係、集団、環境の中に現れます。そして、それは私たちが地球上の神聖な場所や不快な場所に近づくとき、それが私たちの中に引き起こす感覚《フィーリング》を通じて現れています。

プロセスのアイディア

世界の状況をプロセス指向の観点から見てみると、世界ではまさに私たちが解決すべき問題が起こっていることが分かります。それらは、私たちが成長を遂げるのにうってつけの問題であり、私たちだけが解決できる問題です。すべての人が自らのアウェアネスを育み、共に取り組まない限り、公共のリーダーがどれだけ政治介入を行ったところで問題を解決することなどできません。

すべてのプロセスワークの応用、その中心にある要素は自然の概念です。すなわち、病気、精神病、憎悪など、苦痛を伴うあるいは困難な事象ですら、それをありのままに受け入れ、思いやりとアウェアネスを持って流れに従うことで、役立つものにできるという考え方です。このプロセスの姿勢は、京都・東福寺の福島慶道老師が「日日是好日」と言ったときに意味したことです。どんな日でも、それを自らの師と捉えれば意味のある日になるのです。そして、その先には「無心」、より正確には、季節の移ろいと共に変わっていく自由で創造的な心があります。

当初、私は古くから受け継がれてきたディープ・デモクラシーの原則を現代のワールドワークの課題に応用することができると考えていましたが、世界各国の組織の柔軟性のなさを目の当たりにしたとき、その楽観的な考えは打ち砕かれました。暗示的あるいは明示的な社会的ルール、凝り固まった伝統や規則、そして組織という枠組みの持つ純然たる力は、対立に対するアウェアネスと、異なる意見の中に共通点を見つける可能性を常に阻んでいるように思われました。さらに、富や物的資源、情報資源の不均衡がある中では、調和、平和、組織内における民主主義といった概念は、いかにもアメリカらしいナイーヴな理想と見なされてしまいます。

このような困難に直面したことで、私は改めて自らの前提や理論、手法を疑い、考え直すようになりました。今、私はディープ・デモクラシーの姿勢を保ち、ワールドワークのツールを使う人は、ひとつの場において１００人中2~3人いればいいと感じています。歴史における現時点で、これ以上を期待するのは現実的ではないように思われます。そのため、この本ではこれ以降、対立の当事者たちが同等の能力あるいはアウェアネスを持っていること、さらには、対立が存在すると認めることや対立に取り組むための手法について合意することすら前提としていません。この本で示す手法においては、同等もしくは共通の社会的、文化的、物質的、政治的倫理または枠組みが適用されている必要もありません。

この本を書き始めたころは、次のような質問が常につきまといました。

「ワールドワークを実践するには、どのようなスキルが必要なのだろう?」
「どうやったら、心を込めてかつ知的にこれらのスキルを使えるようになるだろう?」
「私のアイディアは、南アフリカ、日本、インド、ロシア、ヨーロッパ、アメリカにいる私の友人に利用してもらえるものだろうか?」
「私は、この本を書くのにふさわしいだけの成長を遂げているだろうか?」

これらは、私がこのワークをナイロビ、サンフランシスコ、東京、モスクワにいる人たちすべてに役立つものにしようともがく中で、私を悩ませた問いです。

世界の問題に関する私の前著『ワールドワーク：プロセス指向の葛藤解決、チーム・組織・コミュニティ療法』では、物理の概念と、世界中のグローバルフィールドに関する文化的神話を結びつけることを試みました。本書は、一部同著における知見に基づいて書かれており、グローバルフィールドとどのように相互に作用していくべきかという点を詳説したものです。この本では、理論、インナーワーク、トレーニングエクササイズ、実践的事例が網羅されています。ある意味で、本書はグローバル・プロセスワークの取扱説明書のようなものです。この本は、以下の4部から成ります。

第1部「理論と手法」では、フィールドに関する基本概念を検討します。

第2部「リーダーシップのメタスキル」では、ワールドワークを実践するのに必要な個人的成長を詳説します。

第3部「グローバルワーク」では、政治問題、部族主義や人種差別、都市部における暴力、貧困、性差別など、世界中で見られる諸問題について議論します。アメリカ、ヨーロッパ、イスラエル、日本、東アフリカ、南アフリカにおける事例も紹介されています。

第4部「宇宙の可能性」では、物理学とアウェアネスの関係を示し、アウェアネスがいかにして時間の反転やグローバルな破壊につながり得るかを説明します。また、この本では、文化の壁を超えて応用可能な実証済みの葛藤解決の手順を、その限界と、大規模なコミュニティプロセスや企業への応用事例とともに解説します。

最後に、私たちのアウェアネスへの希求、成長への関心、そして他者への愛に基づいた政治的プラットフォームを推奨します。

第2章

フィールド理論

この章を読むヒント

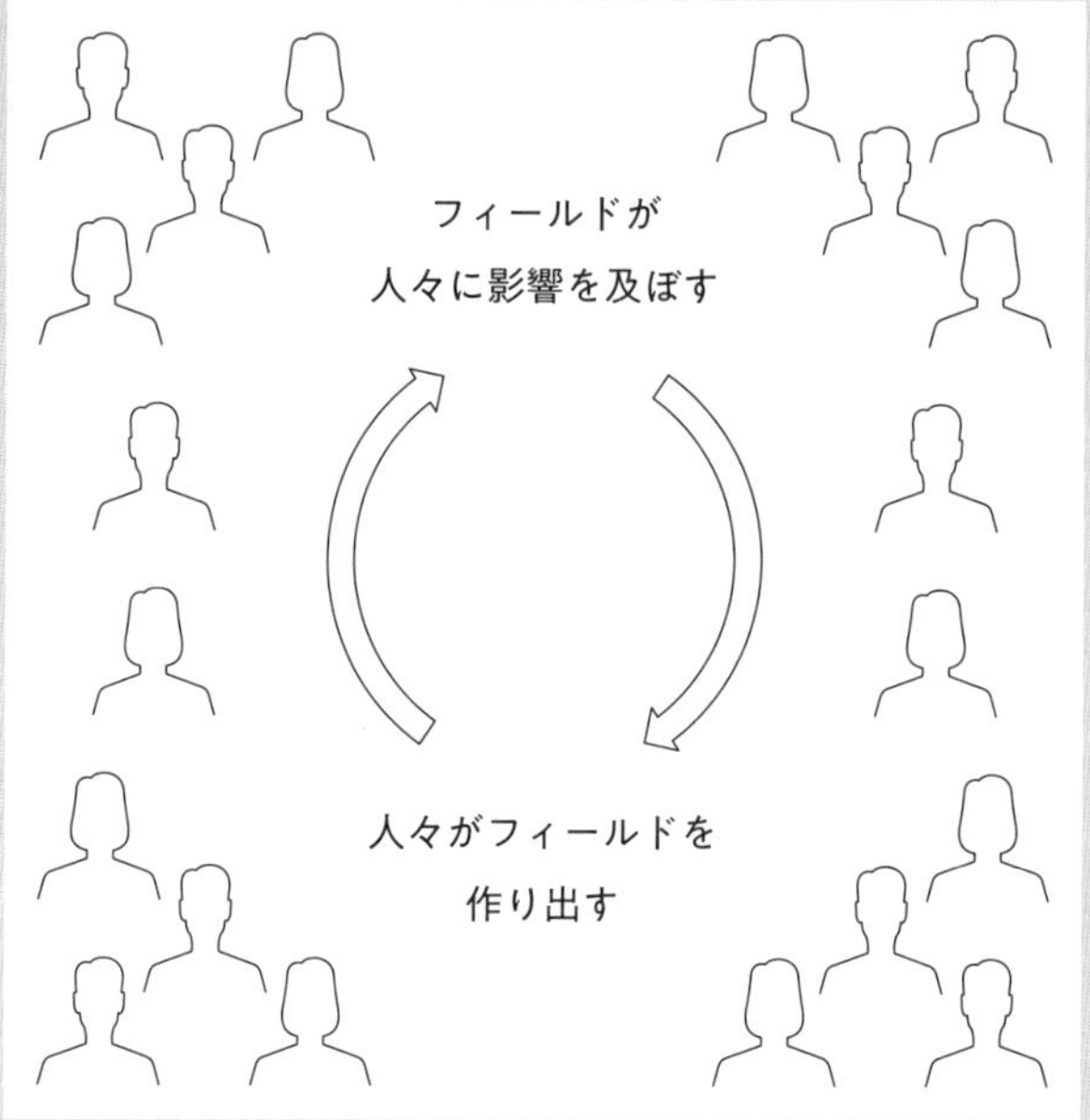

ミンデルは2015年に撮影されたユーチューブ動画でフィールド理論について以下のように述べています。

「コインをトスして占いなどをしますね。周囲にある何かがそれを動かしていると考えるからです。人々は古来から空間には何らかのパワーがあると考えてきました。それがフィールドです」

「フィールド理論を単純化して一般の人にもわかるように言うとすると、空間には小さな何かが存在し、敏感な人はその何かに気づきます。その何かが私がフィールドと呼んでいるものです。フィールドについて知っていることはワールドワークにおいて大いに役立ちます」

もう少しくだけた言い方をすると、フィールドとは集団が持つ雰囲気ともいえます。その場の雰囲気（＝フィールド）を作っているのは私たちともいえますが、それと同時に我々の感情や行動は、フィールドから影響を受けます。ミンデルは、論理的な討議をすることは否定しませんが、その前にフィールド（その場の雰囲気）をワークすることを推奨しています。

当初、私は大小様々な集団の状況をワークするのに必要なツールを網羅した「ハウツー本」を書こうとしていました。けれど、そうするには、私たちが住む世界の至るところにあるグループという場の神秘的で素晴らしい性質を考慮することが不可欠であることに気がつきました。

表面上は、世界はまるで利益を追い求める一つの巨大企業のように、あるいはアイデンティティを確立する過程にあるひとつの国家や部族のように機能しているように見えます。しかし水面下では、この地球という惑星の住人であること、あるいは何百万と存在するそのサブグループ*の一員であるということは、巨大なワークショップに参加しているようなものなのです。実際に、ほとんどの人はリーダーを神のように崇めたり、政治的、精神的、治療的、感情的な知恵や力を持った存在と見なしたりしていますが、これはワークショップの参加者に見られる典型的な振る舞いです。

残念ながら、私たちが与えるタスクに見合う能力を持ったリーダーはほとんどいません。集団の中においても、私生活においても、ほとんどの市民あるいはワークショップの参加者は自らの目標を達成する上でたくさんの困難を抱えています。

ときおり、通りがかりの偉大なスピリットがワークショップを導く役割《ロール》を引き受けることがあります。一時的なヒーローやヒロイン、権力者、聖人、マニア、科学者が現れることはありますが、私たちが本来の自分自身になり、自らのリーダーとしての可能性を育ててゆくことに関心を寄せたり、そういったことについて豊富な知識を持っているファシリテーターはほとんどいません。

*ひとつの集団の中にも異なる下位集団が隠れているという意味

もしも世界がワークショップやカンファレンスのようなものならば、それに参加すること、会議の場に着くこと、そして1人で、あるいは人とワークするのが楽しみで仕方がないようなものであるべきです。世界はワクワクするような場所であるべきです。

現在の状況は、これとはまったく正反対です。集団やコミュニティ、企業のミーティングに参加したがる人は誰もいません。一部の集団や国家は恐ろしい暴君に支配されています。誰もが発言することを恐れていて、発言したとしても誰も聞き方を心得ていません。今にも暴力が起こりそうな気配があります。自尊心の欠如が蔓延し、人を愛し、企業の成長と個人の成長が一致するような雰囲気を創り出せるエルダーなど極めてわずかです。

私はトランスパーソナルなビジョン、無意識的なものを意識へもたらすこと、そして人間の可能性を最大限に発揮させることには大いに賛成ですが、現在の状況を是正するための第一歩は、私たちは皆(ワークショップ同様)人生を最大限謳歌するためにこの地球にきているのだということを理解することだと考えています。これはスピリチュアルな教えの中でずっと言われてきたことです。人生とは、自分自身を見つけるための「猟場」であり、素晴らしい神秘的な場であり、私たちが成長するための庭なのです。

しかし、このビジョンを実現するには、どうすれば私たちは成長し開花できるのか、その方法を見つけなければなりません。大陸横断的コミュニケーションのためのツールや知識は持っていても、私たちは対人コミュニケーションやトランスパーソナルなコミュニケーションをあまりよく理解していません。これを学ぶには、私たちが何を信じ、どのように振る舞っている

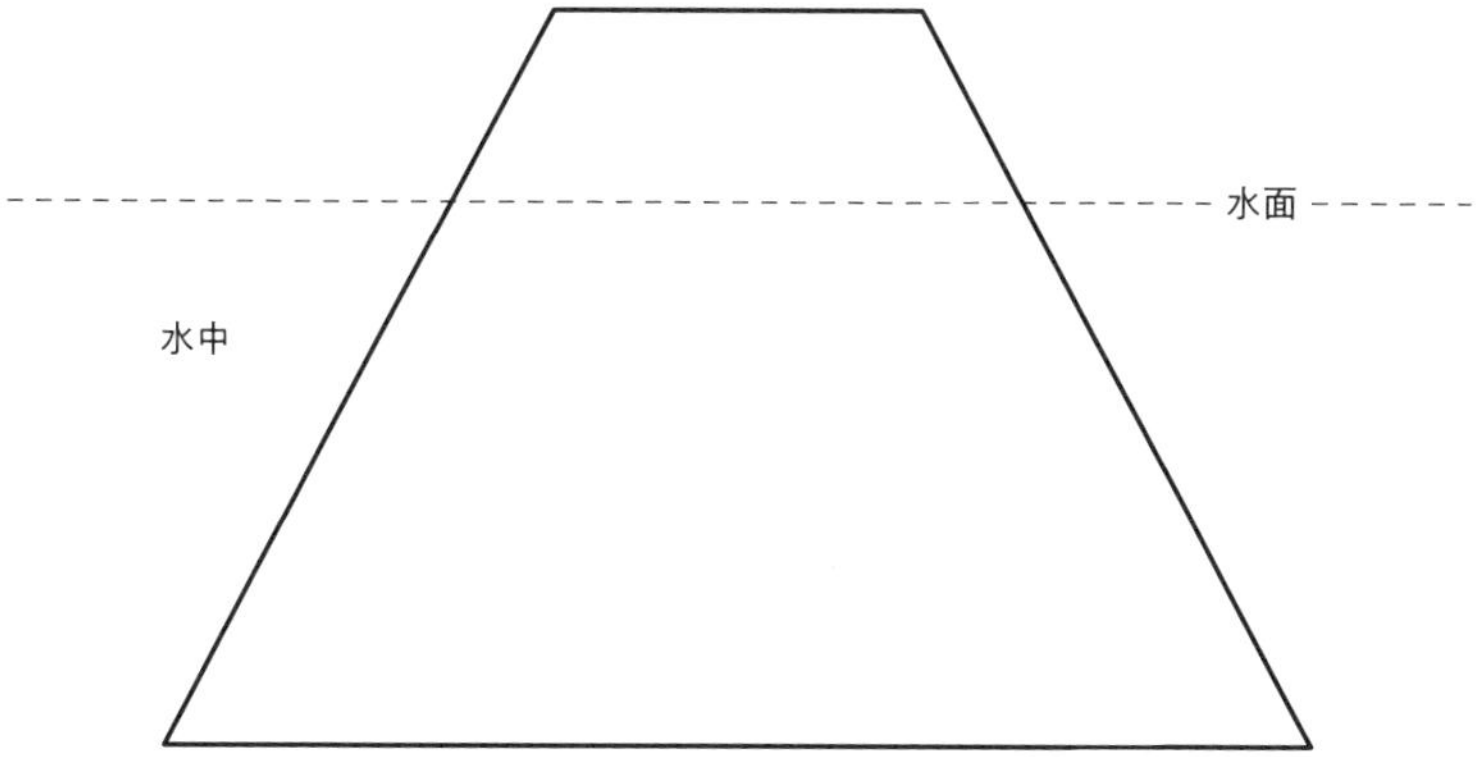

組織の氷山

のかを自覚する必要があります。物理学では、世界に関する信念は理論に組み込まれています。ですから、まずは理論から考えてみましょう。

フィールド理論

世界の雰囲気を説明するのに組織開発のシステム理論の例えを使いたいと思います。組織を巨大な氷山のようなものとしてイメージしてみてください[1]。

あなたの集団、企業、あるいは国が、海もしくはフィールドの中で、ときには自由に、そしてときには他の集団や組織とつながりながら浮いているところを想像してください。この例えでは、指導的立場にある人たちは組織の高い位置、すなわち水面よりも上に立って、未来を見据えながらこの氷山の行く先を指示しています。一方で従業員たちは水面よりも下に住んでいて集団全体を支えていますが、通常は親、年長者、指導者の方向性やビジョンを知りません。組織開発は、氷山全体をひとつの存在として機能させることにかかっている部分もあります。

人々が互いに対して問題を抱えるようになると、組織も否応なしに問題を抱えることになり、それが停滞や衰退につながる場合もあります。こういった場合に、組織のコンサルタントは、問題を分析し、状況を診断し、すべての人が他の部分を理解できるよう解決策を提案します。このような組織モデルでは、海は組織と外界（親組織、クライアント、そして組織が存続するためにつながる必要のある物質的資源や情報資源を含む）の間に起こる相互作用を表します。

組織開発のモデルは様々な状況に対して有効ですが、その一部の手法は人々がまるでマシーンの部品のように機械的に振る舞うという前提に立っています。しかし、このような組織のダイナミクスに対する明確な典型的アプローチとは対照的な別のアプローチもあります。それは、私たちが住むジャングル、すなわち言葉にできない感情や、影《シャドー》、名もなき力が蠢くジャングルを考慮するものです。

感情と集団

どのような集団の会合においても、そこには常に目に見えないけれども影響を与えるものが存在します。それらはムード、動機、集団の問題、そしてインフレ、デフレ、幻想、集団の構成員の夢《ドリーム》の中に現れます。さらに、あらゆる集団と同様に、組織も内部の嫉妬、競争、恋愛情事、アルコールや薬物の濫用、そして科学者と官僚、ビジョンを描く者と中間管理職、生徒と教師、秘書と上司など、サブグループ間の戦いに満ちています。仕事後のパーティーや集まりなどでは、これらの影響がより明確に現れます。人々がお酒を飲むのは、日中には追いやられていた自身の部分を表面化させるためです。すると、個人的問題、陰謀、噂話、対立、そしてときには喧嘩が生じます。

組織開発では、都市、国家あるいは地球のビジョンやドリームではなく、今日明日においてだけ意味を持つ、企業や組織の目の前のビジョンや目標に重きが置かれます。ヘンリー・フォードの大衆向けの安価な自動車を造るというビジョン、アップルコンピュータのマッキントッシュを普及させるというビジョン、あるいはペプシのコカコーラを打倒するというビジョンを考えてみてください！

人はこれらのビジョンと一時的に同一化することはありますが、グローバルワークショップのコンセプトなしに、そして人々の中にある人生で何かを成し遂げたいというニーズの理解なしに、これらのビジョンだけで氷山を水に浮かせておくことはできません。

組織の現実を表すのに、氷山の例え話に新たな次元を加える必要があります。先ほどの図に、スピリチュアルなビジョン、感情、感覚《フィーリング》、ムード、そして集団生活全体で見られる超自然的な出来事さえも描き足す必要があります。これらの目に見えない影響は、物理学ではシャドーエネルギーと表現され、ユング心理学では集合的無意識と表現され、ルパート・シェルドレイクの宇宙の概念では形態形成場と表現されます。

新しい図には、水面下の流れを創り出す否認された夢のような感覚《フィーリング》を描き加える必要があります。組織の性質は、明らかに確認できる構造、目的、目標によってだけではなく、人間関係の対立、嫉妬、妬みなどの感情的要素や、利他的な、スピリチュアルなニーズ、そして人生の意味に対する関心によっても決まります。存在価値とスピリチュアルな価値、環境問題、世界の別の部分で起きている戦いは、ぼんやりとしか感じられないものであり、また滅多に取り組まれることはないものの、これらも組織の内外に起きる特定の出来事を構成しています。

フィールドの特徴——情報の漂流

そのため、組織とは単なる身体《ボディ》ではなく、夢見る身体《ボディ》、すなわち、組織構造だけでなく夢、感情、スピリットやお金によって動く物理的存在なのです。組織は、その夢や底流とともに、物理的構造、人間の感覚《フィーリング》、個別の雰囲気、特定の職業や役割《ロール》に現れるフィールドを構成します。フィールドが一致している場合、集団の信条と行動はひとつになります。

しかし、ほとんどのフィールドにおいて人の言葉と実際の行動は一致していません。夫婦であれ、家族であれ、友人であれ、企業であれ、あるいは国家であれ、どのような集団においても、このような言動の不一致は個人や集団の混乱、問題、不調和、対立につながります。そうすると、その集団は情報の漂流、すなわち実際には影響を持つけれども、その影響は否認されている情報《シグナル》の海に沈むことになります。不一致なフィールドの例として、ヨーロッパのある先進国の高官たちとワークしたときのことを思い出します。彼らは一緒にワークをして職場の人間関係を改善したいと言って私のところに来ましたが、実際には誰も意見を言いませんでした。その振る舞いは、堅苦しいものでした。この集団とワークをすると、互いに他の官僚よりも知的に優れていなければならないという無意識の言外の圧力によってフィールドに不一致が起きていることが分かりました。この圧力はこの組織の「情報の漂流」の一部だったのです。

不一致なフィールドと情報をどのようにワークすれば、コミュニティの感覚とチームスピリットを育めるかについては、後ほど説明します。

フィールドがメンバーのアイデンティティを組織する

「フィールド」とは何でしょうか？　フィールドとは自然現象であり、すべての人を内包し、あらゆる場所に存在し、その中において物事に対して力を働かせるものです。物理学の例を挙げると、紙を一枚用意してその下に磁石を置き、紙の上に砂鉄を撒くと、磁場が見えます。磁場が砂鉄を組織したのです。

私たちは自らの生活や集団を管理あるいは組織していると思っていますが、実際には私たちがフィールドを組織するのと同様に、フィールドも私たちを形成し、組織しています。集団を、同一の意味で「私たち」という言葉を使う個人の集まりであると理解するならば、フィールド

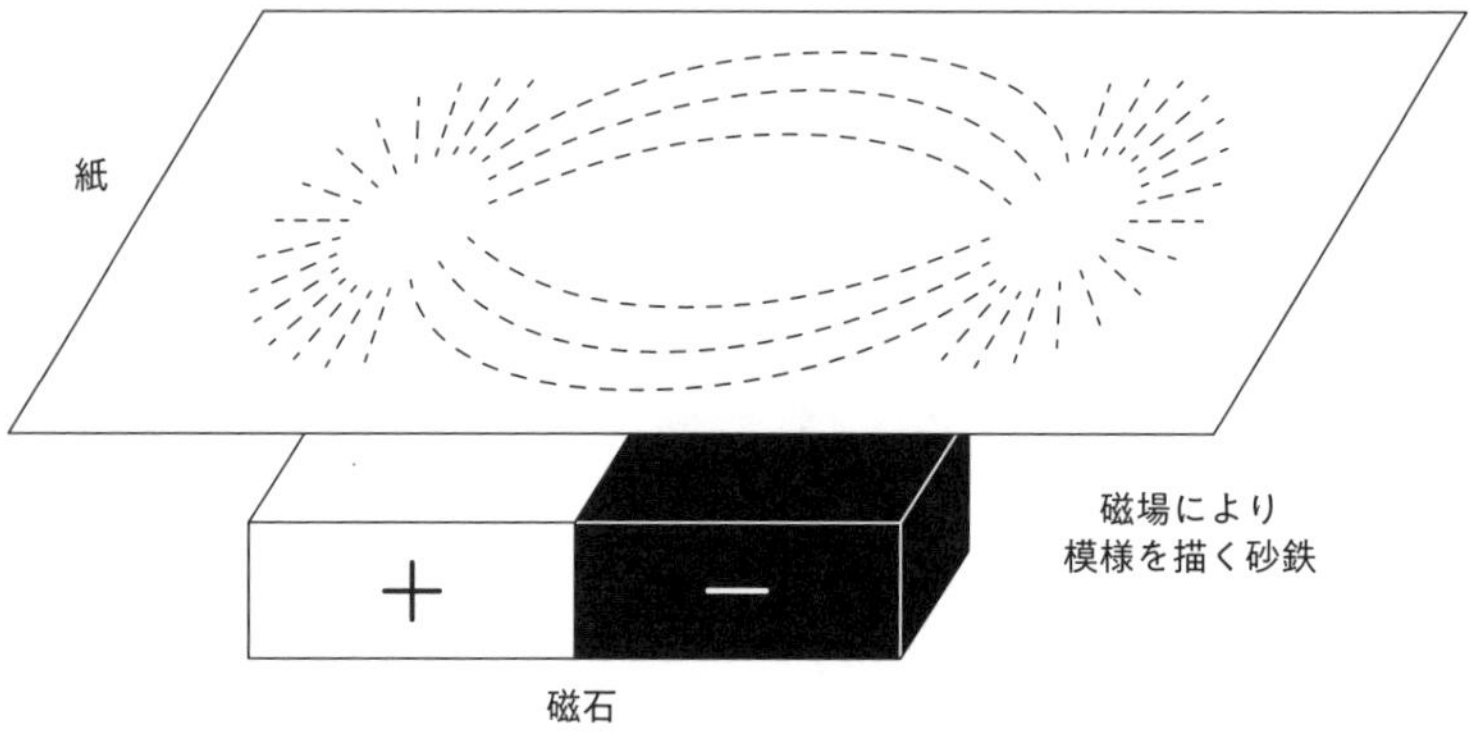

は人間を集団へと組織化するものです。フィールドは目には見えないかもしれませんが、手に負えないスピリットと同様に強引で面倒なものです。

当然のことながら、「私たち」という言葉にも様々な種類があります。ある集団で言う「私たち」と別の集団で言う「私たち」では、それが指すものが異なります。家族は、その構成員が「私たち」という言葉を使うことがあるため、集団であると言えます。同様に、ボーリング仲間もひとつのスポーツ集団を指す言葉として「私たち」を使います。

企業、都市、国家、宗教、人種——明確に言葉にはされていなかったとしても、これらの集団は特定の価値観やビジョンに合意し、特有のパターンを持っています。集団に属するすべての人が同じ信念と価値観でつながっているのです。

そのため、フィールドは個人と集団のアイデンティティを形成する信念において現れます。フィールドは目に見えず、それを動かす人間よりもずっと大きなものですが、実際には私たちの信念として姿を現します。私たちは価値観やビジョンを、私たちが特定のことをするよう圧力をかけるものとして経験し、そしてこれらの価値観は私たちをひとつの集団としてまとめ、アイデンティティを形成することを感じ取ります。

フィールドは目に見えないかもしれませんが、個人の夢《ドリーム》、自らの集団について人々が語るストーリー、そして国家の神話にすら現れます。個人や集団とは、神話の登場人物がその神話上の対立を終わらせようとする戦場です。このフィールドの夢に似た性質こそ、生態学者、経済学者、政治家が世界に対処するのを困難にしているものです。因果的影響により組織されているのはほんの一部にすぎないからです。世界は非因果的影響、夢見るフィールドによっても組織されていて、世界の問題を解決するためには、私たちは政治家や科学者であると同時に、シャーマンやビジョナリーでもある必要があるのです。

フィールドには境界がない

フィールドには内側も外側もなく、電磁振動のように、あるいは具体的な限界が定義されていない空気のように、あらゆる場所に存在するものです。

私たちがある集団に属するか否かは、その集団のメンバーとなることを明言したり、そのことに合意することによってのみ決まるわけではありません。集団のパターンが自らの内側または周囲に存在するとき、人は特定の「私たち」の一部なのです。ある集団に属するか否かは、どこに住んでいるかとか、誰とコミュニケーションを取っているかということとは関係ない場合もあります。集団とは、それを取り巻くフィールド同様、夢《ドリーム》の共有によって成り立つものです。「部内者」や「部外者」という言葉は、フィールドの思考には存在しません。フィールドが触れる人は、すべてその一部なのです。

フィールドは時間、空間、物理的距離に関係なく存在します。空間において正確にどこからどこまでが人間なのかは物理学者にも分かりませんし、人が死ぬ瞬間は医者にも予測不可能です。私たちが肉体や分子のようであるのと同じくらい、私たちはフィールドのようでもあるのです！　私たちは物や物質から構成されるのと同じくらい、アイディア、概念、感覚《フィーリング》からも構成されています。老荘思想において、自然とつながるために、物事の外観ではなく内面の感覚《フィーリング》に従うことが推奨されるのは、そのためです。

このフィールドの特徴は、私たちが自らを理解する方法に大きく影響します。「個人的」と「非個人的」、「個人」と「集団」、「私」と「あなた」、「内側」と「外側」という言葉は、絶対的な意味を持たない相対論的な言葉です。どの感覚《フィーリング》、考え、動き、出会いをとっても、それは内的事象であると同時に外的事象でもあります。そのため、世界的事象が個人的事象であるように、瞑想やインナーワークはワールドワークの一形態なのです。

フィールドは力として感じられる

フィールドは夢《ドリーム》やビジョンにおいて可視化されることがよくありますが、重力のように、力として感じられる場合もあります。フィールドは、私たちの体を重く感じさせることもあれば、軽く感じさせることもあります。フィールドは電磁力のような働きをします。これによって私たちは互いに引き寄せ合ったり、あるいは別々の領域へと互いを遠ざけていったりします。私たちはフィールドを、自らの本質と結びつける、もしくはそこから引き離す微力な、あるいは強力な核力として経験します。

老荘思想では、フィールドは「道《タオ》」、すなわち古来、天道に沿って流れる力として想像されてきた一時的な状況として経験されます。天道は宇宙の「皺《しわ》」であると考えられています。物事をこの皺の外に動かそうとすると、そこには抵抗が生じます。禅と老荘思想では抵抗が最も少ない線に沿って進むべきだとされています。これをフィールドの概念に当てはめると、私たちは内面の感覚《フィーリング》と外部の状況への感受性の両方に従って生きるべきであるということになります。道に従うとはすなわち荒れ狂う波のエッジを乗りこなすということです。

私たちは誰しもこの精神物理学的フィールドを強く感じています。ときにはフィールドに気づき、「空気が重くて潰されそうだ」とか、「2人の間に火花が散る」などと表現することもあります。誰でも子供の頃の家庭の雰囲気を覚えています。私たちを惹きつけるフィールドの雰囲気もあれば、不快な気分にさせるものもあります。力場《フォースフィールド》は、例えば愛、魅力、暖かさ、嫉妬、競争、恐怖、緊張などの私たち自身の感情を通じて、そして人種間の対立、ジェンダー間の対立、内部者・外部者間の緊張などの両極化を通じて感じられ、経験されます。

フィールドには多数のチャンネルがある

私たちはこれらのフィールドを、愛、魅力、嫉妬、競争、恐怖、緊張など、私たち自身の感情を通じて感じます。また、人種間の対立、男女の問題、内部者・外部者間の対立などの特徴的な緊張関係を通じてフィールドを知覚します。さらに、会合する場所の環境的、空間的、物理的特徴を通じて、あるいは私たちを取り巻く自然環境として、フィールドを知覚することもあります。

言い換えれば、小さな集団や私たちを取り巻く世界における夢《ドリーム》、身体的経験、人間関係の問題、シンクロニシティなど、私たちは様々な感覚と経験を通じてフィールドを知覚しているということです。フィールドが様々なチャンネルを通じて現れるということは、私たちがフィールドをワークし、その進化を促そうとする際には、様々なレベルで、すなわち、感覚《フィーリング》、ビジョン、動き、インナーワーク、人間関係のワーク、大規模な集団の交流を通じて、そうしなければならないということです。

フィールドには人間のような特徴がある

昔からフィールドは巨大な神あるいは人間のような人物《フィギュア》として表現されてきました。[2] 12世紀のキリスト教徒たちは、世界をキリストの体として捉えていました。ヒンドゥー教徒は、私たちはアートマンという人物《フィギュア》の中に生きていると考えています。古代中国では世界は盤古と呼ばれる巨大なヒト（アントロポス）から生まれたと考えられていました。盤古の死後に、その毛髪は草木に、息は風に、骨は山に、血は川になったとされていました。今日でも地球を「ガイア」や「母なる地球」と呼んで人格化する傾向の中に、このような太古の考えが再び現れているのを見ることができます。

私たちが住む世界が人間のような存在ならば、私たちはその内臓、頭、心、足を養い、動かす細胞であるといえます。

フィールドの人間のような特徴として、潜在的に知性があることが挙げられます。世界や宇宙に知性があるという考えは今日では廃れてしまいましたが、昔の人々は世界のフィールドには叡智が宿っていると信じていました。初期のキリスト教徒たちは、世界を形づくる知性として、神と対をなす女性的存在である「宇宙霊魂（アニマ・ムンディ）」を思い描いていました。インドでは、今でも多くの人がシヴァやヴィシュヌを思考し知覚する知的なフィールドとして捉えています。彼らは、人間が物を見聞きしたり感じたりできるのは、私たちの中におけるシヴァの働きであると考えています。

実のところフィールドそのものには知性はありません。フィールドは潜在的に知的であるだけです。フィールドは知的なものになる可能性を秘めていますが、フィールドは、私たち人間と同様に、無意識の能力の塊でできています。フィールドは夢《ドリーム》に似ています。意識的に理解し介入しなければ、その叡智のほとんどは姿を現すことはありません。

そのため、身体的症状は、そのメッセージに含まれる叡智がプロセスされることがなければ、ただ辛いだけです。ビジョンは、しっかりと煮詰めて、それが自らを完成させるのを助けなかった場合、ただ私たちを混乱させるだけかもしれません。世界の大衆運動は人々のニーズとつながっている場合にのみ有用です。地球の問題は、私たち皆がそれを役立つものにしようとしない限り、役立つものになることはありません。

フィールドとはドリームボディである

世界とはドリームボディ、すなわち物理的現実において自らを現す、夢のような存在です。身体的症状は、それが増幅された場合には、夢の経験を反映することが経験的に分かっています。昔の風水師は、この地球のドリームボディとしての側面をワークしていました。彼らは地球上で人間の住居や集落が繁栄する場所や線を見つけ出し、それに基づいて自らの村や街を開発していました。

世界は、目に見えない、そして一部計り知れない力の影響を受ける物理的身体であるという意味で、ドリームボディであるといえます。人間の病の多くが炎や嵐の霊《スピリット》、穏やかな優しい風、山火事や人種暴動と密接につながっているように見えたとしても、さほど驚くことではないでしょう。

フィールドは進化する

世界全体が常に大きな変化の中にあります。ほとんどの人は地質学的変化や気候の変動に驚かされるものですが、地球は静止した存在ではなく、人間と同様に生き、死に、変容する存在なのだということを忘れてはなりません。

フィールドは進化します。フィールドは静止したものでも恒久的なものでもなく、天気と同様に変化し変容するものです。霧が降りて、あたりを漂い、太陽の熱で消えることもあれば、雲へと姿を変えることもあります。雲は散り散りになったり、集まったり、無害な白い粉の塊のようなときもあれば、巨大な黒い雨雲となって危険な嵐を連れてくることもあります。フィールドでは感覚《フィーリング》やアイディアは変化し、変容します。

それらは背景に隠れているときもあるし、力ずくで表舞台に出てくるときもあります。例として東ヨーロッパの社会主義の形の変化が挙げられます。その展開において、フィールドは分極化し、複数の部分を形成し、対立し、散り散りになり、人間関係を引き裂き、人々を旧友から遠ざけました。しかし変化や差別化は苦痛な経験であると同時に、人々を予期しない形で団結させ、集団と個人に一体感と平和をもたらすこともあります。今日の世界のフィールドはどうでしょうか？　それはどこに向かっているのでしょう？　どのような変容が起きているのでしょうか？　いつか生態学的なホロコーストによってバラバラに弾けるのでしょうか？　あるいは、形成されつつある創造性豊かな新しい集団が、これまで一度も存在したことのなかったある種の地球的家族として私たちを団結させるのでしょうか？　古い世界が死ぬ前に、私たちは新しい世界を創り出せるのでしょうか？

思考実験

フィールドには壁がなく、時間や空間を超えて広がっている可能性について少し考えてみましょう。何か連絡を取っていたわけでもないのに、ある日、自分がずっと取り組んでいたのと似たようなプロジェクトに他の人が取り組んでいたということを知って驚いたことはないでしょうか？

あなた自身と、あなたが属する集団について少し考えてみましょう。あなたがその一部をなす集団を思い描きます。その集団をフィールドとして、巨大な人間のような存在、あるいは神聖な人物として捉えることはできますか？　その人間のような存在の中で、あなたはどんな役割《ロール》を担っていますか？　あなたは、目でしょうか、頭でしょうか、それとも胃でしょうか？

次に、その集団を巨大なヒト《アントロポス》として思い描き、そして自分はこの生き物を生かすために使われていると想像しましょう。このシステムが存在していくには、あなたの感覚《フィーリング》、知覚、反応、思考が必要です。あなたがなす仕事は、部分的にはこの人物《フィギュア》のためです。フィールドは物を見るためにあなたの目を使っているかもしれません！　この最後の文は、あなたとこの集団の関係をどのように変えるでしょう？

1　スイス・アイゲンタールでのKerry Bealeによる講義『組織開発の氷山』（原題：The Organizational Development Iceberg）（1989年4月）より

2　ミンデル著『ワールドワーク：プロセス指向の葛藤解決、チーム・組織・コミュニティ療法』を参照

第3章

タイムスピリット

この章を読むヒント

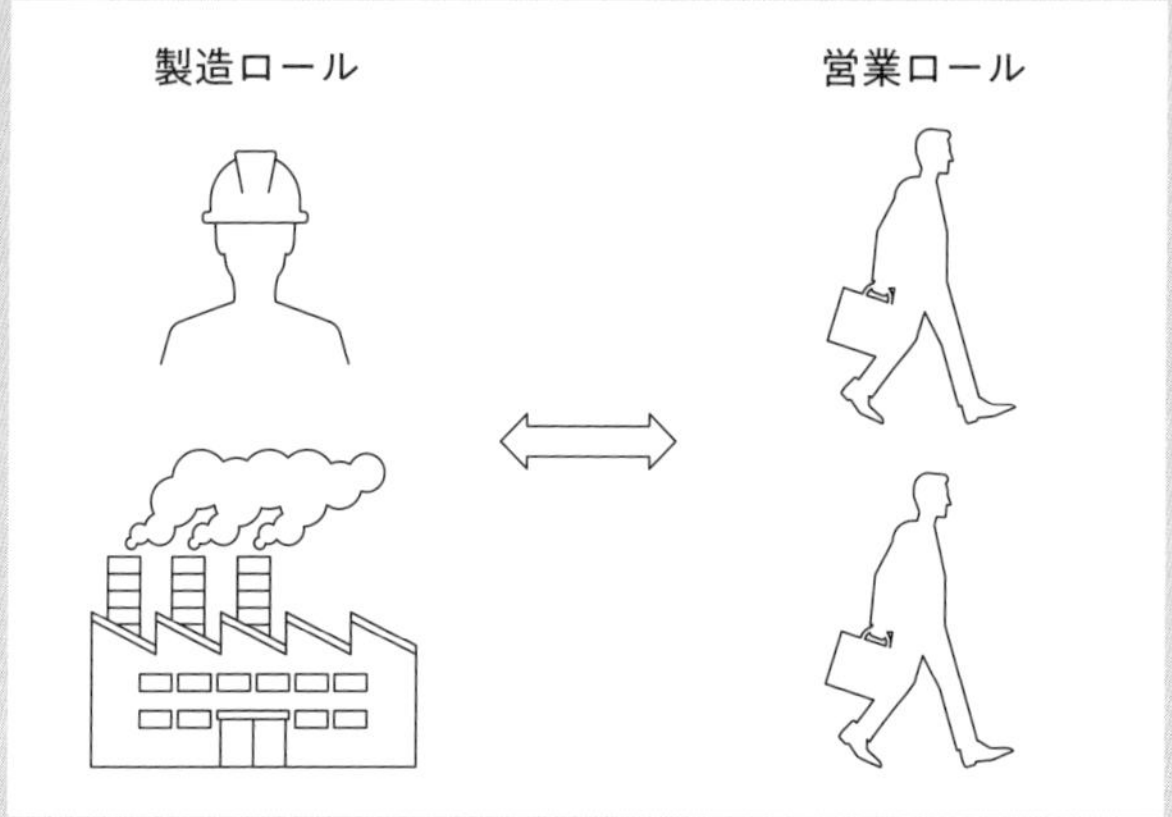

タイムスピリットを直訳すると時代霊となります。ミンデルはいくつかの意味でこの言葉を使います。まずはまさに時代を代表するスピリットという意味があります。例えば日本の大正時代は「大正ロマン」といった雰囲気を持っています。

もうひとつの意味は、役割《ロール》です。ただし本文中にもあるように、役割《ロール》は静止したものではなく、時間《タイム》の経過とともに変化します。その意味をこめてミンデルは役割《ロール》をタイムスピリットとも呼んでいます。

プロセスワークでは個人と役割《ロール》を分けて考えます。例えばドナルド・トランプ＝国粋主義と考えることもできます。一方で、彼がいつの日かリベラル派ロールを取って移民を歓迎する日が絶対に来ないとは言いきれませんし、またトランプが去ったからといって米国において国粋主義がなくなったわけでもありません。また別の人物が国粋主義の役割《ロール》をまとって登場するに違いありません。

タイムスピリット、すなわち役割《ロール》は2極が対になって現れる傾向にあります。黒人と白人、男性と女性、ユダヤ教徒とイスラム教徒など。ビジネスにおける状況では、製造部門と営業部門、親会社と子会社、正社員と契約社員、幹部層と若手層といった具合です。

例えば企業組織では、製造部門と営業部門の対立が起きる傾向にあります。それは単にそれぞれの部門を構成する具体的な人物たち同士の仲が悪いのではなく、そもそも本質的に製造ロールと営業ロールには対立の火種があるからなのです。

1990年8月3日午後7時半頃、妻のエイミーと私は依存症に関するカンファレンスを終えようとしていました。私たちは200人ほどの参加者に対してグループワークに参加するよう促しました。私たちは、参加者がフィールドにあるあらゆるものに気づきプロセスすることを意図していました。たくさんの人がフィールドに何を感じ取ったか語った後で、1人の10代の女性がどうやらうたた寝していたようで、急に目を覚ましてくぐもった叫び声をあげました。これには皆困惑しました。このショッキングな出来事を無視する代わりに、これも私たちが生きるフィールドの一部に違いないというコンセンサスを得て、ひとつの小さなグループが彼女の叫び声に、より大きな形を与えてみることにしました。

数分のうちに椅子がすべてどけられると、2つの集団が自然に形成されました。片方のグループは女性の叫び声にはっきりとした形を与え、それをサポートしようとしました。このグループは、怒鳴ったり、叫んだり、混乱や動揺を引き起こしたりしました。同時に、もう片方のグループは、騒いでいる方のグループのうるささや鈍感さに激怒しました。2つの集団は両極化し、その状況はさらにエスカレートしました。うるさい方のグループはどんどん声が大きくなり、静かな方のグループはますます抑制的になりました。それから2つの集団は互いに対して攻撃的な態度になりました。状況がこれ以上ないほどにエスカレートし、もはや解決不可能に見えたそのときに、私は両グループのメンバーに対して「お望みなら、お互いに傷つけ合いたいのならばそうしたらいいのではないですか?」と伝えました。

その瞬間に、皆静かになりました。参加者は一瞬沈黙し、あやうく暴力に発展しそうなところまで来ていたことを反省しました。何人かの人が自然に立ち上がり、先ほど起こったことに対する個人の感覚《フィーリング》を話し始めました。この夜のドラマやそれが自らをどのように解決したかを伝えるのは難しいことです。多くのグループプロセスがそうであるように、それは強力に始まり、感動的な解決で終わりしました。

しかし、私がこの話をお伝えしているのは、まさにその夜、地球の裏側ではイラクがクウェートに侵攻し、世界が戦争に足を踏み入れようとしていたからです。カンファレンスのグループと、世界の舞台での衝撃的な対立には非因果的なつながりがあるのでしょうか？　この本では、後ほどこのようなグループプロセスと世界の事象の非因果的なつながりについて説明します。

ここで、私はひとつ答えのない問いを問わなければなりません。何がフィールドに緊張と対立をもたらすのでしょうか？　1つの見方として、フィールドは人々の差異や分極化によって生まれるということが挙げられます。磁極の周りに磁力線が形成されるように見えるのと同様に、地球のフィールドの様々な側面も人間の差異、対立、極限の体験によって生じるようです。

2つ目の見方として、フィールドは地球上の事象の主な原因であると捉えることができます。フィールドは人間関係の問題、地震、嵐に影響します。人間の対立と、人間が生きるフィールド、どちらが先に生じるのでしょうか？　前述のカンファレンスのときのようにフィールドが問題を発生させていると感じるときもあれば、問題がフィールドを発生させているように思われるときもあります。世界の多くの場所では、人間の問題は力《フォース》場《フィールド》や霊《スピリット》の影響であり、それを癒すにはシャーマンの仕事が必要だと理解されています。

現代では世界の多くの場所で問題は人間によって創られると考えられています。フィールドをすべての物事の背景にある根源的な力であると捉えるとき、シャーマニズムが生まれます。人間の個人的なムードがフィールドを創ると感じるときは、心理学的な説明が生まれます。

そのため、シャーマニズムと心理学は人生に対処するための相互補完的な手法であるといえます。どちらの説明も必要で、いずれか1つだけだと一方的になります。ワールドワークでは、この2つをまとめることを試みます。個人的経験がどこからやってくるもので、何がそれを引き起こすのかという問いを回避しつつ、個人にとって潜在的に必要で有用なものであるという個人的経験の性質を受け入れます。

実際、ほとんどの形式のプロセスワークは、対象となる事象の起源を本人は知らないまま進んでいきます。原因や起源について尋ねることもできますが、ほとんどの場合、その答えは問題の軽減にはさほど役立ちません。そのため、私は事象が起こったときにその都度対処方法を学んでいくしかないという結論に達しました。

フィールドをワークするには、事象を表現する中立的な言葉が必要です。「道《タオ》」は良い言葉ですが、かなり不明瞭で広範囲な言葉です。「霊《スピリット》」の方がより適切ですが、その言外の意味は人によって異なります。「陰陽エネルギー」はフィールドの分極化を表すひとつの言葉ですが、文化的なバイアスが生じます。フィールドの構造を表す言葉としてシンプルに「分極化」や「グループロール」という言葉を使えば良いかもしれませんが、これらの表現は静的であり、両者が経験する変化を十分に強調できていません。静止や不動の状態を暗示する言葉を使ってしまうと、グローバルプロセスをファシリテートしようとするときに静止や不動の状態が起こることになります。

私たちには相反するエネルギー、極、役割《ロール》を表す新しい言葉が必要です。分極化とはある特定の個人や集団の産物だけではないこと、そして役割《ロール》は静止したものではなく変化し、エスカレートし、減衰し、時間の経過とともに消えていくものですらあることを示唆する言葉が必要です。他にもっと良い言葉がないので、上述のカンファレンスにおける攻撃的な極と平和的な極を「タイムスピリット」と呼ぶことにします。

フィールドはタイムスピリット同士の関係によって乱されるようです。役割《ロール》や極への分極化または緊張はタイムスピリットの間の緊張として捉えることができます。「父」と「母」という名称すら、ある特定の時間と場所に特有であり、時間とともに変化するタイムスピリットの名称です。グループフィールドはしばしば競合する複数のリーダー、部内者と部外者、フォロワーと批判者、女性と男性へと分極化し、対立へと発展します。教育のフィールドは教師と生徒に分極化し、政治のフィールドはリベラル、中道、保守へと分極化します。ビジネスでも、上司と従業員、部内者と部外者、イノベーターと体制派が生じるのは避けられません。

タイムスピリットはしばしば神話上の存在として経験されます。メディアが国家のフィールドや人物《フィギュア》をどのように表現しているか見てみてください。ヒーローは超人的な能力を持っていることが多いですが、「悪者」は悪役、モンスター、邪悪な存在と結びつけられます。また、愚者と賢者、飢える人々、そして大いなる母という人物《フィギュア》も登場します。どのフィールドにも悪役と、自由のために戦うヒーローがいます。

社会生活の中心には、多数の混乱、すなわちマジョリティとマイノリティ、富裕層とホームレス、黒人と白人、警察とドラッグディーラーなど、数えきれないほど多くの対立するフィールドがあります。世界中で、集団におけるマジョリティとマイノリティのタイムスピリットの間には強い緊張があります。異なる人種、民族、性別、宗教、社会階級間の対立を目にするのは日常茶飯事です。

マイノリティは、様々な場所の黒人、ヨーロッパのジプシー、ユダヤ人やその他の人々が経験してきたタイムスピリットです。どこに目を向けても、特定のマイノリティを拒絶するマジョリティがいます。世界中、どの国でもマジョリティの集団がマイノリティの集団について語ることは同じです。基本的に、マジョリティの集団や力を持つ人々は、マイノリティや力を持たない人々には以下のような性質があると信じています。

・異質で、奇妙で、危険である。
・非難されるべきで、倫理的に劣る、あるいは少なくとも倫理的に異質である。
・社会的権利を持つ資格はない。
・能力が低く、社会的に最もレベルの低い仕事にしか向かない。
・不潔、邪悪、堕落している、あるいは世界に悪影響を及ぼす。

・意識が低く愚鈍である。
・被害妄想が強く攻撃的である。
・知的に劣っている。

投影とプロセス

特定のマイノリティに関する上記の信念は、その集団の人種、宗教、性別がなんであれ、普遍的です。私たちがこれらの分極化の中にある場合、これらは人々によって創られた人間の問題であるように感じられます。しかしマジョリティとマイノリティの衝突はフィールドによって組織される衝突です。それは人々を互いに分断するタイムスピリットなのです。

片方の集団がもう片方の集団にネガティブな性質を投影するということが、マイノリティに関する信念の形成の際に一般的に起きます。投影するのは自らのネガティブな部分です。人はこれらが実際には投影であることを認識し、最終的にはそれを止めなくてはなりません。このようなアプローチを取る人たちは、投影を止めることで集団の間の関係が改善すると信じています。投影を止めることはもちろん非常に重要で、片方の人または片方の側がこれをすれば、問題は急速に解決するでしょう。

しかしネガティブな投影が解決したかに見えても再度発生したり戻ってくることはよくあります。特定の対立はまるで人ではなくタイムスピリットによって創られているかのように再発します。そのため、投影を止めることはワールドワークのほんの一部にすぎません。私たちは、あたかもフィールドがそれ自身を表現しようと試みているかのようにフィールドの緊張もプロセスする必要があります。ワールドワークでは、集団内の対立を、タイムスピリット同士が互いに対峙し、対立し、知ろうとする試みとして捉えます。このような場合は、個人は対立するフィールドの霊《スピリット》をチャネリングしている、あるいはそれに利用されているように感じる場合もあるかもしれません。

役割《ロール》とタイムスピリット

グローバルフィールドには内側も外側もありません。そのためローカルフィールドで一時的に演じなければいけないように感じる役割《ロール》は、同時にグローバルな事象にも関係しています。私たちの世界の雰囲気あるいは時代の霊《スピリット》は私たちの身体に影響し、人間関係を引っ張り、私たちを友人や家族と分極化させたり、分離させたり、一体化させたりします。

グループフィールドで私たちが演じる役割《ロール》のことを私は「ツァイトガイスター」、時代の霊《スピリット》、あるいはグローバルなタイムスピリットと呼んでいます。タイムスピリットとは、実はグローバルフィールドから分化された一部分なのです。それらは共産主義者と資本主義者、労働者と経営者、貧しい国と豊かな国、ヒーローと悪役など、世界中で見られる役割《ロール》です。

別の本[1]では、特定のフィールドの異なる部分を指すのに「役割《ロール》」という言葉を使いました。

「タイムスピリット」という言葉は役割《ロール》の概念を新たにアップデートしたものです。この言葉は個人または集団のフィールドにおける役割《ロール》の一時性を「役割《ロール》」という言葉よりもより的確に捉え、強調した言葉です。「タイムスピリット」という言葉は、私たちを取り巻く世界の変容の可能性を思い起こさせます。

タイムスピリットは夢の中の人物《フィギュア》のようです。それは本来は見ることができないフィールドに巻き起こる渦のようなものです。タイムスピリットはあなたを惹きつけ、そのエネルギーの渦の中へとあなたを飲み込みます。特定のフィールドでタイムスピリットと同一化すると、その霊《スピリット》の感情を経験することになります。変性意識状態になっているといっても良いかもしれません。それによって怒ったり慢心したり、英雄のような気分になったり被害者のような気分になったりします。タイムスピリットのエネルギーによって人は気分屋で何かに憑依されたような状態になったり、狂ったように悦びに溢れたり、憂鬱になって自殺願望を持ったりします。

変容するタイムスピリット

しかし、これらの表現は静止したあるいは恒久的な状態や反対物を表すのではありません。役割《ロール》を意識的に特定したり、それを演じたり、あるいは一時的にそれになりきることでプロセスすることができれば、役割《ロール》は変化します。タイムスピリットは変容します。

一見して絶対的な悪に見える人や役割《ロール》でも、その人や役割《ロール》がプロセスされれば、そうでない場合と比べてより深い部分や思いやりが明らかになる場合もあります。同様に厳格で倫理的な人も邪悪あるいは暴君のような性質を持っている人物《フィギュア》へと急激に変容するかもしれません。

私たちはタイムスピリットを静的な不変のものとして説明していますが、実際にはタイムスピリットは変容し、変化し、ときには何かを生み出し、進展させ、進化させる能力を持って私たちを驚かせることもあります。非道な個人あるいは集団は軟化して好意的になるかもしれません。善良な人が強情になったり、あるいは暴君のようになることすらあるかもしれません。弱虫が英雄になることもあれば、意地悪な批評家が聡明な教師になることもあります。

集団の場合であれ個人の場合であれ、タイムスピリットは人間に憑依する能力を持っていることから、人は皆タイムスピリットを恐れます。集団ヒステリーが突如として破壊的な効果を発揮し得ることを皆知っています。突然誰しもが役割《ロール》に飲み込まれて、理不尽で無意識的になります。フィールドのタイムスピリットについて無知であるほど、怒りや憂鬱、恍惚や被害妄想といった変性意識状態に陥りやすくなります。タイムスピリットが私たちに及ぼす影響ゆえに、そして私たちはそれらが変化しない恒久的な存在であると考えているがゆえに、これらの状態を恐れます。

また、私たちがタイムスピリットを恐れるのは、役割《ロール》を請け負っている人をタイムスピリットと同一視するからでもあります。しかし、集団や個人はタイムスピリットと同一ではありません。個人は内側にたくさんの感覚《フィーリング》とタイムスピリットを抱えている可能性がありますし、それらの感覚《フィーリング》やタイムスピリットを認識し、それらを有効に活用する能力も持っています。

例えば人種間の緊張のフィールドにおいて、傲慢さというタイムスピリットを受け持つのは黒人以外の人々だけではありません。黒人も、そのフィールドにおいて通常は「白人」が占める役割《ロール》を受け持つ場合もあります。同様に、黒人であってもそうでなくても、どのような集団でも突如として拒絶されたあるいは抑圧されたマイノリティのタイムスピリットになる場合があります。私たちはフィールドにおいて私たちが占める役割《ロール》とは異なります。タイムスピリットが一時的に人間に憑依したとしても、私たちはひとつの役割《ロール》だけを演じるにはあまりにも複雑で、あまりにも多面的です。私はあるときはバラモンであり、あるときは不可触民であり、またあるときは黒人であり、あるときは白人です。ユダヤ人あるいはキリスト教徒だと感じるときもあるし、無宗教のときもあれば原理主義者のときもあります。

人々を静止した絶対的な役割《ロール》と同一視してしまうのはよくあることですが無意識的でもあります（無意識に人々を静止した絶対的な役割《ロール》と同一視してしまうのはよくあることです）。私たちは私たち自身を硬直的に判断します。「あなたはリーダーで、私はフォロワー」、「あなたは白人で、私は黒人」、「あなたはヨーロッパ人で、私はアメリカ人」、「あなたはズールー族で、私はバントゥー族」、「あなたは道路のこちら側に住んでいて、私はその反対側に住んでいる」、「あなたは上層カーストに属していて、私は下層カーストに属している」といった具合です。タイムスピリットそのものが私たちを役割《ロール》へと押し込むのだということを、私たちは簡単に忘れてしまいます。

私たちが自らの経験をプロセスすると、それらは変化します。傲慢さや拒絶、怒りや傷つき、悲しみや要求の感覚《フィーリング》を意識的に経験するとき、私たちが占めるタイムスピリットは変容を始めます。タイムスピリットが変容すると、敵対者とその敵の区別がつかなくなることも起こり得ます。２つの敵対する部分が、突如として一体化するのです！

人間とタイムスピリットが変化するときにこそ、コミュニティは創造されるものです。例えばこの章の最初に紹介したカンファレンスでは、攻撃的で騒々しい人たちが野蛮さを表現して初めて、そして静かな方のグループがうるさい方のグループに抵抗し攻撃的になることが許されて初めて、攻撃的なタイムスピリットと保守的なタイムスピリットは変容することができたのです。タイムスピリットは変容し、最終的には解消され、部屋には本心から語る個人としての人たちだけが残されました。

私自身の旅について考えてみましょう。スイスで20年間暮らした後にアメリカに帰国し、世界中を旅してきましたが、私とは一体何者なのでしょうか。私はヨーロッパ人でしょうか、アメリカ人でしょうか？　私は日本人でしょうか、アフリカ人でしょうか？　どんなアイデンティティも、それひとつに自分を押し込めるのは窮屈に感じます。私はフィールドにあるひとつだけのタイムスピリットと自分を同一視することができなくなりました。人からどこに住んでいるか、どこで育ったか、あるいはいつどこで生まれたのか尋ねられると、ときとして恥ずかしく、誤解されているような気持ちになることがあります。ある日は地球市民のように感じ、次の日にはアメリカ人のように感じ、さらにその次の日にはスイスの農家のように感じるのです。

フィールドは存在するに違いありません。なぜなら、どこへ行こうとも自分が同じ場所にいることに気づくからです。どの街に行っても工具店で働く「ネッド」がいて、私が近くを通り過ぎるとウィンクをして手を振ってくれる販売員の「チャーリー」がいます。大らかで賢く思慮深い女性である「モニカ」、村のリーダーである「ヘル・ストッフェル」も必ずいます。場所はそれぞれ異なり、他にないユニークな場所なのですが、それと同時にホログラムのような類似性もあります。タイムスピリットは空間に縛られないのです。

スペース（空間の）スピリット

私はそのシンプルさと普遍性からタイムスピリットという言葉を使っていますが、特定の場所においては、タイムスピリットを場所から独立したものとして捉えることはできません。タイムスピリットはある場所の特徴を示唆することもあります。そのため特定の地域においてはスペース（空間の）スピリットも考慮しなければなりません。

例としてはロサンゼルスのスペーススピリットが挙げられます。天気、広い大通り、そして豊かさの感覚《フィーリング》、貧困、スモッグ、山、ハリウッドの存在、ビーチ、美しい人々が組み合わさった場所の感覚《フィーリング》です。このスペーススピリットは、混み合った狭い道、歩道に横たわる物乞い、活気のあふれる市場、モスクを含んだボンベイのスペーススピリットとは大きく異なります。

昔の人たちは今よりもスペーススピリットに注意を払っていましたが、今日では私たちは建築家や都市計画家に場所の雰囲気を創造することを期待しています。それでも私たちは皆スペースピリットに敏感で、原住民族が特定の地域、森、山はそれぞれ大なり小なりの力を持っていると考えるように、私たちも場所に惹かれたり嫌悪したりし、私たちを支えてくれる場所あるいは不快にさせる場所として「パワーの宿る場所」を直感的に感じています。

カルロス・カスタネダが師事したヤキ・インディアンの呪術師ドン・ファンは、パワーの宿る場所について詳細に語っています。

ドン・ファンは盟友がトランスパーソナルな性質を持つことも強調しています。盟友は「知者」を自分自身の向こう側にある別世界へと連れていく存在です。知者は自分が殺される前に霊《スピリット》*と戦い、倒さなければなりません。戦いに勝利した戦士は盟友を「手懐けた」ことになります。タイムスピリットとスペーススピリットは私たちが世界を変容させるのを手助けする能力を持つ盟友となり得ます。

ドン・ファンのワールドワークへの貢献は、このようなシャーマニズム的な方法で潜在的な盟友や霊《スピリット》をワークすることだけにとどまりません。取り組む相手が戦士であれ盟友であれ、ドン・ファンは地球での人生を大切にすることは、人生を「個人的力《パーソナルパワー》」を得るための狩場として使うことを意味すると示してくれました。幽霊《ゴースト》と人間、シャドーエネルギーと集団の状況、超心理学と物理学をワークすることで、個人としてのすべての能力を発見するためにです。

世界における個人のワークのためには、それをサポートする社会やグループでのワークが必要です。人種差別、止むことを知らない侵略、他者や地球に対する鈍感さといった世界の問題が、ニュースで耳にする都市や国を超えて流れるタイムスピリットなのだと認識することは、

*盟友という霊

私たち全員ができるグループワークです。

フィールドエクササイズ

1. これまでに参加したことのあるグループ会議を思い浮かべましょう。

2. その会議の雰囲気を思い出してください。その会議に現れた様々な部分《パート》や立場は、特定の人物《フィギュア》あるいはタイムスピリットであったと想像しましょう。例えば反逆者と保守派、あるいはリーダーとフォロワーがいたかもしれません。

3. 特定するのが困難なタイムスピリットは他に存在しましたか？ ほのめかされるだけまたは感じられるだけのタイムスピリットは存在しましたか？ 例えば、参加者は率直に意見を言うのを恐れていましたか？ それは空気の中に物言わぬ批判者あるいは批判的な人物《フィギュア》がいたからでしょうか？

4. これでフィールドを構成するタイムスピリットの一部を特定することができました。どうやってこのフィールドを他者に対して明確に説明しますか？

1　例えば『ワールドワーク：プロセス指向の葛藤解決、チーム・組織・コミュニティ療法』を参照

第4章

フィールドへの介入

この章を読むヒント

この章ではワールドワークにおいてファシリテーターがどのように集団の状況を見立て、集団に働きかけるのか(介入するのか)について述べられています。

1次プロセス、2次プロセス、エッジ

現在慣れ親しんだ状態を1次プロセスと呼び、未知であるとともに、現れ出ようとしている状態を2次プロセスと呼びます。そしてその間にある目に見えないカベをエッジと呼びます。

アウェアネス

アウェアネスとは「気づき」を意味します。ファシリテーター自身がアウェアネスを持って集団に介入します。また、集団のアウェアネスを育むのもワールドワークが目指す成果です。例えば男性はビジネス社会において女性よりも有利な立場にある場合がほとんどですが、多くの男性にとってはそれがまるで空気のように当たり前であり、「特権を享受している」とは気づいていません。ワールドワークにおいて女性側の真実の叫びを耳にして「なんと、そうだったのか……。そういえば思い当ることがある」などとアウェアネスが生じたりします。

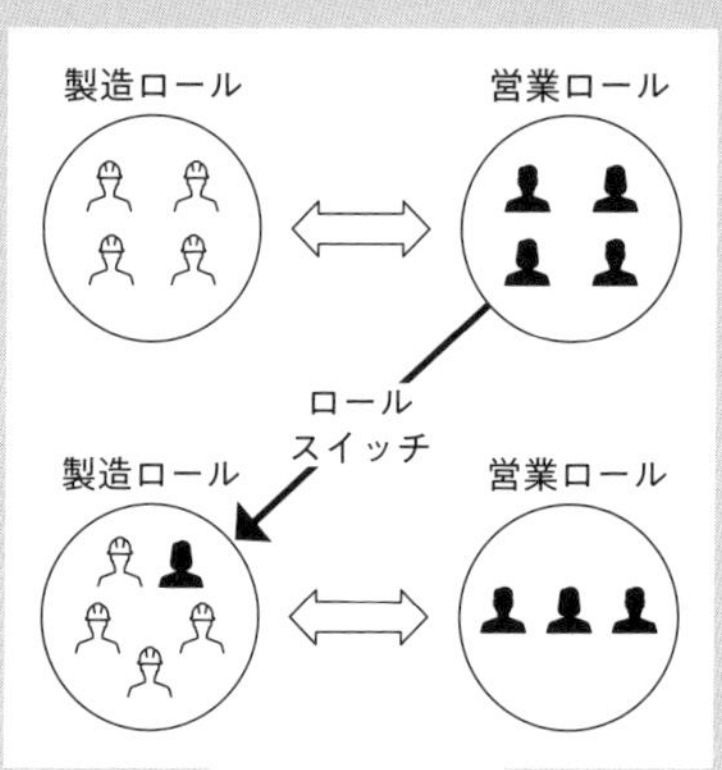

ロールスイッチ

アウェアネスを育む手段としてロールスイッチが挙げられます。例えば営業担当者に製造ロールへとスイッチしてもらいます。物理的に場所を移動してもらうと良いでしょう。そして例えば「営業の皆さん。あなたたちは、ひとつの製品が完成するまでに、どれだけ手がかかるかを知っているのですか?」と語りかけてもらいます。逆に工場で働く人たちに、営業ロールにスイッチして声を出してもらいます。フィールドのロールとして対立する立場を取ってみると驚くような洞察を得られます。

集団の中で生きるというのは辛い経験となり得ます。姿を消して、家庭、学校、ビジネス、友人、あるいは国との関係から離れたいと、これまでに何度願ったことでしょう？　集団の中で生きることが困難である理由はたくさんありますが、集団の中で対立や混沌《カオス》が起きやすいという性質は、そのひとつであるといって間違いないでしょう。

対立に取り組むこと、そして葛藤解決法を使うことは、人が理性的で合理的な意識の状態にある場合には最も有効ですが、極度に興奮した、感情的な、強情な、あるいは暴力的な集団にはどのように取り組めば良いのでしょうか？　当事者が互いに対立に取り組むことにすでに合意している場合は、ほとんどどのような交渉、折衝、あるいは葛藤解決手続きでもうまくいきます。しかし、誰も解決など望んでいない混乱、暴力、恍惚、あるいは狂気のさなかにある集団はどのようにワークすれば良いのでしょうか？

混乱と自己均衡化アトラクター

激しい対立状態にある集団に取り組む際には、フィールドの概念が特に役に立ちます。混沌とした状況の中では、私たちはフィールドの中に生きているのだと思い出すことが一番です。なぜかというと、フィールドに取り組んでいるのだと知ることで混乱や混沌《カオス》をワークする方法を組み立てることができるようになるからです。

私は何よりも、私たちが生きる世界はグローバルなワークショップであると信じています。

誰でも一度や二度は、自分自身の未知なる側面を育み、自分の持つポテンシャルのすべてを実現し、生きるときと場所が来たかのように振る舞ったことが、あったはずです。私がこのように信じるようになったのは、これまでに目撃した対立の圧倒的多数が議論のある時点以降は内容がなくなってしまうことに気づいたからです。実際に大変なのは、パワフルでいたい、勝ちたい、愛したい、つながりたいという衝動です。この衝動は、ある特定不可能な場所、ある未知のタイムスピリット、あるいは私たちが生きるシステムまたは神からやってきます。

現代物理学の乱流・カオス理論では、混沌《カオス》と均衡からは程遠いシステムを秩序立てて意味をもたらすものとして、「アトラクター」という概念が語られています。アトラクターによって混沌《カオス》の中でどのような秩序が現れるか予想することができます。例えば人間のシステムでは、均衡、自由、調和へ向かう衝動が私たちの個人的成長における「アトラクター」であるといえるかもしれません。山の斜面の上に転がる石は谷底へと引きつけられていくように、そしてどのような振り子でもいつかは静止するように、最悪の個人的あるいは集団的混沌《カオス》も、少なくとも一時的には解決へと向かう傾向があります。

おとぎ話には私たちの個人的・集団的プロセスにパターンを与える様々なアトラクターが登場します。ほとんどの物語では、おとぎ話の中に登場する人物《フィギュア》の問題が解決されます。英雄はお姫様のために悪の存在と戦い、王子様は魔女の魔法を解いてお姫様を眠りから目覚めさせます。同様に、あらゆるコミュニティは平凡な日常に対して高いビジョンを維持しようと努め、嫉妬、憎悪、殺人が支配する場ではどこでも優しさと愛を広げようともがきます。宇宙そのものも、私たち1人ひとりと同様に、自らを知り、団結し、何らかの平和、調和、均衡を達成しようとしているのでしょうか？

自己均衡化するというシステムの性質は、因果的推論からは一部しか説明できません。変化もまた、不可解で複雑な現象です。何が変化をもたらすのか、あるいはいつそれが起こるのか、私たちに知ることはできません。変化は他の部分との意識的なコミュニケーションなしにフィールドの一部分で起こることもあります。例えば、第3章で示したイラクによるクウェート侵攻の前夜に実施された大規模なグループプロセスにおける対立は、フィールドの非因果的効果の一例です。アルバート・アインシュタインなら、いかなる局在性も互いから独立して特定することはできないという「非局在性*」、ユングならシンクロニシティ、ルパート・シェルドレイクなら「形の共鳴」という言葉を使うでしょう。またそれをもっと単純に偶然、道《タオ》、あるいは奇跡と呼んでも良いかもしれません。

*離れた場所にある2つの粒子が、相互作用を持ち得るという「非局所性」

フィールドは自己均衡化する

システムが自らを均衡化させ、均衡状態に至るという性質は、アトラクターと呼ばれています。合意の後には反対意見が出てくるように、中国哲学における女性エネルギーである「陰」は、男性エネルギーである「陽」に向かって振れ、これを均衡化します。賢明なファシリテーターは、このアトラクター、すなわち自然が自らを均衡化しようとする性質を知り、受け入れていて、この知識を使ってプロセスを展開させます。この避けられない自然の流れを待ち、意識的にそれを大切にします。行動を起こし、取り組むべきときもあれば、静止して忍耐強く待つべきときもあります。

合意と対立は不可避であることから、集団におけるリーダーは反対されたり攻撃されたりする準備をしておかなくてはなりません。実際、リーダーに柔軟性が欠けるほど、ますます攻撃される可能性は高くなります！　リーダーが友好的で、親切で、人道的だったとしても、批判されたり反対されたりしなければなりません。調和的で均衡の取れたシステムでも、成長を目指すのなら均衡と混沌《カオス》の間でダイナミックに揺れる必要があります。

しかし、この自己均衡化するという性質が建設的なものとなるか破壊的なものとなるかは、フィールドの進化に介入する私たちの能力にかかっています。フィールドの自己均衡化する性質は、自滅的な性質にもなり得ます。フィールドがその異なる部分を均衡化しようとする際に、フィールドの分極化、エスカレーション、ディエスカレーションを理解し、展開させ、ワークする人がいなければ、フィールドは自らを抹殺してしまう可能性があります。

ある脳腫瘍患者の少年のことが思い出されます。脳腫瘍を患うというのは彼にとってどういう経験か尋ねると、彼は「頭を金槌で殴られているようだ」と答えました。彼は金槌を打つ動作を真似しました。そして驚いたことに、彼が頭を打ちつける金槌の側に立ってみると「テレビばかり見ていないで勉強をしろ！」と自分に伝えたのです。

この経験に基づいて、私は彼にブラックのコーヒーを飲んで、テレビを見るのを止め、勉強をするように勧めました。母親と担当医は反対しましたが、彼は私の指示に従いました。この介入によって、彼の怠け癖と勉強に取り組む必要性の間の対立は一時的な終焉を迎えました。数ヶ月後、脳腫瘍は消え去りました。

一見悪質な腫瘍は、金槌のメッセージ、すなわち「規律」というメッセージを内包していました。脳腫瘍は少年の怠惰さを均衡化しようとする試みでしたが、それは破壊的な効果を生み出していました。私たちの中の様々な部分を互いに関連づけるというアウェアネスとスキルがなければ、人間のシステムが自己均衡化しようとした結果、自滅に至ることになります。これはコミュニティや国家においても同様です。緊張を緩和し、プロセスしなければ、相乗効果を高めてチームワークを発展させていくのと同じくらい容易に、戦争が始まってしまうのです。

知恵と自己均衡化

すべての部分が自らを完全に表現することが推奨される特別な場合においてのみ、自己均衡化は賢明な働きをします。爆発性と繊細さ、リーダーと妨害者が完全に表明され、受け入れられて初めて、システムは役立つ方法で自らの問題を解決します。

自己均衡化のアトラクターから知恵を生じさせるのに満たすべき要件は、私が今把握しているだけでも複数あります（これ以外にも、まだ発見されていないものもあると考えられます）。１つ目の要件は、私たちはシステムにおける様々な部分とタイムスピリットをすべて特定できなくてはならないということです。2つ目は、私たちはそれらに語ることを許さなくてはなりません。

私たちが好まないものや役に立たないと思っているものも含め、フィールドにおけるすべての部分が完全に表明され、受け入れられなければなりません。システムの中におけるリーダーと妨害者、マッチョな振る舞いと繊細さ、部内者と部外者、権力と恐怖、批判と支持がすべて提示され、特定される必要があります。タイムスピリットの中には特定するのが難しいものもあります。それらは私が幽霊《ゴースト》と呼ぶ、雰囲気の中にある暗示的な、あるいは背景的な感覚《フィーリング》だからです。嫉妬、愛、軽蔑、尊厳といった幽霊《ゴースト》も、面前に出され特定されなければなりません。すべての部分が特定されたら、それらに語るよう促す必要があります。幽霊《ゴースト》に時間や空間を与えないシステムは、いずれは幽霊《ゴースト》に乱されるか破壊されます。

エッジと自己不一致の症状

自己不一致は緊張と対立を生み出します。それはシステムが自らを均衡化しようとしているサインです。自己不一致とは、2つの相反するメッセージが同時に発せられていることを意味します。例えば、平和と調和について熱弁しているのと同時に、他者の話を遮るというようなことです。集団の問題は個人の問題に似ています。人は自らの不一致を認めたがりません。なぜなら、それは自分で黙殺している部分を見ることになるからです。同様に、私たちは自分が属する集団の意思伝達における不一致を見るのを恐れます。それに目を向けるということは、自分たちが変化し、他の部分の存在を許さなくてはならなくなるかもしれないからです。

部分同士のコミュニケーションにまつわる困難と対立は、自然の成り行きで発生しエスカレートします。なぜなら、集団や個人は自らをひとつの振る舞い、ひとつの哲学、ひとつの部分のみと同一視して、それ以外は否定するからです。どんな集団にも、そのアイデンティティを限定したり定義したりするのに役立つエッジがあります。エッジは、集団の黙殺された部分を認識し、受け入れ、生きることに対する抵抗として経験されることもあります。

例えば、多くの集団では、公衆の面前で個人のフィーリングを表現することに対するエッジがあります。個人のフィーリングは集団に属さないという言外の合意が集団内にあるのです。攻撃的で非民主的な性質を禁ずる集団もあれば、参加者は子供っぽい振る舞いを慎むべきだという言外のルールがある集団もあります。どのような集団や組織においても、推奨される信念、傾向、哲学、振る舞いがある一方、非難される、禁止されている、抑圧されている、あるいは積極的に抵抗されているものもあります。

集団がその黙殺している部分を禁止した場合、それらの部分は自己不一致となり、硬直して、生気を失います。表面的には物事がうまくいっているときですら、背景の憂鬱や恐怖が集団の命が下降線をたどっていることを示唆しています。メンバーは真っ当で、互いに親切で、倫理的かもしれませんが、真のコミュニケーションが欠けているのです。

外部の世界はその集団をもはや支持していない、あるいはその製品を購入していないにも関わらず、集団はまだうまくいっていると想像し続けている場合もあります。自己不一致が起きている集団では、サブグループの関係は張り詰めていて、チームワークは抑制されます。メンバーは集団の過去の栄光を強調したり、未来に向けた壮大なプランを掲げたりするかもしれませんが、目の前の問題には誰も取り組みません。

集団から切り離されたものや黙殺された部分は、その集団における噂話として表出します。ライバル組織について噂話をしている集団は、その「他の」集団は自分たちのフィールドに存在するタイムスピリットだということに気がついていないのです！

チューリッヒのプロセス指向心理学センターが設立されたときのことです。私たちは随分長い間、センターの人気に嫉妬している現地の別の心理学研究機関について噂話をしていました。当時、自分たちがどれだけ組織や構造を必要としていたかも理解しないまま、私たちはその研究機関が必要以上に組織立てられていて柔軟性がないことを笑っていたのです。私たちは規則というタイムスピリットを見逃していました。

アウェアネス

構造、エッジ、自己不一致、フィールドの自己均衡化の性質を知ることで、グループワークにおけるおそらく最も重要な介入、すなわち「アウェアネス」と「待つこと」を学ぶことができます。何が起こっているのか意識していれば待つことができ、プロセスが自らを展開するのを許し、集団に対して何が起きているのか示すことができます。覚醒した集団は、自己均衡化が起こる賢明な集団となります。

特に小さな組織では、静かに座り、それぞれの人の状況を理解し、苦しさを分かち合い、愛を持って接するだけで、対立の多くは自ずから解決していきます。フィールドは均衡を見つけ、自ら緊張を解消する性質を持ちます。しかし、解決にはファシリテーター、そして可能な限り多くの参加者が意識的になり、何が起きているのかに気づき、明白なあるいはひそかな傾向を鼓舞し、他者が自らをより完全に表現するのを助けることが必要になります。アウェアネスには様々な側面があるため、私がこの言葉で何を意味しているのかより明確に説明したいと思います。

感じ取る《センシング》

ファシリテーターは雰囲気を感じ取る必要があります。集団の雰囲気を感じ取るということは、集団において突如として現れる予測不可能なシグナルやメッセージを拾い上げ、評価するということを意味します。これらは、例えば怒っている声や、沈黙、笑い声、あるいはひそひそ話など、集団が出す音において現れるかもしれません。あなたがファシリテーターならば、悲しさ、恐怖、感謝、幸福感など、集団と同じ空間に座ったときにあなたが感じる感覚《フィーリング》において集団の雰囲気が現れるのに気づくこともあるでしょう。集団の動きも感じ取れなくてはなりません。参加者が立ち上がってその場を去るとき、前屈みになったり後ろにのけぞったりしているとき、背後で子供が遊んでいるときなどです。参加者間の人間関係の問題が生じるかもしれません。これらを理解し、寄り添う必要があります。雰囲気を感じ取るためには、我々のすべての観察を受け入れる必要があります。

感じ取るには、ファシリテーターはただその特定の組織の中にいるのがどんな感じか気づけば良いだけです。その雰囲気は心地良いものでしょうか、あるいは居心地が悪くて張り詰めたものでしょうか？　その場所の霊《スピリット》はどのようなものでしょうか？　その集団が会合している建物は、どのようなものでしょうか？　どんなタイムスピリットが存在するでしょうか？

集団のアウェアネスに取り組む

自分のアウェアネスを他者と共有し、彼ら自身のアウェアネスを認識できるか尋ねてみてください。その集団には問題に取り組むのにふさわしいムードが漂っていますか、それともどんちゃん騒ぎがしたそうでしょうか？　参加者は集団での経験に個人として取り組みたいと考えているでしょうか、それとも家で友達とその経験について噂話したいと考えているでしょうか？　集団の中にもあなたと同様に雰囲気に敏感な人がいるでしょうか、それともあなただけでしょうか？　どんな集団もそれぞれ独自の時間、場所、儀式を必要とします。物事に取り組み、達成するための時間と、内省と発見のための時間がなくてはなりません。ふさわしいタイミングで、集団のアウェアネスに取り組みましょう。そうでなければ、あなたが何を言っても拒絶されます。集団に対して何かをするようにお願いしてうまくいくのは、そのメンバーがそれをすでに考えたりしていたりする場合だけです。私の意見では、最も優秀なファシリテーターとは警察ではなく、フィールドの方向を見つけ出し、その発見を他者とシェアできる「アシスタント」や「支援者」です。

分類《ソーティング》する

分類するとは、どのようなタイムスピリットが存在するのか特定するために集団の感覚《フィーリング》、問題、発言、主張をふるいにかけることをいいます。雰囲気の中に何が存在するか見極めるひとつの方法は、集団が焦点を当てている問題と雰囲気の感覚《フィーリング》の間に差異があるか見てみることです。また、ファシリテーターは、集団に対して何に焦点を当てたいか尋ね、完全な沈黙やくすくす笑い、恥じらい、笑い声などの感情的反応を見て重要な問題を選別することもできます。これらの反応は「2次プロセス」、すなわちその集団がエッジを持つ背景的な問題、その集団が黙殺している問題が存在することを示しています。このような少数派の問題には、必ず大きなエネルギーが眠っています。

アウェアネスを使って物事を分類しましょう。その集団における背景的問題は男女間の対立でしょうか？　それは受け入れられていない、あるいは軽んじられているという感覚《フィーリング》でしょうか？　それは経営層の柔軟性のなさでしょうか、退屈でしょうか、それとも貪欲でしょうか？

タイムスピリットとスペーススピリットを特定する

フィールドを賢明に機能させるための基礎として、フィールドの様々な部分を特定することが重要であることはすでにお伝えしました。それを行う際に、それぞれのタイムスピリットはある別の部分を補完する関係にあると推測しておおよそ間違いありません。例えば、人々が自分たちの声を聞いてもらえていない、と騒いだり不満を言う場合、フィールドの中には聴く（傾聴する）という部分が隠れているに違いありません。目に見えない部分は幽霊《ゴースト》です。幽霊《ゴースト》は雰囲気を乱し、注意を向けられることを求めます。集団が被害者意識を持っているならば、フィールドのある一部分が加害者であることを、その集団が理解していないのかもしれません。

客観性と中立性

ファシリテーターはフィールドのあらゆる部分に価値を見出す必要があります。なぜなら、交流と進化を起こすには、すべての部分が表明されなければならないからです。中立性とは、単にどちらの側の味方もしないということだけではありません。中立性とは、集団の対立は誰か1人または何かひとつの事象によって引き起こされるわけではないと理解することです。システム全体からの後押しなしに単独で「悪」になれる部分、あるいは人などいないのですから、誰かに責めを負わせるのは不適切です。独裁者がいれば必ず被害者がいますし、緊張があれば必ずそれを回避しようとする人がいます！　中立性と客観性はグループワークにおいて重要なツールです。なぜなら、それらによって私たちは人をフィールドの部分やタイムスピリットと切り離すことができるようになるからです。どの参加者も、一時的な役割《ロール》以上の存在であり、自分の中にすべての部分を内包してもいるのです。

しかし、絶対的な中立性と客観性というのはニュートン力学の夢、人間が自分たち自身に対して設定する非現実的な仮定にすぎません。今日の新たな物理学では、絶対的な客観性など存在しないことが分かっていますし、また日々の生活の中で、私たちはほとんどの状況から抜け出せないことを知っています。そのため、私たちは地球のプロセスの参加者としての限界を受け入れなければなりませんし、同時にそのプロセスをファシリテートする方法を発見しなくてはなりません。これには特別な訓練とインナーワークが必要です。これについては、次章以降で説明します。

ロールスイッチ

集団に属する人たちがタイムスピリットと同一ではないと覚えておくことで、人を集団における一時的な役割《ロール》と同一視することがなくなります。個人的生活において、私たちは様々な成長の段階を通り過ぎます。ある時点では自分を自分自身の一部分と同一視し、またある時点では別の部分と同一視します。私たちはこれらの部分のどれでもありません。ただし、個性化のプロセス*においてはこれらすべての部分にアクセスできるようになります。

無意識的な集団の危険性のひとつに、個人の成長を抑制するということがあります。しかし、タイムスピリットに対するアウェアネスを持つことで、グループプロセスは個性化の機会になります。各個人は自らの中の様々なタイムスピリットを発見する機会を得ることになります。実際、個人がある特定の瞬間にどのタイムスピリットと自分を同一視し得るか理解し、その霊《スピリット》へと入り込み、それに声を与えると、集団は最もうまく機能します。

ロールスイッチという集団への介入は、集団の中で変化する自らの感覚《フィーリング》に対する個人のアウェアネスを基本としています。ロールスイッチは個人のアウェアネスを目覚めさせる手段として推奨されます。「あなたはこの役割《ロール》を演じていますか？　それとも別の役割《ロール》でしょうか？」と尋ねることで、その人はフィールドにおいて自分が演じている部分を意識できるようになります。アウェアネスからは独立したプログラムとしてロールスイッチが行われた場合は、それは良くも悪くも別物の集団ゲームの暗黙のルールとなります。

グループフィールドは私たちを異なるタイムスピリットへと分極化させ、人が自らを霊《スピリット》と同一視したり、あるいはそれに憑依された状態になるように催眠をかけます。それゆえに私たちは英雄になったり被害者になったり、妨害者になったりフォロワーになったりします。しかし、アウェアネスが推奨され促されれば、集団を催眠状態へと追い込む微妙だけれども強力な圧力を、私たちが誰であり、私たちはどのように変化するのか気づかせてくれる自己発見のプロセスへと変容させることができます。

＊個人の最奥の自己と一致を目指して、意味ある人生を生きようとする、ユング心理学の発達成長モデル

最も優秀なファシリテーターとは人間の成長を助けるアシスタントです。そのようなファシリテーターは、私たちが役割《ロール》に固定されて自分たちの他の部分にアクセスできなくなってしまったときに、それに気づくよう私たちの目覚めを優しく促してくれる人です。私たちが最も恐れるべき集団とは、霊《スピリット》あるいはコンプレックスに憑依される深刻な危険がある集団であるということを覚えておいてください。

優れたファシリテーターは、私たちがある一定の役割《ロール》において自己不一致に陥ったとき、私たちの他の部分が表出しようとするとき、私たちが役割《ロール》を変化させるべきときに、私たちがそれに気づくように助けてくれる存在です。しかしときにはあまりにも凝り固まってしまっていて、もうその役割《ロール》は終わったのだと人々が気づくのに身体的接触が必要なことすらあります！

ある大きな集団の中に、怒って皆を激しく攻撃していた女性がいました。しばらくして集団がついに反論に出たときに、予想外にも彼女の態度は打って変わり、自分が攻撃されても反応することができませんでした。彼女は自己不一致に陥ったのです。他の人に対して発言することも答えることもなくなったため、彼女の攻撃者としての役割《ロール》は終わったのでした。しかし、それでもなお彼女は攻撃者の立場として立っていました。今、この女性の役割《ロール》は何なのでしょうか？　彼女は自らを力強くあることと同一視していたため、より柔軟な立場へと切り替えることができなかったのです。

私は彼女に対し「攻撃者の役割《ロール》は、おそらくもうあなたにふさわしくないのではないでしょうか」と言い、その役割《ロール》から出たいか尋ねました。しかし、彼女は答えることができませんでした。どうやら彼女はトランス状態、無意識的な状態に陥ってしまった様子でした。私は、彼女は集団の反応に傷ついていたけれど、それを見せたくないのだろうと推測しました。

私は彼女のところまで行って、優しく彼女に触れました。すると彼女はすぐに床に崩れ落ちて泣き始めました。彼女は一番近くにいた女性のところまではっていき、その女性が彼女を抱きしめました。この心温まるシーンは、グループプロセスのドラマチックで感動的な解決となりました。この力強い交流については後ほどまた触れますが、ここでは私たちがいかに特定の役割《ロール》（この例では、攻撃という役割《ロール》）と結びついてしまうかということ、そしてアウェアネスによって私たち自身の別の部分と、集団の別の部分にアクセスできるようになるということを指摘しておきたいと思います。

モデルとしてのファシリテーター

人々が経験していることを最後まで完了できるよう、ときとしてファシリテーターは中立的な役割《ロール》を捨てて一時的にひとつの役割《ロール》あるいはタイムスピリットへと入っていかなければならないこともあります。集団がそのタイムスピリットが示す経験を恐れている場合、タイムスピリットが経験を完了させるのを促す必要があります。このようなときには、ファシリテーターがその役割《ロール》へと入ってひとつの視点をサポートしつつ、他の役割《ロール》の人たちにファシリテーターのロールに入り、集団を見守るよう促すことが有効です。特定のタイムスピリットに入ることができて初めて、ファシリテーターはその役割《ロール》が送ってきているメッセージを深く推測したり読んだりすることができるのです。

南アフリカの緊迫した会議で、ある女性が「自分のことを集団の暴力の被害者のように感じる」と言っていました。緊張感は大いにある会議でしたが、過剰なまでに暴力的な人はいませんでした。女性は被害者として話していましたが、何かが不一致なように思われました。そこで私は彼女が座っていたところに行き、彼女のメッセージが何なのか捉えようとしました。私は鏡のように彼女の動きを正確に真似てみました。すると、彼女は被害者として話しながらも、その腕の動きは力強く攻撃的で、口調は怒りに満ちていることに気がつきました。

私はこれらの動きの意味を深く推測しながら、彼女の立場から、彼女の言っていたことの内容に横暴なトーンを足して話してみました。ただ彼女を真似るだけではなく、そして「私は被害者です」と言うだけではなく、「私は復讐を果たして他人を制圧したい」と語りました。

この気づきによって一時的な解決がもたらされました。他者に勝ち、復讐しようという横暴な役割《ロール》が意識されたことで、皆が言い争うのを止めました。フィールドの感覚《フィーリング》は、憎悪から互いを傷つけ合わなければならない悲しみへと変化しました。

エッジ

プロセスを展開させる方法には様々なものがありますが、おそらく最も本質的な方法は、アウェアネスを保ったまま、「エッジに寄り添い続ける」ことです。集団の禁じられたコミュニケーション、感情的な問題を避けようとする傾向、個人のフィーリング、理想的なビジョン、人間関係の対立に対してアウェアネスを保ち続けます。

集団のエッジという問題は、完全に対処しない限りまた戻ってきます。例えば、集団のメンバーが怒りあるいは痛みを感じていると話したとき、他のメンバーが恥ずかしさや苛立ちを感じて話題を変えようとするかもしれません。集団が痛みあるいは怒りの問題に寄り添わなければ、その問題は完全にプロセスされるまで何度も再び戻ってきます。

天気予報《ウェザー・リポート》

エッジに気づいているだけでは十分ではありません。一度エッジとその他の現象に対するアウェアネスが得られると、次に、この情報をどのように共有するのかという大きな課題が現れます。

アウェアネスを共有する楽しい方法として「天気予報」があります。完全に中立的な人などいませんが、ちょうど大気の状態を伝えるように、今集団がしていることに対するアウェアネスを共有しようと試みることはできます。このように気づきを展開させるという精神には、好奇心、励まし、温かな心といった態度が必要になります。

私はこのようなアウェアネスを集団のヴィパッサナー瞑想と捉えています。天気予報士は個人的領域にのみ集中している他の人たちに集団全体で何が起きているのか知らせてくれます。誰であっても、天気を知るため、あるいは世界全体の状態を知るために新聞を読む必要があります。地元の状況だけでは不十分です。

まるで天気予報を伝えるように、何が起きているのかシンプルに伝えることは、グループプロセスへの有効な介入です。

今、中心で対立が起きています。今、私たちはそれを回避しました。これはあまりにも辛いでしょうか？

今、対立は冷戦状態に入り、誰も話そうとしません。今、ここには沈黙があります。これはすなわちプロセスが終了したということでしょうか？

今、解決が起こりましたが、隅にいる数名は不満そうです。

今、皆幸せそうに話しているので、天気予報士は家に帰ることができます。

今、私たちは新たなテーマを開始しました。私たちはどのくらいの時間このテーマに取り組むべきでしょうか？　今、私たちは行き詰まっていて、これ以上先に進みそうにありません。私たちはエッジを見逃してしまったのでしょうか？

今、コミュニティのような感覚が真ん中で形成されつつあるので、私は話すのを止めなければなりません。なぜなら、このような形のアウェアネス（ウェザーリポートし続けること）はこの場の感覚《フィーリング》を破壊してしまうからです。

今、私たちはある個人に焦点を当てています。彼女はこの集団の代表なのでしょうか？

今、2人の人が口論しています。彼らは私たちの集団の代表なのでしょうか？　今、サブグループの間に緊張があります。これをもっと表出させる必要があるでしょうか？

今、何か横暴なものが存在しています。彼には役割《ロール》がありますか？　そして、被害者はどこでしょうか？

今、私たちは霊魂の宿ったスピリチュアルな瞬間を経験しました。私たちはそれを無視すべきでしょうか、それともそこに向かってもっと進んでみるべきでしょうか？

今、私はエスカレーションがあったことに気がつきました。それをさらに進めてみましょう。

今、私は2人の対立する当事者が少し離れたことに気がつきました。これはディエスカレーション（沈静化）のサインでしょうか？

この時点で、この問題を放棄することを試してみるべきでしょうか？

今、議論が熱を帯びてきました。もうすぐ殺人が起こるかもしれません。

今、私たちの振る舞いは私たちにショックを与えたようです。何らかのフィーリングがここにあります。

この最初の会議と対立はもう十分で、これ以上先に進む必要はないのではないでしょうか？皆さんの声が小さくなっているのは、今日のところはすべてうまくいったということでしょうか？

意識状態の変化

集団が長い間閉塞状態にあった場合、素早い意識状態の変化があることで大きな安心感がもたらされることがあります。このような変化をもたらす方法には様々なものがありますが、軽視されてきたチャンネル[1]あるいはコミュニケーションや認識方法を使うというのが基本です。例えば、たくさん議論をしてきた集団ならば、動きから洞察を得ることができるかもしれません。ファシリテーターは動きたいという人に、立ち上がって話を中断するように指示すると良いかもしれません。参加者が部屋の中を歩き回る中で、それまで「話す」という主要なコミュニケーション方法に抑圧されていた新たなプロセスが姿を現すかもしれません。参加者は複数の小さな集団に分かれて話をしたり、互いにハグしたり、互いを避けたり、踊ったり、あるいは単に休憩するかもしれません。

アメリカ人の集団の中には、ただ沈黙したり、あるいは騒ぐことで自らの新たな側面を発見することができる集団もあるかもしれません。私たちがワークしたある日本人の集団では、長い議論の後で沈黙することが大いに有効でした。

ときには、何に焦点を当てるかをただ偶然に任せることで、状態の変化を得られることもあります。参加者はポインター(例えばペンなど)を回して1人の人を選び出します。その人の内面の個人的プロセスを集団の状態の鏡として捉えることができるかもしれません。

占いの手法を使うといつも驚かされます。大きな集団が一見些細に思える問題で口論していたことがありました。ペンはある女性を指し、その女性は良心の呵責に耐えかねて、物を盗んでしまったことを後ろめたそうに打ち明けました。集団は口論を止め、すべての参加者が自分たちの窮乏と貧困の感覚《フィーリング》という重要な問題に集中するようになりました。

パワーの盛衰

大規模なグループプロセスの状態は、誰も意識的には気づかないうちに変化することがよくあります。意地の悪い横暴なタイムスピリットさえ、変化することがあります。例えば、それまで言い争っていた両者が、背景にある感情が表出した途端に、口論を止めるということがあります。ムードが変わっても、声が小さくなっても、緊張感が消え去っても、人は古い問題について話し続けようとします。それに執着した状態になってしまっているからです。

ファシリテーターは、ただ声が静かになったこと、ムードが変わったことを述べるだけで十分です。大きな力は盛衰するのだということを忘れてはなりません。勢いを増しているときは、それが表出するように促す必要がありますが、逆に衰えているときは、それを死なせてやらねばなりません。

そのひと個人であること

人がそれまで表現していた役割《ロール》について個人《パーソナル》として話し始めたときも重要な状態の変化が起こります。

グループプロセスには様々なレベルがあります。あるレベルでは、集団の問題と役割《ロール》に取り組み、またあるレベルでは集団の状況に対する各人の個人的感覚《フィーリング》に取り組みます。すべての役割《ロール》とタイムスピリットが表現されて初めて、集団はパーソナルになる準備ができるようです。あまりにも早い段階でパーソナルになると、集団全体がプロセスに参加するのが困難になります。役割《ロール》がそのエネルギーを失ったときに、個人として、ありのままのその人でいないと、すべてがゲームのように見えてしまいます。

調和は役に立たないことがある

調和は美しい状態ですが、それにはアウェアネスほどの力はありません。プロセスの中には完全に解決できないものもあります。もっと時間をかける必要があるからか、あるいはその集団がそれを解決することができないからか、理由はそのいずれかです。解決は個人レベルで行われなければなりません。また、完全な解決はまだ残っている反対者たちにとって有害かもしれません。反対者は集団の将来の状態を表しています。反対者は次なるステップ、集団の中に育ちつつあるエッジを指し示しているのです。

将来を推定する

感覚《フィーリング》、症状、あるいは夢《ドリーム》の中にある隠れた、拒絶されたプロセスは、必ず個人と集団の次なるステップを指し示しています。そのため、その瞬間の2次プロセスから将来を推定することが可能です。例えば、個人の問題に取り組んでいる集団は、次のステップとして人間関係における困難に取り組まなくてはならないかもしれません。あるいは調和が生まれた集団では、次の会議で対立を持ち出さなくてはならないかもしれません。攻撃的な口調の集団は、間違いなく穏やかさと繊細さを求めるようになるでしょう。あるテーマを避けてきた集団は、次回で必ずそれに取り組まなくてはならなくなります。プロセスの進化は予想不可能ですが、同時に極めて予測可能な特徴も持ち合わせています。

集団的無意識

集団や企業に属する人の多くは、自分を表現することを恐れています。集団に溶け込めていない気がしたり、嫌われることを恐れていたり、仕事を失うことを恐れていたり、自らの感覚《フィーリング》が理由で物理的攻撃を受けることを恐れていることすらあります。

いわゆる上司という立場の人も含めて、おそらくほとんどの人は成功を確実なものにするために自らを抑制しています。システムの中にいる誰もが、安心感と受け入れられることに中毒になっていて、それが難しい雰囲気を創り出してしまっています。このような集団のフィールドは、依存関係、敵対心、静止状態、ひいては革命の温床となります。

状況によっては、恐怖は、参加者がフィールドの中にその立場を創ることでプロセスされることがあります。ファシリテーターは、依存的な役割《ロール》の感覚《フィーリング》を深く推測すると良いでしょう。語られる可能性のある恐怖や感覚《フィーリング》の中には、愛、承認、サポート、安心感へのニーズなどがあります。

ブランクアクセス

ブランクアクセスとは、隠れたプロセスに対し姿を現すよう促すための介入を指す言葉として私が使っているものです。ファシリテーターは、実質的に内容のない質問や発言をし、それによって他の人たちにそれを埋めるように促します。「部屋の中に、まだ表現されていない感覚《フィーリング》はあるでしょうか?」あるいは「あっちの方に座っている人の中で、何か考えていたけれど気が引けて言えなかった人はいましたか?」というような発言は、質問で参加者を戸惑わせることなく、参加者から考えや感覚《フィーリング》を引き出すのに役立ちます。

ブランクアクセスは言葉によらない場合もあります。ある集団が口論している最中に、私はその部屋から抜け出して、トイレに行き、黒いストッキングを頭にかぶって戻ってきたことがあります。初めは誰も私だと気づきませんでした。皆ショックを受けていました。

「私は誰でしょうか？　私に投影してください」と私は言いました。参加者は、対立を解決する方法を知っている賢明な存在を想像しました。参加者は次々に賢明な霊《スピリット》の役割《ロール》を引き継いで、自分たちの問題をものの数分のうちに解決してしまいました。

教えること

すべての集団が自らについて知りたがっているわけではありません。目の前の問題解決に助けが必要なだけの集団も多くあります。しかし、内省のうちに成長する準備のある集団には、ファシリテーターだけでなく教師も同じくらい必要としています。

一部の集団や組織では、参加者がファシリテーターの仕事を奪うという素晴らしく、重要な瞬間が起きます。ファシリテーターも、タイムスピリットのひとつにすぎません。実際、「ファシリテーター」という名前はこのタイムスピリットにとってもはや正しい名前ではなくなります。「ともに学ぶ人」と呼ぶ方がふさわしいでしょう。集団の各メンバーが、賢明さを表現し、アウェアネスを試し、世界を変える機会を必要としているのです。

集団のアウェアネスを高める方法を学びたい人のために、アウェアネスに関するエクササイズを以下に示します。

1　集団のエッジ

このエクササイズは、参加者が集団の中で表現するのははばかられると感じていることが多い種類の事柄について、参加者のアウェアネスを呼び起こすためのものです。4人組のグループに分かれ、以下の質問に答えることでグループのエッジを見つけましょう。

今現在、私はどのようにこの集団において完全に自由ではないと感じているでしょうか？

この対立はどのように個人の成長の一部であるといえるでしょうか？

4人組のグループの中でさらに2つに分かれ、自分たちと抑制者の間の対立をロールプレイすることで、皆が抑制とエッジに取り組む機会を得られるようにしてみましょう。あるいはこの状況を読み解く人が自分自身に対し、集団においてどのように自由でないと感じているか尋ね、次に以下の質問をしてみても良いかもしれません。

どの人あるいは力が私を抑制していますか？

私はどうしたらこの力を尊重しつつ、同時にそれから自由になれるでしょうか？

2　集団における問題の分類

1. 参加者を4人組のグループに分け、取り組みたいテーマを挙げるように指示します。
2. 各グループに対し、「感情ゲージ」に基づいて、すなわち課題が持つ感情的な影響が大きいか小さいかに基づいて分類するよう指示します。

3　ウェザーリポート

気象予報士になったつもりで、集団の雰囲気や感情的感覚《フィーリング》に気づきましょう。中立的かつ公平に、集団の中で起きていることを引き出しましょう。集団に対する「ウェザーリポート」には、以下を含めましょう。

・参加者が好んで話題にするプロセスと、彼らが軽視しているように思われる霊《スピリット》。
・参加者が感情的テーマやスピリチュアルなテーマにどのように取り組んでいるか。
・参加者のトーン。深刻か、陽気か、パーソナルか、ビジネスライクか。

4　急速な状態の変化

以下を行うことで、集団が急速な変化を起こせるように練習をしましょう。

・チャンネルを変える。参加者に話すのを止めて動くように、あるいは少しの間沈黙するように指示する。

・紛争関係にある参加者に身体的交流をするよう促す。それが起こるのを許容できる練習環境を創ることを集団に促す。
・抑制された課題や少数派の課題を持ち出すことで、退屈な集団の中に対立を引き起こす。
・その場にはいないけれども話題に上っている第三者の役割《ロール》を演じる。
・口論がディエスカレートしていることに気づき、参加者に試しに静かにしてみるように指示する。

1　チャンネルとプロセスワークにおけるチャンネル理論については、ミンデル著『プロセス指向心理学』(原題：River's Way）を参照。グループプロセスワークにおけるチャンネルについては、ミンデル著『ワールドワーク：プロセス指向の葛藤解決、チーム・組織・コミュニティ療法』を参照

第2部

リーダーシップのメタスキル

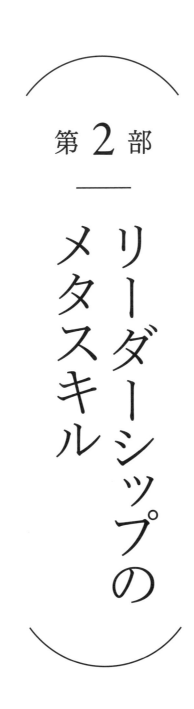

第5章

武道家としてのリーダー

この章を読むヒント

この章では、柳生宗矩、植芝吉祥丸（合気道の達人）といった日本の武道家たちが記した秘伝をミンデルが読み解き、これらの秘伝と、ワールドワークをファシリテートする際に必要となるメタスキルの共通点が語られます。

陰陽バランス

起倒流柔術の秘伝書「伝書注釈」の気に関する部分の抜粋（現代語訳）が本文にもありますが、ここに再掲します。

「起倒とは起きることと倒れることである。起とは陽の現れであり、倒とは陰の現れである。陽に頼って勝つことがある。陰に頼って勝こともある。相手が陰を示せば陽によって勝つべし。相手が陽なら陰によって勝つべし。自分の強さを捨てて、相手の強さを使って勝つ。それが気の極意である」

そしてワールドワークにおける、ミンデル自身の陰・陽の組み合わせ体験が紹介されます。ワークの参加者からの突き上げ（陽）に対して、自虐的ともとれるユーモア（陰）で返して、その場をなごませたエピソードなどです。

デタッチメント（手放し）

合気道の開祖である植芝盛平が、雨あられと降り注ぐ敵の弾丸に立ち向かう中で、不思議とかえって心が落ち着くのを感じ、身をわずかに前後左右にかわすことにより奇跡的に1発の弾丸をすら身に受けることなく窮地を脱した体験が紹介されます。

ワールドワークのファシリテーターにもデタッチメントが必要です。そのために薪を燃やし尽くすこと、対立の経験を積むこと、対立を自らの運命として受け入れる、攻撃者を支援することなどが紹介されます。

例えば金槌で釘を打てるようになると、それはスキルを身につけたことになります。これに対し、金槌をどう使うかということはメタスキルに当たります。同様のことが個人や集団をワークするスキルを磨く際にもいえます。スキルやテクニックを学ぶ必要はありますが、それらはディープ・デモクラシーという適切なメタスキルを身につけていなければ応用することができません。

深刻な問題を抱えている集団や組織をワークする際には、取り組む対象がその集団や組織そのものであれ、その他の集団であれ、ファシリテーターにとって決定的な要因となるのは使用するスキルや手法ではなく、集団に対する態度です。態度や信念は私がメタスキルと呼ぶものです。メタスキルはどんな状況でも対応できるツールを生み出します。これについてはエイミー・ミンデル著『メタスキル――心理療法の鍵を握るセラピストの姿勢』を参照してください。

思いやりをメタスキルとして捉えましょう。同じスキルを適用したとしても、そこに人に対する思いやりがなかった場合、思いやりを持ってスキルを使った場合に比べて効果が弱くなります。これは当然のシンプルな真実ですが、実践するのは簡単ではありません。スキルの教え方は誰でも知っていますが、メタスキルはもっと複雑です。メタスキルはワールドワークを行うのに必要不可欠ですが、態度、信念、そして人に関する感覚《フィーリング》を教え、学ぶにはどうしたら良いのでしょうか？　メタスキルを発見し、磨いていくのには、才能、内面の成長、外部のロールモデルの他、私もまだ特定できていないその他の要因を混ぜ合わせたものが必要になります。

この章ではワールドワークを行うのに必要なディープ・デモクラシーのメタスキルを概説することを試みたいと思います。これらのメタスキルを人に教えたり、他者の中に目覚めさせたりするにはどうしたら良いのか、私もまだ不確かな部分があります。私にできるのは、私自身の人に対する信念、希望、動機を認め、私自身の態度とメタスキルとは何か発見しようとすることだけです。以下では、武道の例えを使って、ワールドワークを行うファシリテーターに必要な態度を説明したいと思います。

役割《ロール》としてのファシリテーター

どのような集団をワークするときも、何よりもまず求められるのが、自らのグループファシリテーターとしての役割《ロール》に対するアウェアネスを持つことです。ファシリテーターの役割《ロール》は、その集団全体の幸福に対する関心、そしてその世界との関係性において、集団内の他の役割《ロール》とは異なります。ファシリテーターはどの特定の当事者あるいは部分にも属しません。もちろん、全体に対する関心もひとつの部分と捉えられれば、の話ですが。

集団心理学と個人心理学の両方の観点からいうと、リーダーシップとファシリテーションの組み合わせは私たちの側面のひとつ、私たちの全体のプロセスのひとつの部分にすぎません。言い換えれば、リーダーシップとは1人の特定の個人と結びついているものではなく、私たち1人ひとりがいずれかの時点で経験し得るものなのです。ただリーダーでしかない人などいません！　これを知っていることは、リーダーシップの重要なメタスキルのひとつです。これにより私たちは、リーダーとして、そしてフォロワーとして、流動的かつ多面的に振る舞うことが可能になるからです。

集団のエネルギーから学ぶ

ほとんどの人は以下の3つのいずれかの方法で集団内の緊張に対処しています。

・緊張を抑制し、互いに親切にしようとする。
・緊張を分析し、自分自身か他者を変えようとする。
・緊張の中に入り込み、互いを傷つける。

武道のコンセプトやスキルは、対立に取り組むためのひとつのプロセス指向的手法を示してくれています。武道では、ワークする集団に対してファシリテーターが持つべき態度の一部が説明されています。特に合気道は緊張や対立に対する新たな視点を与えてくれます。おそらく恐怖を乗り越えて緊張に深く関わってゆくための方法すら見えてくるでしょう。

日本の合気道の基礎となるのはフィールドエネルギー、すなわち気の原則です。植芝吉祥丸は『合気道のこころ』の中で、日本の武道に関する古い文献を引用し、気を中国の形而上学的原則と関連づけて語っています。植芝によると、気とは陰陽の形で表現された創造の源であり（老子）、生命の充足であり（淮南子）、道徳的な清廉さから生じる勇気であり（孟子）、すべてのものを流れる神聖な力である（管子）といいます。

気は「虚空なる宇宙」あるいは「無」につながっており（老子）、それは「混沌から現れ出る形成エネルギー」だといいます（荘子）。

私たちの言葉でいえば、気とはフィールドの力あるいは強さになります。集団のフィールドのように、気は空っぽであるか、あるいは無限です。気は混沌《カオス》の中から変化し続けるパターンを創り出します。気は「道徳的な清廉さから生じる勇気」であることから、気とはそれそのものを扱うのに必要なメタスキルあるいは態度でもあるといえます。フィールドはファシリテーターに対し、空っぽでいること、あるいはこれから起ころうとしている動きに対してオープンでいることによりフィールドそのものをワークする方法を教えてくれます。

もしもスキーをしたいのなら、山そのものが私たちの教師となり方法となります。サーフィンがしたいのなら、海が教師となります。難しい集団をファシリテートする方法を学びたいのなら、怒りと愛、利己主義と思いやりの移ろいゆく季節を通じて自然が私たちに道を教えてくれます。対立が起きている集団に対する最善の介入は、ファシリテーターが外側から持ち込むのではなく、集団の変わりゆくムード、緊張、感情、役割《ロール》、そしてタイムスピリットの中から自然に生じます。ファシリテーターが行くべき狭き道は、集団それ自体が創造し、受け入れることのできる道です。

植芝によると、気とは「神聖なるエネルギー」です。私の経験では、このことは集団のエネルギーは完全にはコントロールしたり予測したりできないものであり、神秘的な霊《スピリット》であるということを意味します。私はこれまでに何回もプロセスが進む道を制御しようと試みました。あるときは成功し、またあるときはうまくいきませんでした。グループプロセスや激しい対立をコントロールできなかったとき、その原因は私がそれに、あるいは関係する人の一部に背いたからであると気づかざるを得ませんでした。私は物事をもっとよく分かっていると思っていました。私の仕事は気あるいは霊《スピリット》に従うことであり、霊《スピリット》のように振る舞うことではないと、厳しい経験を通じて知ることになったのでした。

セルフバランス

柔術の重要な古典である起倒流の「伝書注釈」は、柔術家に対し、異なる形の気に従い、敵のエネルギーを使うことで全体の状況のバランスを取るよう指南しています。

「起倒は、おき、たおると訓ず。起は陽の形、倒は陰の形也。陽にして勝ち、陰にして勝つ。敵の陰なるには陽を以て勝ち、敵の陽なるには陰を以て勝つ也。（中略）心を剛強にして業の強弱なるを自在底といい、吾力を捨て敵の力を以て勝つ、当流気の扱いという是なり」[1*]

＊より現代語訳的には次の意味。「起倒とは起きることと倒れることである。起とは陽の現れであり、倒とは陰の現れである。陽に頼って勝つことがある。陰に頼って勝つこともある。相手が陰を示せば陽によって勝つべし。相手が陽なら陰によって勝つべし。自分の強さを捨てて、相手の強さを使って勝つ。それが起倒流の気の極意である」

ワールドワークでは、勝ちたいという衝動は、役に立つどころか障害となります。ほとんどの武道では戦うことや勝利することについては語られず、それよりも修行者の全体的な成長がより重視されます。まれに上記の引用のように、敵に打ち勝ち、戦いに勝利することに重きを置いたメッセージが語られます。ここで推奨されているのは、フィールドが自らのバランスを取るということに気づくことです。

ファシリテーターの仕事は、気、すなわちフィールドにおいて変化し続ける興奮、関心、エネルギーに従うことです。ファシリテーターは、そこに存在するものに添い従うことでグループワークにおける「勝利」をつかむことができます。興奮が生じたときは、興奮に道を譲ることでそれに従い、その本質が明らかになることによってエネルギーが落ち込んだときは、その衰退に従います。

あるプロセスワークの集団で、集団内にいた部外者が、部内者である上級トレーナーから締め出されているように感じたとき、緊張が生じました。その分極化のさなかに、突然、皆が静まり返りました。私は部外者の人たちは自分たちが感じていることをすべて言い尽くしたのだろうかと思いました。すると、1人の部外者が「部内者はまるでなんでも知っていて、他の人よりも優れているかのように振る舞っていて、高慢だと思う」と言いました。私はこの攻撃に注意深く耳を傾け、部内者として（そしてファシリテーターとして）、この攻撃の真実に気がつきました。私は皆に向かって言いました。「結局、私自身も他の人がきっと知らないだろうと思うことを発見すると、まるで風船のように膨らんで、思い上がって飛んでいってしまうんですよね。

そして、思い上がっていることを批判されると、まるで鉛でできた風船のように落っこちてくるのです！」。陽に陰で返したことで、皆が笑い出しました！

自らの感覚《フィーリング》に気づき、役割《ロール》とアイデンティティを切り替え、攻撃者でも防御者でもなくなるようその間を行き来しながらも、緊張の内側と外側に同時に存在するとき、ファシリテーターはアウェアネスを使っています。

理想的なファシリテーターはプログラムを持たず、気、あるいは集団のエネルギーに従います。集団のエネルギーを使い、すべての敵に注意深く耳を傾けることで集団の経験が完成するのを助けます。自らの敵がその意見や視点を完成させるのを助けることすらあります。このようなファシリテーションとは、変化を起こすのに追加的なエネルギーを必要としない、良好な生態系を生みます。私たちがすでにそこに存在するプロセスを使えば、フィールドは自らを再調整し、解決にたどり着きます。

隠れた気と2次プロセスに従う

フィールドに従うには、フィールドを認識することが必要です。フィールドの一部は隠れていたり別の姿に偽装したりしていることがよくあります。剣術について著した『兵法家伝書』では「隠れて顕になっていない気にこそ、機である（勝利の機会がある）[2]」とされています。

自らを怒っている状態と同一視しているけれども、実は愛に飢えていて悲しんでいる人を想像してみてください。この場合は、悲しみが隠れた気です。本人は気づいていなくても、他の人はこの悲しみを感じます。ここでコミュニケーションの問題が解決できるかどうかは、悲しみ、すなわち「ダブルシグナル」に従うことができるかにかかっています。ダブルシグナルとは、2つの相反するメッセージを含んでいるシグナルのことをいいます。例えば、グループプロセスで、助けてほしいと訴えている人は、無意識的には集団に対して「あなたたちは十分に努力していない」と罵っているかもしれません。ここでのダブルシグナル、あるいは隠れた気は、「罵倒」と「援助の要請」です。ダブルシグナルの隠れた気とは、常に本人がメッセージの主要部分とは認識していないものです。

人が怒っているだけではなく愛に飢えていることに気づき、ファシリテーターとして隠れた気を見つけましょう。怒りだけに注目するのではなく、ニーズを満たしてあげましょう。誰かがあなたを批判しているとき、その人は同時にそれをためらってもいることに気づき、そのためらいに取り組みましょう。敵が口うるさく、もっと注意を向けられることを求めているのなら、丁寧に耳を傾けましょう。敵は攻撃的であると同時に正しくもあることに気づき、その正しさを褒めましょう。敵は威勢がいいだけでなく、同時にひそかに抑制されるのを望んでいることに気づきましょう。そんなときは、その人を抑制できない自分についての不満を述べることで、その人を助けましょう。これが隠れた気を使って勝利するということです。

自然を愛すること

『天狗芸術論』では、剣術について以下のように述べられています。

「一切の芸術事*の修練によって上手をなすといえども、其の奇妙をなすはみな気なり。天地の大なる、日月の明らかなる、四時の運行寒暑の往来して万物の生殺をなすもの、みな陰陽の変化に過ぎず。其の妙用は言説の尽す所にあらず、万物其の中にあって其の気を以て其の生を遂ぐ。気は生のみなもとなり、此の気かたちをはなるる時は死す[3]**」

気を詩的に表現したこの記述は、単にプロセスに従うことを勧めているだけではありません。この文章は、スキルあるいは上手さは介入に関する修練をどれだけ積めたかにかかっているけれども、実際の成功は私たちのメタスキル、すなわち私たちの認識、愛、信念、そしてフィールドの変化に従う能力にかかっていることを示唆しています。

上記の引用には個人ワークとグループワークにおけるディープ・デモクラシーの心が表現されています。ファシリテーションが成功するか否かは、自然、すなわち「天地の大たる」ことに対する尊敬と愛、大地と海、山と雪、移ろいゆく季節と人間の変化に対する畏敬の念を持てるかどうかにかかっています。人間は皆、心の底では自然を愛しています。しかし、私たちは互いと対峙していると自然への愛を忘れがちです。そして自然を人間から、スペーススピリッ

＊武術をふくむ技能的な事柄を指す

＊＊現代語訳としての意味は次の通り。「武道を含むすべての芸術では、訓練と練習によって上達が起きる。しかし本当の極意は気にある。天地の偉大さ、太陽と月の輝き、四季の変化、暑さと寒さ、生と死。これらはすべて陰陽の変化である。その繊細な働きは言葉で表すことができないのだが、気の働きによってすべての生命が満たされる。気は生命の源である。気が失われると死が訪れる」

トをグループプロセスから切り離してしまいます。

私たちは自然の流れの叡智を信じないまま問題を解決しようとすることがあまりにも多すぎます。タイムスピリット同士の交流が指し示す介入だけをすれば良いところを、自分自身のエネルギーを使って消耗してしまうのです！　選択は自然が行います。私たちはそれに従えば良いだけです。

デタッチメント

集団の混沌《カオス》と混乱の中でアウェアネスを維持する能力は、リーダーシップの核となる資質です。このリーダーシップの資質を磨く上での最大の困難は、おそらく実際のグループプロセスを通して「現場で」学んでいくしかない点でしょう。ポジティブな投影とネガティブな投影、対立と祝福、怒りと愛は、リーダーの成長の障害となりますが、同時にリーダーの能力を完全なものにする助けにもなります。

比較的仲が良く（調和的で）平和なグループプロセスをファシリテートし、導くことはほとんど誰にでもできますが、緊迫した集団の面前での話し合いを仕切らなければならない場合はまったく異なります。これには学習、実践、そして何よりもインナーワークが必要となります。

合気道の創始者である植芝盛平は、自らのデタッチメントについて、戦時中、敵と戦闘している最中にありのままの自分を見つけたとき（自分自身を見つけたとき）のことと関連づけて語っています。

植芝は、死を覚悟したとき次のように悟ったといいます。「心身に集中された〈気〉の中心が確立されてこそ動きは生きる、というひらめきだ。相手の気配や殺意は、こちらの平常心が澄みきれば澄みきるほど直感・直覚できるものだということだ。平常心とは、たとえば回転する独楽が中心に心棒の安定あってこそ静かに快く回転し、一見直立停止して見えるがごとき『スミキリ』の心の状態であるということだ」

植芝はデタッチメントし、攻撃をかわすことができました。しかし、どうやってこれをやってのけたのでしょう？　私は「死の覚悟」がこの物語の重要な要素だと考えます。死の恐怖は天の恵みかもしれません。攻撃されるという恐怖は、我々の一部が抹殺されかねないという警告として活用することができます。

すべての部分に対するアウェアネスを持つと、私たちはいわば殺される前に死を迎え、自らを攻撃から守ることができます。私たちが自分に対する執着をなくせば、私たちは標的としてはつまらない存在になります。私たちは目に見えなくなります。私たちが自分自身を取り除けば、攻撃者が攻撃すべき対象はいなくなります。そして気あるいはフィールドが私たちを動かし、まるで自然のダンスを舞っているかのようになります。

しかし攻撃をかわすというのはほんの序の口にすぎません。その次に目指すべきことは、自らの一方的な立場を意識的に認め、そこを離れ、中立的になり、私たちの古いアイデンティティを緩める手助けをしてくれたことについて攻撃者に感謝できるようになることです。さらには攻撃者の側に立って、彼らが自らのプロセスを完成させるのを手助けすることすらできるかもしれません。対立については、次章でさらに詳しく説明します。

しかし、どうすればファシリテーターはデタッチメントの態度にたどり着けるのかという疑問はまだ残ります。デタッチメントはいつでも可能なものではありません。以下に、この重要なメタスキルを磨く上でのヒントをいくつか紹介します。

薪を燃やす

戦いに関心がなければ対立のさなかでも冷静でいられます。しかし、これはあなたがすでに怒りの炎に完全に薪をくべ終わっている場合にのみ可能です。集団が議論している問題について怒りを十分に味わい尽くせば、それ以上くべられる薪はなくなります。炎は消えます。

ただし、デタッチメントとは対立に無関心であるということではありません。むしろその反対で、自分の敵も含めて戦いのさなかにあるすべての人に対してより関心があるということです。デタッチメントとは、単にその問題がもう自分にとってはすでに鎮火されているということを意味します。

対立の経験を積む

デタッチメントは、対立の経験を積む中で再三勝利しようと試みて、その強引さと無益さに気づき、手放したときに起こる場合もあります。勝利しようとする他者の試みを尊重しサポートしつつ、それに影響されないことは可能です。

対立を自らの運命として受け入れる

あなたが緊迫した状況の中にいるのは、それが必要だからだということに気づくこともあるかもしれません。そういうときは、対立を自らの運命であると捉えます。それを回避することはできませんから、自らの学びと成長に最大限活用するのみです。

ひとつの例

以下に示すグループプロセスと対立の例では、上述した対立をファシリテートするためのメタスキルのいくつかが活用されています。

妻のエイミーと私は地域の集会所で参加者150名ほどのワークショップを開催しました。ある夜、集会所の一部のスタッフが私たちの元へやって来て、「あなたたちは集会所のルールを守らず、だらしがない」と言って私たちを非難しました。コップやお皿をキッチンに運ばず、セミナールームに置きっぱなしにしていたことを指摘されました。スタッフは長時間働いているのに賃金は安く、ワークショップの集団が片づけをしっかりしないことに怒っていました。

彼らの言うことは頷けました。実際、私たちはだらしなかったのです。しかし、私たちがそれを認め、謝罪して、改善すると約束をしても、スタッフのリーダーは私たちを攻撃するのを止めませんでした。私たちは反論して、だんだんと理不尽な攻撃になってきていることを指摘しました。彼らのスタッフの1人が、実はスタッフ同士の人間関係はとても緊張していて、互いに対立し合っていると打ち明けました。彼は内部の対立が真の問題なのではないだろうかと言い出しました。私たちはスタッフの人たちに対して、もしもその困難を「浄化」するのに助けが必要だったら力を貸しますと提案しました。リーダーはまだ不満そうではありましたが、皆これに賛成しました。

彼らは内部の対立について徹底的に議論を交わし、状況は前進したかのように見えました。その夜の終わりが近づいてきた頃、ワークショップのメンバーの1人がまだ先ほどのリーダーの攻撃に傷ついていると発言しました。彼女はスタッフのリーダーに謝ってほしいとお願いしました。リーダーは謝りたくないし、謝ることもできないと返事しました。発言者は再びリーダーに対して謝るように求めましたが、リーダーはいっそう頑なに拒否します。状況がエスカレートしてきたところで、私が入っていってリーダーの前に膝をつき、彼女に謝ってほしいと頼みました。私が懇願しても彼女の態度が変わらないことが分かると、私は急激に態度を変えて猛烈に怒り出しました！

私は立ち上がってリーダーに非難の集中砲火を浴びせました。そして私は怒り始めたときと同じくらい唐突に非難するのを止め、「こんなに私に非難を浴びせられなくてはならないなんて本当にひどい話です」と彼女の味方をしました。彼女はますます硬直していきます。私は実際に彼女の横まで行って、私からどうやって自分を守れば良いか教えました。彼女は私を攻撃することも、自分を守ることもできなかったので、ただ同じ場所に立っていましたが、先ほど触れたように、彼女は内面的には自分の立場からすでに抜け出していました。隠れた気です！

私は彼女の腕に優しく触れ、「あなたは私たちを攻撃してしまったことをとても後悔しているんですね。こんな状況になるとは思いもしなかったはずです」と言いました。すると彼女はその場で崩れ落ち、膝をついて、地面に平伏しました。まもなく彼女は膝立ちになり、床をはっていき、謝罪を求めた女性をハグしました。それは感動的な瞬間でした。これで、その日の夜は終わりました。

翌朝、ワークショップのメンバーのほとんどは前夜のプロセスに満足していましたが、私がしたことに不満を感じていた人も数人いました。そのうちの1人の男性は、私がスタッフのリーダーに辛く当たったことについて怒っていました。

ワークショップの集団全体を巻き込んで、また対立が始まりました。他のメンバーは、男性に向かって私があのときに謙虚でもあったことを指摘しました。私は自分を擁護するという反応をし、女性の攻撃に対処するには、善良な意図を持った何らかの反応が必要だったと言いました。最後にはすべてうまくいったこと、私は彼女の側にも立ったこと、私は彼女に心から同情していて、彼女を耐え難い立場から救い出したかったのだとも言いました。

これも隠れた気でした！　批判的なコメントの裏には、私にもっと耳を傾けてほしい、前に進み出て自分の意見を言うことを鼓舞してほしい、そして自分のリーダーとしてのポテンシャルを評価してほしいという願いがありました。前の日の夜には道《タオ》に従うことのできた私でしたが、翌朝の道《タオ》は危うく見失うところでした。この新たな攻撃者自身がリーダーとして認められることを求めているとは理解していなかったから、そして私が単に不安だったからです。

しかし、そこにはもうひとつ別の隠れた気もあったのです！　私自身もその前夜のワークに完全には満足していなかったのです。振り返ってみると、私は解決したことには満足していましたが、そもそも戦わないといけないことに対する不満を私は抑制してしまっていたのです！　私はスタッフのリーダーに対して強硬な態度に出たことを申し訳なく思いました。

私は明らかにうまくやることに固執していたのです。なぜなら、２日後に私たちを攻撃したスタッフリーダーが再びやって来て「スタッフの態度が変わりました。強くなって、私を攻撃するようになりました」と手短に謙虚に話してきたときに、私は安堵を覚えたからです。彼らは、以前は怖くてそうできなかったのでしょう。彼女はあの夜のことを、人生の中でも最も「素晴らしい経験」のひとつだと言ってくれました。何週間も経った後も、この経験に感謝していると聞きました。私は、私と彼女の両方にとって良かったと思いました。２人とも自分たち自身についてたくさんのことを学べたからです。

攻撃者を支援する

一部の武術では、師範が弟子に対して自分(師範)を乗り越える手助けをすることがあります。そうする際に、師範は攻撃者を育てることがあります。政治でいうと、攻撃されているリーダーは、攻撃を受け止め、変化する立場にあるだけでなく、攻撃者が有益な変化を生み出すのを助ける立場にもあるということです。実際に、ファシリテーターは問題を解決することだけではなく、他者がこれまでよりも人間らしい方法で歴史の緊張をプロセスするのを支援することも自分の仕事の一部であると理解していることでしょう。そのため、私たちは攻撃者に対して、彼らのやり方について私たちが思うことを正確に伝えなければなりません。攻撃者はあまりにも獰猛でしょうか、控えめでしょうか、あるいは曖昧でしょうか？　彼らの意見は筋が通っていますか？　そうでないなら、可能な場合は彼らを助けるよう努めるべきです。

攻撃を受けているときは、アウェアネスの教師になる絶好の機会です。ともに成長することが目標ならば、敗北は攻撃者とリーダーの座を追われた者の両方にとって有益なものになり得ます。

南アフリカの例

南アフリカに初めて行ったときのことは鮮明に覚えています。私はプロセスワークのスキルを南アフリカで試すことについて楽観的で、とても楽しみにしていました。私はグループプロセスに対する自分の楽観が彼らの悲観に対する反応かもしれないと気づいていませんでした。

また、紛争解決について私が何か教えることよりも、自分たちの力で現状から抜け出していきたいという彼らのニーズの方が重要であることも分かっていませんでした。

人生は常に勉強です！　緊張に対する解決策を見つけられるのは常にその集団のメンバーだけなのだと、私は身をもって知ることになりました。アフリカ人の緊張を解決するのは、当然のことながらアフリカ人です。

最初の会議で、これから示すツールはどんなに困難な対立でも数時間のうちに解決することができると言いました。私は自分の楽観と高揚が集団を分極化させていることを意識できていませんでした。ある黒人のソーシャルワーカーが私の一方的な意見を聞いて、私が間違っていることを証明しようとする敵対者となりました。

彼女は始めの方にネガティブな意見を少し言っていましたが、私はそれを見落として集団とのワークを開始しました。数時間後、当然のことながら彼女の悲観が戻ってきました。彼女はケープタウンのあるタウンシップ（黒人居住区）における2つの黒人グループの「解決不可能な対立」を提示しました。私はその対立を解決しようと最善を尽くしました。一進一退しながら、ロールスイッチを行い、彼女の悲観に対抗すべくあらゆる手を尽くしてみましたが、ついに私は楽観的だから彼女に攻撃されているのだと悟りました。

私の攻撃者は立ち上がって、ただすべての対立が解決可能ではないこと、そして私が正しくないかもしれないことを証明したかっただけだと打ち明けました。最後の最後に、彼女が私を目覚めさせました！　彼女はただ悲観的なだけではなかったのです。私はついに自分の楽観的なやり方を放棄して、彼女に同意しました。私は自分がおそらく間違っていると認めただけではなく、彼女こそタウンシップの緊張に取り組む方法を皆に示すリーダー、そしてファシリテーターにふさわしいとまで言いました！　私たちの対立はその場で解決しました。

これによってひとまずこの集団は解決しました。皆が沈黙するのを見て、私は一度にたくさんの真実を悟りました。対立状態にある人々は、外部から解決の道筋を教えてほしいのではありません。外側からの助けには、草の根の効果が一切ありません。紛争地域に住む人々は、まず愛と励ましを必要としていて、教育は二の次なのです。対立状態にある集団が外側からの励ましを得られないと、集団内に育ちつつあるリーダーは外部から与えられる解決策を抑制することでしか自らの潜在的なパワーを示せなくなってしまいます！　この話の教訓は、メタスキルが第一で、スキルと情報はその次だということです。

対立と攻撃に関するファシリテーションのエクササイズ

以下のエクササイズは集団の対立に関わっている人のためのものです。これらはトレーニング用のエクササイズで、対立の中で従うべきプログラムではありません。このエクササイズを行うことで、他者に対する寛容な視点、暴力を許容してプロセスする能力、そして私たちが生きるフィールドに対するリスペクトを培うことができるはずです。

1. 集団のリーダーとしてこれまでに受けた攻撃の中で最悪のものを思い浮かべてください。
2. あなたを攻撃した人を演じてみましょう。他の人にこの人物をどのように演じれば良いか説明して、それがあなたにとってリアルになってきたところで以下の防御方法を試してみましょう。

a. **攻撃者が正しく**、自分が変わるべきだと**認める**。そして、その通りにしてみる。
b. **攻撃者の情動を読み解く**。その人の隠れた気あるいは動機が何なのか見出す。その人はあなたを攻撃したいのでしょうか？　それとも自分自身も知的なリーダーであるとあなたに気づかせたいのでしょうか？　あなたを攻撃しているのは、その人自身が攻撃を受けて痛みを抱えているからでしょうか？
c. **自分の味方をする**。自分を擁護して、攻撃者に攻撃し返す。もしくは、あなたがどれほど傷ついているか打ち明け、傷を攻撃者に見せる。
d. **自分の役割《ロール》から離れて**、攻撃者があなたを批判するのを助ける。このエクササイズが集団で行われている場合は、あなたの紛争を、邂逅する2つのタイムスピリットとして、すなわち誰もが演じなければならない役割《ロール》として捉えるように集団内の他の人たちにお願いしてみましょう。
e. **攻撃者があなたの教師であることを認め**、あなたがどのように変化することを求めているのか、手本を示すようにお願いする。

f．あなたが経験している対立に**すべての人が関与していることに気づいてグループプロセスを完成させる**。その対立が自分にとって個人的に有効か無効か各メンバーが理解できるよう、各自問題に取り組んでもらいましょう。

g．**集団の前で自分自身をワークする**。攻撃されることで内面で何が起きているか攻撃者と集団に報告する。内的な解決にたどり着くまで、内面に抱えているすべての経験に注意を向け、それらを完成させる。

h．**攻撃者の攻撃方法を非難する**。強引さが足りませんか？　ダブルシグナルがあり、自己不一致が起きていますか？　攻撃者はあなたの立場を理解しているときも、頑なに自分の立場に固執していますか？　攻撃者は役割《ロール》を切り替えることができますか？　その人は十分な思いやりを持っていますか？　アウェアネスを使って、攻撃者の味方をして成長を助けましょう！　自分のできることやできないことに縛られるのは止めましょう。

i．**助けを求める**。最後に、攻撃者に自分の成長を助けてくれるようにお願いしましょう。あなたは自分の感覚《フィーリング》を正直に話しましたか？　あなたは真摯で、自己一致していましたか？それと同時に、デタッチし、目の前で起きていることの流れに従うことができましたか？そしてこれが何よりも重要なことですが、攻撃者はあなたを信頼してくれるようになりましたか？

1 植芝吉祥丸、『合気道のこころ』、p. 34
2 植芝吉祥丸、『合気道のこころ』、p. 34
3 植芝吉祥丸、『合気道のこころ』、p. 34
4 植芝吉祥丸、『合気道のこころ』、p. 58

第6章

ディープ・デモクラシーとインナーワーク

この章を読むヒント

この章では、ワールドワーク(アウターワーク)をファシリテートする際に必要になってくるインナーワークについて詳しく述べられています。プロセスワークでは2つのタイプのインナーワークを頻繁に活用します。1つ目はワールドワークやプロセスワーク・コーチングといったアウターワークに取りかかる前に自分自身を整えるものです。プロセスワークは自然や大地を大切にします。リラックスして、想像の中で自分の大好きな場所に行ってみます。そこで、見えるもの、聞こえるもの、香りや触感を味わいます。少し体を動かしてみて、その場所にあるエネルギーを味わってみるのも良いかもしれません。そこで得られた何かを持ち帰って、日常の自分に戻ります。

2つ目は難航するワールドワークの最中や、インターバルに行うインナーワークです。この章では、このタイプのインナーワークが取り上げられています。ワールドワークの中に対立する2つのロールが発生する場合が多いのですが、このタイプのインナーワークでも、多くの場合ロールを立てます。この章の最初の事例ではアウターワークにおいて、ファシリテーターであるミンデルに参加者の一部が食ってかかってきました。傷ついたミンデルはファシリテーターの役割を一時休止して部屋の片隅でインナーワークに入りました。

ミンデル本人と、彼を攻撃する側の対話を自分の心の中で行いました。まず攻撃する側になって自分を批判します。次にその批判に自分自身として答えてみます。そこから気づきを得たミンデルは、ワールドワークに戻ってその気づきを生かし、攻撃者たちが自分の問題を解決する手助けをすることができました。

古くからリーダーシップの概念には、司祭、王、女王、易者、政治家などの資質が含まれてきました。例えば、変化について著した中国の古典『易経』の六十四卦では、リーダーは天を見つめ、そこから得た情報を人々に伝える賢者として頻繁に語られています。賢明なリーダーは現在と未来のタイムスピリットを感じ取り、人々がそれに適応するのを助けます。リーダー自身がひとつのタイムスピリットであり、フィールドにおける司祭の役割《ロール》です。1人の人間がこの役割《ロール》を完璧に演じられるなどとは考えるべきではありません。リーダーシップはグループプロジェクトであり、私たち全員がそれを演じる必要があるのです。

攻撃を予期する

しかし、私たちは皆、特定の人たちをリーダーの役割《ロール》や妨害者の役割《ロール》といったタイムスピリットと同一視し、これらの役割《ロール》を演じる人たちに絶対的に善良であることや邪悪であることを期待する傾向があります。集団は、リーダーシップの役割《ロール》を演じる人たちが、その役割《ロール》に求められる典型的な資質以外のものを見せることを絶対に許しません。私たちはリーダーに対し、力強く、それと同時に愛に溢れた優れた政治家や易者であることを求めます。私たちはリーダーにまさに完璧そのものであることを求めます。

そのため、もしあなたが集団の中でリーダーシップの役割《ロール》を担うように求められたなら、公衆の変化し続けるプロセスを表現することで完全かつ柔軟でいることを集団から求められていることに気づくでしょう。集団の主要なアイデンティティ、すなわち集団としての「私たち」がリーダーに投影されるため、フィールドが変化し、進化すると、リーダーの概念も進化し、過去のリーダーシップのアイデンティティ、あるいは「私たち」というタイムスピリットが変化します。賢明なリーダーはこれを悟って、自らが率いる集団に対し、それぞれが自らのリーダーシップのポテンシャルを進化させることを促すでしょう。

どんなに優秀なリーダーでも、必ず抵抗に直面するでしょう。なぜなら、リーダーに完全に満足している集団というのは、ときが止まってしまっている集団だからです。優れたファシリテーターは、特に自分自身ではなく集団とワークしているときは、自分が攻撃されることをむしろ望むでしょう。そうでなければ、集団はそれ自身のリーダーを得られないからです。

例を挙げましょう。以前に、「冷戦」状態に陥っている組織とワークしたことがあります。この組織ではそれまでの20年間に様々な対立があり、今にも解散しそうでした。妻のエイミーと私は、彼らの緊張をプロセスするのを助けるため、ある夜、組織全体の会議の席に着きました。参加者が全員集まると、彼らは互いに罵り合い出しました。私たちが何か言おうとしたり提案しようとしたりすると、その度に中間管理職が私たちに食ってかかって攻撃してきました。数分後、私は惨めな気持ちになりました。私は傷つき、希望を失くして、皆が何を言っているのかさえ耳に入っていませんでした。

他の人たちが口論を続ける中、私は1人部屋の片隅に行って自分自身のワークを始めました。たくさんの人がいる中で自分のワークをするのは容易いことではありませんが、なんとかやってのけました。私はなぜ彼らが私を攻撃してくるのか分からなかったので、想像の中で私を批判する人の味方をしてみました。私は自分自身に「アーニー、黙ってろ！　私たちは何が正しいのか知っているし、どうすればいいかも分かっている」と言いました。「本当にそうでしょうか」と私は答えます。「あなたがたが本当にどうすれば良いか分かっているのなら、暴力が役立たないことは知っているはずでしょう」。これこそ、私が気づいていなかったことです！　私を攻撃していた人たちは、自分たちの仕事をうまくできていない潜在的なリーダーだったのだと即座に悟りました。

この理解を携えて、私は再び対立へと戻り、私たちを攻撃した人たちに彼らの真のリーダーシップを見せるよう求めました。私は最も声の大きい攻撃者だった中間管理職の集団に対し、経営陣たちに欠けていると彼らが批判するリーダーシップのお手本を見せるよう求めました。私たちを批判していた人たちは、素晴らしい仕事をし始めました。そして、長期化していた複雑な問題を解決してしまいました。彼らは自分たち自身の問題を解決してしまうのと同時に、リーダーとしての素晴らしい資質を証明したのでした。

どんな攻撃者もそうであるように、彼らは必要な変化をすべて見抜いていました。しかし、これもどんな攻撃者もそうであるように、彼らは一番上の層の「ボス」たちがその変化を起こしていく必要があると信じていました。自ら変化を起こすことを求められ、促されたときに、攻撃者たちは自分たち自身の問題を解決することができました。

リーダーやファシリテーターは組織の霊《スピリット》を表現するので、リーダーが攻撃を受けている理由となっている問題は、そのリーダーの人格とはほとんど関係ないことがあります。例えば、もし横暴であることについて攻撃された場合、リーダーはまず自分でこの問題を検討し、次に横暴さは背景のタイムスピリットなのか考えてみる必要があります。リーダーは集団に横暴さを具体化させ、フィールドに暴君と被害者の役割《ロール》を創ることを促すと良いかもしれません。リーダーは良い意味で暴君のように振る舞い、他の人たちに指示を出す必要があります。この役割《ロール》、あるいはリーダーが攻撃を受ける理由となっている役割《ロール》を具体化することは、集団全体が自らの視点を発見し、それを変容させていくための一歩となります。

学校で「教師」が横暴だといって生徒から攻撃を受けている状況をワークしたことがあります。教師が変わった後も、生徒は攻撃を止めませんでした。この時点で、私は横暴さに集団の中での役割《ロール》を与えることにし、皆に静かにするように言いました。なんということでしょう！皆これに満足しました。横暴さが十分に表現されていなかったのです。

プロセスワーカーとしてのリーダー

集団内で起こる事象は誰の責任でしょうか？　通常はファシリテーターが責任を引き受けますが、ファシリテーターだけに責任があるわけではありません。目の前で起きているプロセスは、フィールド全体の責任です。そのプロセスはリーダーのタイムスピリットと集団に属するすべての人の責任です。

しかし、私たちは世界の事象に対する責任をリーダーに押しつけて、事象の成り行きは個人的心理、集団のアウェアネス、そしてグローバルフィールドにかかっているということを認識できていないようです。どんなに優秀なリーダーだったとしても、集団がアウェアネスを獲得するのを支援し、進化するフィールドや事象をプロセスするのを助ける責任を負うだけです。

優秀なリーダーとは、普段の会話で使われるような意味のリーダーとはまったく異なるかもしれません。優れたリーダーとは、集団のプロセスをファシリテートするために、自らの個人的心理と集団のプロセスの両方に目を向ける準備のある人です。すべてを自分個人のこととして捉えながら、同時にすべて自分個人のこととして捉えないことが求められます。自分の立場を放棄し、敗北や失敗を認められなければなりませんが、それと同時に集団全体の成長においては自分の存在など些細で取るに足らないと理解していなければなりません。もしもリーダーが組織にとってあまりにも重要な存在となってしまったら、あるいはリーダーがすべてのことを自分個人のこととして捉えてしまったら、そのリーダーは集団からプロセスと成長を奪ってしまうことになります。

何よりも、優れたファシリテーターはリーダーという立場もひとつの役割《ロール》にすぎないことを理解しています。それはグループフィールドを表す産物、イメージ、感覚《フィーリング》であり、それがたまたま一時的にファシリテーターの人格と一致しただけのことです。優れたファシリテーターは、他のときには大工、親、子ども、妨害者となる運命にあるように、当面はリーダーとなる運命だったのだと理解しています。

私たちは自分たちに完璧であることを期待するあまりリーダーシップをとることを躊躇したり、あるいはそれに付随する権力が理由でこの役割《ロール》に惹かれたりします。しかし、権力は究極的にはリーダーの立場にある人に付属するものにはなり得ません。私たちは個人的な力と、リーダーシップのタイムスピリットを創り出すフィールドの力を混同しがちです。リーダーの役割《ロール》を演じる人は、ただプロセスをチャンネルすることができるだけであって、プロセスを創り出すことはできません！　私たちがリーダーシップの役割《ロール》から逃げようとするとき、私たちはそれをその一面的な性質とあまりにも強く同一化してしまっているのです。

リーダーの無意識

集団のすべての部分に対して公平で中立であることは、リーダーの不可欠な資質であると、個人的経験からかなり昔に学びました。もしもクライアントについて何か気に入らない点があると、私は無意識にそれを抑制します。クライアントはもちろんこれに気づいて、最終的には別のところでこのワークを完成させることになります。今では、誰かを嫌うことは、クライアントにとって建設的かつ有益に使えるひとつのプロセスであると分かっています。誰かについて何か好きになれないところがあるときは、だいたい私はその人の中の積極的に使われていない部分に不快にさせられているようです。もしも何が私を不快にさせているのか特定できて、クライアントがその部分にもっとアクセスし、意思疎通においてそれをもっと意識的に使えるように手助けすると、私の感覚《フィーリング》は変わります。

客観的中立性とは、絶対に不可能なものです。私たち自身の心理が邪魔をして、私たちをあくまで人間に留めておくのです。初めて中東に行ったとき、自分自身のユダヤ教との難しい関係があらわになりました。それまでには、そんなことは一度もありませんでした。私は１９４０年、第二次世界大戦が始まってすぐに生まれました。ユダヤ教とは何なのかまだ理解もしていないような幼い頃から、私はユダヤ人であることが理由で殴られていました！

４歳の頃、私は周囲の人たちと同様にカトリック教徒となり、他の人たちと同じくらい強い人間になることを何よりも望んでいました。私はなんとか強い子どもに育ち、ユダヤ人としてのコンプレックスは回避することができました。私は無意識のうちに反ユダヤ主義的になっていましたが、イスラエルでワークするまでこのコンプレックスが表出することはありませんでした。

私はイスラエルでのワークが困難なものになる予感がしていました。なぜなら、イスラエルにまだ到着もしていないときから、私の頭の中は対立の想像で溢れ返っていたからです。私は可能な限りその想像をワークしましたが、恐怖と不安の感覚《フィーリング》は拭えませんでした。私は何度も攻撃され、批判される想像を繰り返していて、自分の中にいる批判者と攻撃者を統合する必要があると考えました。私は可能な限り攻撃者のエネルギーを理解し、統合しようとしましたが、自分の中にいる攻撃者は、私が反ユダヤ主義的であるから攻撃しているのだということに気がつきませんでした！

イスラエルでのアウターワークはかなりうまくいきました。セミナーの参加者は満足そうで、私たちのワークに興味を持ってくれました。しかし、知らず知らずのうちに、私は中立性を失っていました。イスラエル人に対して、私はひそかに怒りと不満を胸のうちに募らせていました。私はパレスチナ人への暴力的な抑圧を理由に、イスラエル人をひそかに非難し、批判していました。私は気づかないうちに自分自身が戦争状態になっていました。そして、私自身も抑圧者になっていました。アラブ人を抑圧しているのだろうと想像して、イスラエル人を抑圧し、非難していたのです！

案の定、私の反ユダヤ主義はセミナーのグループプロセスの最後に表面化しました。ホロコーストのテーマが出たときに、私は集団に対してナチスのように振る舞うことで自らの中にナチスを見つけようという突拍子もない提案をしました。この介入は善かれと思ってなされたものでしたが、メタスキル、すなわち介入の使い方が、無意識のうちに攻撃的なものとなっていました。

セミナーの参加者はこのアイディアを利用して、個人的な発見ができた人さえいましたが、私のこのアプローチは成功とはいえませんでした。なぜなら、介入の裏にはイスラエルを再教育しようという秘密の意図があったからです。私は無意識のうちにイスラエル人が他の人に対してしたことの仕返しをしようとしていました。さらに憂慮すべきなのは、私が彼らと自分を同一視されるのが嫌で彼らに対して怒っていたことです。

私は幸運でした。その日の参加者たちは、おそらく当時のイスラエルで最もリベラルで意識の高い集団だったと思います。彼らは自らの知恵をもって、そして自ら名乗り出て集団をまとめてくれた聡明な素晴らしい1人の女性の助けによって、グループプロセスを解決していきました。彼女は、ゆっくりはっきりした口調で、かつては自分自身も憎悪と炎と怒りでいっぱいだったと語ってくれました。けれどもインナーワークと自分自身を信じることを通じて、彼女はその炎にくべる薪をすべて燃やしきって、怒りを終わらせたと言いました。私が演じることのできなかったリーダーの役割《ロール》を彼女が演じてくれたことで救われました。

草の根のリーダー

私はこれから多くのことを学びました。今では、インナーワークには決して終わりがないことを知っています。デタッチメントがどれだけ大切かということも思い出しました。私は物事をよく分かっていると思い込み、その思い上がりによって中立性が阻害されるのを目の当たりにしました。私は他の人よりも賢くて物事をよく分かっていると思っていました。私はそれを信じた瞬間に、困難と対立に満ちたグループフィールドにおけるひとつのタイムスピリットとなってしまったのです。また私は個人的な過去を抑圧していたこと、そして私たちが不完全であり、同時に完全でもあることを理解することの重要性にも気づきました。私を男性に、白人に、アメリカ人に、そしてユダヤ人にした運命を受け入れられなかったら、私はどうやって女性に、黒人に、キリスト教徒に、あるいはイスラム教徒になれるというのでしょうか?

そして最後に、私の無意識はリーダーの役割《ロール》を請け負う能力のある他の人によって補完されるのだと学びました。これに気づいたことで、私は他の人の叡智に心を開くことができるようになりました。

この経験で、私を最も悩ませていた問題のひとつが解決されました。私は世界のリーダーの無意識と不適格さを常に心配していました。世界はどうしてこれまで存続してこられたのか不思議なほどでした。真に素晴らしいリーダーがこんなに少ないのに、世界はどうやってこれまで続いてきたのでしょう？　イスラエルでの経験は、人間には神聖な側面、思いやりと愛、そして土壇場でファシリテーターの役割《ロール》を埋める能力があるのだと教えてくれました。このような自然発生的に生まれてくる「草の根」のリーダーたちがいなければ、この星はとっくに滅びていたことでしょう。そのような思いやりが生まれたなら、私たちはそれを大切にし、そこから学び、そしてそれを見せてくれた人たちを讃えるべきでしょう。

ワールドワークとインナーワーク

混沌《カオス》の中で自分をワークできることの重要性が分かる例をもうひとつ挙げたいと思います。妻のエイミーと私は、一時ある組織に住み込みで勤めていました。組織に勤めながらその敷地内に住むというのは、24時間体制の仕事、高いレベルの意識が求められる仕事でした。それは戦争中に敵国で働くようなものです。ワークしている集団と一緒に住むということは、一瞬たりともフィールドから抜け出すことができないということです。すべてのタイムスピリットとフィールドにがんじがらめにされてしまいます。システムの外に逃げようにも、どこにも行き場がないのです。

その組織で働いていたある日の夜、私は組織のマネージャーの1人と話していたのですが、疲れていた私は、うっかり組織に対する一方的な批判と意見を言ってしまいました。私はまるで賢い人間であるかのように振る舞って、マネージャーに向かって彼の集団は変わらなければならない、もっと敏感になるべきだと言いました。彼は私の賢明な意見に礼儀正しく耳を傾け、私の批判を理解してくれたかのように見えました。しかし、私たちが別れた後、他の人たちがたくさん私のところにやって来て先ほどのマネージャーとの会話に傷つき、怒っていると打ち明けました。

私はすぐに目を覚まして、ここには一切プライバシーがないことに気づきました。フィールドには境界線がありません。私が人に向けた批判は私に返ってきました。そこで私は自分の考えを自分自身に当てはまるものとして受け入れることにしました。私は自分のワークを行い、私が組織に向けた批判を受け入れようとしました。私は、私自身が敏感さに欠けるのに違いないと考えました。どういったところが自分自身や他者に対して鈍感だったのでしょうか？　この問いの答えを考え続けることが重要な気づきにつながり、私は組織に対する自分のネガティブな感覚《フィーリング》を軽減することができました。

次回の組織全体の会議では、それまでよりもずっと中立的でオープンでいることができました。実際に、自分が集団に対して愛を感じていることに気づきました。私が彼らに対するフィーリングを話す前に、何人かの人が進み出て、皆これからはもっと繊細になるべきだと発言しました。部屋にいる誰もが晴れやかな気持ちになりました！　クライアント、夫婦、あるいは組織に対して、変わるべきは彼らだけでありファシリテーターは常に整った状態にあるという考えを投影してしまいがちであることを、その組織の人たちが教えてくれました。

南アフリカの内側と外側

インナーワークとデタッチメントについて最も大切な教訓を学んだのは、南アフリカへの初めての出張の終わりだったと思います。それは、ちょうどアパルトヘイトのシステムが真剣に見直される直前でした。南アフリカからチューリッヒへ帰る飛行機で、私はカッとなって航空会社の従業員とひどい喧嘩をしてしまいました。

事の始まりはチェックインのときでした。航空会社のカウンターで席の手配を待っている間、私は自分自身を抑えられなくなりました。私はカウンターの女性に向かって攻撃的な口調で「黒人に対してこんなに差別的な職場でどうして働いていられるのですか？」と尋ねました。驚いたことに、私の挑発的な発言を聞いて、彼女は自分も南アフリカを出ようと考えていると静かに答えました。彼女は私が利用する飛行機にも「白人のため」の人種隔離ポリシーが適用されていると教えてくれました。黒人と白人は席が分けられているというのです。

出張の間、私は比較的平静を保つことができていましたが、今や自分の怒りは私の中で完全に正当化されてしまいました。滞在中、飛行機の席の隔離よりもずっと酷いものを見てきましたが、私は冷静さを失って激怒しました。私はすぐにエイミーと2人の友人を連れてマネージャーのところに行きました。

マネージャーに人種隔離ポリシーについて問いただすと、当然のことながら彼は私に向けて怒りを爆発させました。私は賢明な合気道の達人たちのアドバイスを無視し、最悪な戦い、「陽」対「陽」、「力」対「力」の戦いへと身を投じました。マネージャーは「誰が人種隔離を行っていると言ったんだ」と怒鳴りました。チェックインカウンターの従業員を守りたかったので、私は「もし人種隔離ポリシーがないなら、あなたがこんなに怒るはずがないだろう」と怒鳴り返しました。彼は取り調べを行うと言って脅してきました。らちが明かないのを見て、私はその場を去りました。

危険なまでに自己満足を覚えた私は（勝利するのは常に危険なことです）飛行機に搭乗しましたが、私はまだ憤慨していました。飛行機に乗ると、実際に確かに席が隔離されていました。白人は一番前に座り、インド人がその後ろに、そして黒人は飛行機の一番後ろに座っていました！そして私たちを「罰する」ために、マネージャーが私たちの席だけ黒人のセクションに手配したことが分かりました！

私は激怒して、二度とこの航空会社は使わないと決めました。南アフリカを後にしようとしているのに、私はまだそのフィールドの中にいました。飛行機が離陸するときも自分を抑えることができませんでした。悪魔に取り憑かれた私は、「離陸中は席を離れてはならない」という飛行機に乗る上での掟を破りました。

まだ攻撃的に振る舞い続けていた私は、飛行機がランウェイから離陸しようというときに席を離れてトイレに向かいました。怒った乗務員が私を罵り、力ずくで私を抑えました。すると突然、泥酔した乗客が1人立ち上がって私を無理やり席に押し戻そうとしました。すったもんだの末に私は自分の席に戻りました。まだ怒っていましたが、座る前に酔っ払いの乗客を強く小突くことができたことに満足していました。私は腹を立てていましたが、自分のワークを行うべきときが来たと気づきました。

今回は自分の内側に入り込んでいって、人種隔離と差別の問題について内面的にワークしました。内なる空間に深く沈み込み、自分自身の内的なバイアス、先入観、抑圧、被害者意識をワークしました。私はいろんな意味で自分を抑制し、人生を真に望むように生きてみることを自分自身に対して許可していなかったことに気がつきました。

私は気が晴れました。少ししてから、飛行機が完全に離陸した後で再び席から立ち上がるとフィールドが変わっていることに気づきました。トイレに向かう途中、先ほど私が肘で押しのけた酔っ払いの乗客がやって来て、暴力的な態度を取って申し訳なかったと謝ってくれたのでした！　この突然の謙虚な謝罪にすっかり驚いてしまった私は、先ほど肘で小突いたことについてモゴモゴと謝ることしかできませんでした。私たちはその場で友達になりました。

このやり取りにインスピレーションを受けた私は、先ほどの意地悪な乗務員のところに行き、離陸中に席を立ったことについて謝りました。「危険な状況を悪化させるのは避けたいし、緊急事態があったときにうまく対処できるようにしたいので、他の人に接するときは2人とも平静を保ちましょう」と優しい口調で彼に提案しました。私自身もまだ学びの途中なのだと伝えました。すると驚いたことに、その男性は「これほど繊細に接してくれる人はこれまでにいなかった」と言って泣き始めました。

これらのすべての経験から、人間はただ善良なだけでも邪悪なだけでもなく、一時的にタイムスピリットになるだけであること、状況がプロセスされれば変わることができるのだと学びました。インナーワークだけが外部の状況や対立への対応策ではありません。正面から対峙することや直接的な行動も必要です。しかし、それがうまくいかない状況では、あるいはそれがすでに燃え盛っている対立の炎に油を注ぐだけならば、その問題に内面的に取り組み、内側の状況を変えることで外側の状況を変えるしかありません。フィールドをワークするということは、問題が現れる場所で――それが集団であれ、人間関係であれ、夢であれ、身体症状であれ、空想であれ――それに取り組むことです。人種差別、人種隔離、鈍感さはあらゆるレベルでワークされなければなりません。非局在性が支配する相対論的な宇宙では、プロセス指向のフィールドワークとは、注目する事象が外的なものであれ内的なものであれ、アウェアネスに従うことを意味します。

質問

1. メタスキルの中で、あなたが得意なものはどれでしょう？
2. メタスキルの中で、あなたが集団に取り組むために学ぶ必要があるのはどれでしょう？
3. 過去にうまくいかなかったグループプロジェクトがある場合、今後のワークのために、そこからどんなことを学べるでしょうか？

エクササイズ

1. 次に集団に関わる経験を想像してみましょう。どのような人があなたを攻撃してくる可能性がありますか？
2. この攻撃者を内面のものとして捉え、彼があなたに対して感じていることを理解し感じられるようになるまで彼の味方をしてみましょう。
3. 内面の2人の会話を続けます。両方の言い分にオープンかつ中立的になるか、緊張がなくなるまで続けましょう。
4. 次のグループ会議でこの攻撃と解決について話すか、それを再現する可能性について考えてみましょう。

第7章

混乱の中のタオイスト

この章を読むヒント

プロセスワークはユング心理学をベースにしながら、他の様々なコンセプトを取り入れて成り立っています。重要なもののひとつがタオイズム（道教）、特にその中の「老荘思想」です。プロセスワークが重視するものは以下の3つです。

すべてのものは移り変わる

春夏秋冬が移り変わるように、タオイズムではすべて物は留まることなく変化してゆくと考えます。仏教における無常（anicca, アニッチャ）とも通じるものです。例えば、ワールドワークの最後にユダヤ教徒とイスラム教徒がハグし合って劇的な和解を迎えたとしても、ミンデルはそれが恒久的な解決だとは見なしません。それは一時的なものであり、季節が移り変わるようにまた次のフェーズが現れるとプロセスワークでは考えます。

善悪を判断しない

すべてのものの源である「Tao」には善悪という概念は存在せず、それは人間が作り出したものであるとタオイズムでは考えます。これは禅の神髄を表すフレーズ「日日是好日」（晴れの日も、雨の日も、すべての日は良い日である）とも通じるものです。例えばミンデルは脳腫瘍という悪を全面的に悪とは見なしません。

流れにゆだねる

プロセスワークでは、意図的なコントロールを手放し、流れにゆだねることを重視します。「荘子」に登場する牛を解体する名人の逸話、庖丁解牛《ほうていかいぎゅう》が有名です。自分の切りたいように牛を解体すると固い部分などにあたって包丁が刃こぼれします。名人は自然の筋目に従ってスルスルと包丁を動かしいとも簡単そうに牛を解体しました。

インナーワークを行う能力を持っているだけでは十分ではありません。なぜなら、対立のさなかで自らをワークする能力の向こう側にメタスキルを見つけざるを得ないということが往々にしてあるからです。外的な混沌《カオス》と対立のさなかで内的状態にアクセスするにはどうすれば良いのでしょうか？　山に引きこもって瞑想をして知性を培うことと、ギャング同士の抗争のさなかで、街の路上で、あるいは醜い言い争いの中でこの知性にアクセスできるかどうかはまったく別の話です。混沌としたワールドワークのさなかに内面の平静を保つことを教えてくれるモデルにはどのような人がいるでしょうか？　街の路上で起きる問題に取り組むことができて、かつ真摯で、内省的で、有能で、心の温かい教師に出会ったことのある人は、もしいたとしてもとても少ないでしょう！　司祭、グル、賢者はリーダーの見本ではありますが、路上の問題にどのように取り組めば良いか見本を示してくれる人はほとんどいません。

以下に記す物理学の例は、混沌《カオス》と対立のさなかで内面の平静を保ち、内省し、バランスを維持するためのメタスキルをよく表しています。この章では物理学と心理学の基本原則に立ち返り、混沌《カオス》についてより深く考察してみたいと思います。

物理学と心理学におけるアウェアネス

物理学と同様、プロセスワークは「靴ひも理論《ブートストラップ》」です。靴ひも理論とは、異なる物理学的理論を完全に同じではないけれども互いに矛盾しないものとして結びつける考えを指す言葉です。

プロセスワークの靴ひもの要素は、その老荘思想的な基礎にあります。プロセスワークは無意識に従うユング心理学的手法、プロセスに対するゲシュタルト心理学的視点、カール・ロジャーズの個人に対する無償のサポート、神聖なるものに対するトランスパーソナルな視点、そして経済、政治、物理の体系における原則などの現代的な法則をまとめることができる可能性を秘めています。ある意味で、これらはすべてプロセス心理学であり、太古の生命の流れに対する敬意の反映です。

靴ひも理論では、人生において不変のものはないとされています。アルバート・アインシュタインとヴェルナー・ハイゼンベルクは、最も早くに靴ひも理論を展開した人たちです。なぜなら彼らの研究は、物理学の世界には頼りになる不変の定数はもはや存在しないという人々を不安にさせる考えにつながっていったからです。特にアインシュタインは「現実」という地面《グラウンド》が流動的であることに動揺していました。それは常に動いていて、そこに立つ彼をしっかりと支えてくれるものが何もなかったのです。

プロセスワークもまた、経験は恒久的なものではなく、絶対的なものでもないという前提に基づいています。すべての状態、経験、人物、役割《ロール》、部分はタイムスピリットです。それが症状であれ、夢であれ、人間関係であれ、感情であれ、動作であれ、集団の雰囲気やプロセスであれ、あるいは世界の事象であれ、経験をワークするとすぐに一定だった性質が失われます。それらはあまりにも劇的に変化するので、元の名前はもはやふさわしくなくなります。混乱と混沌《カオス》、調和と均衡のパターンでさえも、流れの一瞬の姿にすぎません。それはある瞬間においいては真実でも、次の瞬間には変化します。

心理学に不変のものはないのでしょうか？　私はひとつだけあると思っています。それはアウェアネスです。物理学の発見によると、観察者がいなければ物理は存在しません。すべての出来事は、誰かがそれを認識し、観察する可能性があるときに起きるのです。心理学でも、唯一の不変のものはアウェアネスのプロセス、すなわち起きていることに気づき、それに反応する観察者です。

プロセスワークとは動き続ける地面《グラウンド》、私たちの周囲と内面で起こる事象の流れに対するアウェアネスです。つまり、このプロセスワークの定義からすると、ワールドワークの基礎となるのはアウェアネスであり、アウェアネスを向ける対象の状態ではないのです。

アウェアネスは意識状態の判断に先行します。私たちは「高い」意識状態と「低い」意識状態、親切さと残忍性、善と悪、混沌《カオス》と正常を区別することがありますが、アウェアネスはどのような状態もただの一時的な経験であり、私たちがそれと自分を同一視しているだけなのだと教えてくれます。

プロセスワークはアウェアネスにのみ焦点を当てるため、人格理論には固執しません。「自我」、「自己」、「無意識」、あるいはそれ以外のどんな部分も不変のものとして語られることはありません。なぜならプロセスの概念は、固定された構造ではなく、変化を理解しワークすることを基本としているからです。こういった意味で、プロセスワークはトランスパーソナル心理学に分類できるかもしれません。自我の発達の概念がアウェアネスの成長と置き換えられているからです。

同様に、プロセスワークは組織の構造、状態、あるいは成長段階の処方箋を出すことはできません。集団や企業が成功するかどうかは人々の敏感さとアウェアネスにかかっているからです。もちろんプロセスに従うということは、特定の場合には、個人や組織にとって処方箋や意識状態が必要になることもあるということです！

人格理論の欠点は、それが社会的・文化的概念に基づく文化依存的なものであることです。例えば、西洋の精神病理学は、実用主義的な基準を内包しています。精神病の定義の多くは、個人の意識の状態が機能しているかとの関連に基づいています。西洋における自我の概念は文化と関係しています。つまり、自我は西洋文化への個人の適応という観点から説明されているのです。同じ理由で、「無我」や「非我」などの東洋哲学に由来する概念も、文化に依存しています。これらの概念は、謙遜、内向性、非競争性を規範とするやり方に簡単に紛れ込んでしまいます。西洋と東洋の人格の概念は、どちらもその概念が育まれてきた地域では有効かつ有用です。これらは文化、時代、場所に依存するものであり、すべての人、時代、時間に適用できるものではありません。

一方、アウェアネスは、現代の科学的、精神的、心理学的な伝統の基本であり、心理学やワールドワークにおいて普遍的なものであるといえます。実際、国境が重要でなくなり、異文化間のコミュニケーションがより一般的になるにつれ、アウェアネスは異文化間交流の基礎としての重要性を増していくでしょう。

ファシリテーターは、組織は作り直し可能だと思い込んで人々を診断し、分析し、解決策を処方してしまいがちな傾向があります。ツールとしてのアウェアネスは、このような傾向に取って代わる文化にとらわれないワールドワークを生み出すのに役立つでしょう。願わくは、私が述べているようなワールドワークは、ディープ・デモクラシーの感覚に立ち返るものであり、人格の良し悪し、成長段階、神経症と健康、意識と無意識などの判断から自由であってほしいと思います。

価値観や文化から完全に自由になることは不可能です。私がここに示す処方も、タオイズムやアウェアネスを強調しているという点で価値判断を含んでいます。また、アウェアネスの欠如、無意識、愚かさが必要かつ正しい場合もあります。実際、『易経』はすべての状態を認めていて、善と悪、停滞と変化はすべて、単に存在の異なる状態と見なされています。しかし、逆説的ですが、『易経』では、変化や道《タオ》に従う人は、道《タオ》を創り出そうとする人よりも高く評価されるとしています。同様に、プロセスワークでは、すべての状態は役立つものとして捉えられますが、すべての状態を観察しサポートするアウェアネスの原則は、状態を秩序立たせようとすることよりも高く評価されます。

アウェアネスを常に保つことが主な目的なのではありません。無意識でいることは、ある瞬間には楽しくて役立つものです。プロセスワークにおけるアウェアネスとは、個人が必要に応じて利用し、覚醒することができるというものです。目の前で起きていることに対するアウェアネスを持って初めて、「賢者」は時代の霊《スピリット》を変化させたり、それに適応する機会を得ることができるのです。

アウェアネスと変化

ディープ・デモクラシーのアウェアネスは、他に安定した特徴を持たない宇宙の中で、唯一の不変のものであるといえるかもしれません。ツールとしてのアウェアネスは、愛と怒り、寛大さと貪欲さ、傲慢さと謙虚さなど、あらゆる状態に価値を見出すことを可能にします。さらに、アウェアネスを持つことで、すべての成長の状態を尊重することができます。革命とは進化の中のある瞬間にすぎません。アウェアネスの姿勢は、解決の必要性を認めつつも、他の段階にも同様に価値を見出すことで、解決策を生み出さなければならないという期待やプレッシャーはひとつの視点にすぎないと気づかせます(相対化します)。平和に執着すると、無秩序、変化、乱れを抑圧し、コントロールしたくなります。『易経』では、このようなプロセスの組織化や制御は唯一の悪であるとされています。

プロセスワークから得られた新たな発見を実行に移すことを、組織に指示すべきでしょうか?個人をワークする場合は、統合という概念が重要になります。何か新しいことが起き、新しい自己発見に応じてその人が統合と変化を起こすことが期待されることを通常は意味します。統合は心理療法の重要な部分ですが、一時の発見だけでなく、個人や組織の一生まで視野に入れるならば、アウェアネスはさらに重要になります。どんなブレイクスルー、発見、自分自身の部分、感情、経験も、数日だけ存続するものです。しかし、アウェアネスは、新しい意識状態や、自分自身や世界のまだ生まれていない部分に継続的にアクセスするための力となります。

変化を求める組織において、アウェアネスが演じる役割《ロール》とは何でしょうか？　アウェアネスにより振る舞いが変わるかもしれませんが、振る舞いが変わったからといって、他の状態に対するアウェアネスや寛容さが高まるとは限りません。例えば、経済的な繁栄を目指す企業では、問題を解決し、組織全体が効率的に機能するように変化させることが重視されます。生産性の向上という企業の目標を達成するのに、アウェアネスはどのように役立つのでしょうか？　生産性の向上や収益の増加は、一次的あるいは一時的な目標です。目標には真剣に取り組まなくてはなりませんが、しかし、目標を達成するのにはアウェアネスが欠かせないため、組織のアウェアネスを調べる必要もあります。

現代の企業や組織は、組織を構成する人たちが幸せでなければ、何もうまくいかないことを理解しています。人を幸せにする一番の近道は、彼らを組織の中に巻き込み、1人ひとりのアウェアネスの助けを借りてプロジェクトを進めていくことです。一時的な問題は解決しなければなりませんが、最も満足のいく効果的な解決は、アウェアネスを使うことで達成されます。

集団がその問題を診断し、解決するのにアウェアネスが役立つことを示す例をひとつ挙げます。あるビジネス集団は、新しい支社と親会社との間の契約交渉に悩んでいました。両者の会議が始まると、契約で行き詰まっているのは、メンバーの間に根深い不信感があるからだということが明らかになりました。議論の中で、会社からお金を盗んだ人の話が上がりました。その人は親会社のリーダーの1人であり、不信感の原因はその人にあることは誰の目にも明らかでした。この契約は、窃盗の被害から当事者を守るためのものでした。

窃盗を防ぐ手段として契約内容に焦点を当てる代わりに私が考えたのは、この場にいない窃盗犯はフィールドの一部であり、会議の参加者が認識すべき重要な部分なのではないかということでした。私は皆に向かって、誰でも窃盗犯になる可能性があるのではないかと言いました。「もっとお金がほしいと思ったことはありませんか？」と冗談まじりに尋ねてみました。そして、彼らにここにはいない窃盗犯の部分《パート》を演じてみるように促しました。

窃盗犯のタイムスピリットが現れ出て、変容したことで、緊迫した息苦しいムードが軽くなりました。1人ひとりが窃盗犯の役割《ロール》を演じ、お金や愛、もっと自由な時間がほしいなどの願望をユーモラスに告白していきました。

この告白に皆笑い、緊迫したフィールドはパーティーのような雰囲気へと変容しました！私たちは皆、正直で勤勉な市民ですが、窃盗犯になる可能性もあるのです。組織のために働いていても、誰でも労働の対価を得たいと思っています。窃盗犯の役割《ロール》を演じることで、この集団は自らの貪欲さにアクセスすることができ、それが結果的にメンバー間の友情を深めました。アウェアネスを持つことで、メンバーは問題を放棄し、代わりに共同体感覚が生まれ、契約を結ぶことができました。背景にある不信感を払拭し、共同体の霊《スピリット》が芽生えたことで、契約問題は速やかに解決されました。この集団のプロセスは、多くの取引や交渉のプロセスに当てはまります。交渉は、背景にあるプロセスが生きることができたときに、最も迅速に進みます。

集団の2次プロセスである隠れた気に気づくことは、とても楽しいことです。馬を後ろ向きに乗るようなものかもしれません。それは他者が軽視したり抑圧したりしていることに気づいてサポートするということです。例えば、疑心暗鬼になっているビジネスマンたちに、窃盗犯の演技をするよう求めるのは、最初は少し妙な感じがします。このような介入をするだけでも勇気が必要です。社会的に受け入れられなかったり、禁止されたりしている振る舞いや感情に気づいて言及する勇気は、2次プロセスのアウェアネスを使うのに必要なメタスキルです。

混乱のパターンとエッジ

ほとんどのグループプロセスは、比較的容易に従うことができます。しかし、混沌《カオス》や混乱、無秩序や不均衡は、私たち皆が合意する現実から大きく離れているため、従うのが困難です。心理学やグループプロセスにおける混乱の典型的な状態は、変性意識状態、病気、狂気、暴力などです。

混乱や非平衡状態は、現代物理学ではカオス理論（発展しつつある全体性の科学）で扱われています。[1] 事象を原因と結果の総和として理解しようとする還元主義的アプローチとは異なり、この科学では、すべての事象は相互に関連していると捉えられています。

混乱は、事象の流れに新たな次元をもたらします。ある集団の行動や振る舞いが、他の集団の行動や振る舞いとどのような因果関係や時間的なつながりを持つのかがもはや理解できなくなるからです。突然、私たちはランダムででたらめなように見える事象を扱うことになります。混乱した個人、家族、集団と対峙しなければならなくなるのです。このような要因による大規模な集団での混乱の例を以下に挙げます。

▼**1．スピードと変化の増大**――集団は、川のように、急激に速度を変えることがあります。政治的な事象、中心人物の死、世界情勢の変化などにより、成長が加速したり減速したりします。

例えば、ドイツは経済的な問題を解決しようとしている間にナチズムに取り憑かれてしまいました。最近では、東欧の共産主義国での事象が、これらの国をかつてないほどのスピードと変化の渦に巻き込んでいます。民主化の動き、自由の要求、規制の緩和などにより、混乱の状況に追い込まれています。

▼**2．個人の妨害者**――新しい考えを持った妨害者が現れると、集団は混乱と混沌《カオス》に陥ることがあります。妨害者は強い変性意識状態で、非社会的な、不適切な、あるいは機能不全の振る舞いを示すことがあります。

例えば、家族の中に精神病者がいたり、組織の中にアルコール依存症や薬物依存症の人がいたり、極端な状態にある個人が集団全体を混沌《カオス》に陥れることがあります。

▼**3．抑圧と革命**――混乱は、抑圧されていた人々が突然、抑圧者や自分自身の抑制を覆すときにも生じます。このような振る舞いの変化を経験する個人や組織は、もはや予測可能なパ

ターンや期待に従うことはできません。政治家の突然の浮上や失墜、少数民族の反乱、企業や組織のリーダー、さらにはティーンエイジャーのいる家庭など、この種の変化の例は数多くあります。

あるプロセスをダムのように堰き止めてしまった集団は、そのダムが崩れたとき、いずれ必ず混乱の段階に突入します。

集団や個人が否認された問題やプロセスにアプローチすると、予測可能だった流れのパターンはますます混沌とし、非論理的で非線形になります。病気、混乱、悪夢、空想、憂鬱、シンクロニシティ、あるいは超心理学的な事象など、非合理的なことが起こり始めます。

しかし、エッジで起きる事象の混沌《カオス》は、元のあるいは一次的なアイデンティティの視点から予測できないだけです。そのため、病気は、事前に出ていた多くの警告信号や症状に気づかなければ、混沌とした無意味なものに見えます。病気や狂気、精神異常を調べてみると、最初は混乱のように見えたものが、拙著『City Shadows』で示したように、高度な秩序を持っていることがわかります。

同様に、背景に抑圧された対立やプロセスがある組織は、抑圧された要素によって調和が乱されると、大きな混沌《カオス》に投げ込まれます。最初は予測不可能な混乱に見えたものが、よく考えてみると、それがやってくるずっと前からドアをノックしていたと分かることがあります。

視点A		視点B
外側から理解される事象		内側のプロセスで体験される事象
秩序	無秩序	新しい人生
健康	病	生きるための新しいパターン
正気	狂気	創造性
正常	変性意識状態	流動的であること
生	死	自分自身になること
結婚	離婚	継続的な関係
平和	戦争	人間関係のプロセス
ワークエネルギー	エントロピー	アウェアネスと無意識

混乱の渦中で

そのため、対立と混沌《カオス》は、2つの決定的なパターンの間の予測可能な揺らぎであり、無秩序とは物事のとらえ方の問題であるということになります。外側から見るとありえないようなことでも、内側から見ると予測可能なことなのです。

一見、混乱しているあるいは混沌としているように見えるものでも、それを展開してみると、今まで使われていなかったエキサイティングな新しいパターンが現れます。混沌とした状況の中でも、それに私たちが参加して展開していけば、新しいパターンが現れるのです。ファシリテーターは、混乱の渦中にあってもその中心には穏やかな「台風の目」があることを知る必要があります。これを知っていることで、小規模な集団であれ大規模な集団であれ、それが一時的にコントロールされていない状況に入ることを許す勇気を持ち、現れ出ようとしている新しいパターンを見つけられるようになります。

グローバルな状況や政治的な状況をワークするファシリテーターは、新しいミレニアムを目前に控えた今、特に混沌《カオス》をプロセスすることについて知っておく必要があります。生態系の危機や政治的危機に瀕した地球の課題に対応するために、個人、集団、国家は、通常とは異なる急激な変化を経験しなければなりません。

私たちの地球は、すでに既知のパターンから抜け出し、混沌とした振る舞いを見せ始めています。先住民族は消滅しつつあります。経済はもはや局所的なプロセスではなくなりました。生態系は崩壊の危機に瀕しています。貧困と飢餓が拡大しています。犯罪、麻薬、依存症が増加しています。

今、新しいパターンが現れ出つつありますが、もし混乱した状況に対して私たちが準備できていなければ、それらのパターンは新しいライフスタイルではなく、痛みや混沌《カオス》を生み出すことになるでしょう。混乱に対する理解がなければ、これまでの非効率的なやり方を再構築して、コントロールを取り戻そうとするだけになってしまいます。もし準備ができていれば、「コントロールされた放棄」を行うのに必要な哲学的・心理的な枠組みを持ち、物事を手放し、現れ出るパターンに気づいてサポートすることができます。

先日、路上問題をテーマにした授業で、泥酔した10人ほどのホームレスの集団を授業に招きました。自らをビッグ・ライオン、シャープシューターと呼ぶ2人の男性は、シーラという女性をめぐって争っているようでした。テネシーとアラバマは大声で叫んでいました。ビッグ・ライオンは、自分が裏庭で排泄したことに母親が激怒していると話し出しました。彼らは大騒ぎで、皆一斉に何かを叫んでいました。しかし、シャープシューターはビッグ・ライオンの母親を愛していました。どうやら彼女はとても愛情に溢れた人のようです。私は、この愛に満ちた「母親」が現れ出つつあるのに気づきましたが、彼らにそれを演じてもらったり、話してもらったりして秩序を与えようとしても、失敗に終わりました。すると突然、ビッグ・ライオンが歌い始め、その声から愛と思いやりが伝わってきて、一時的に混沌《カオス》から秩序が生まれ、状況が「浄化」されたことで、皆が静まり返りました。

私はそれまでに経験してきたたくさんの混沌とした集団の状況を思い出しました。私は、集団が混沌としたプロセスに入り、自らの中に新しく現れ出る部分を見つけ、新たな中心を再構築するという状況を数えきれないほど目撃してきました。テルアビブのある集団は、混沌とした苛烈な対立の後、一緒に激しく踊っていたのを思い出しました。コロラド・スプリングスのある集団は、自らを爆撃する戦争ゲームをした後、静寂と平和を見つけました。また、サンフランシスコの男女の激しい対立は、皆が一緒に泣いて苦しみを分かち合ったことで終結しました。

自然をプログラムするのではなく、自然に従う寛容さと忍耐力を持ち、解決を急ぐのではなく、動き続ける地面《グラウンド》とともに生きることを学べば、混沌《カオス》のように見えるものの中にも、必ず新しい秩序を見つけることができます。歴史を見れば、国家や集団が常に新しいパターンのエッジに向かい、後退し、そして新しいアイデンティティへと突入していることが分かります。

シアトルでの長い瞑想セミナーの最後が鮮やかに思い出されます。参加者はそれぞれ「私は○○を意識している」と静かにつぶやきながらアウェアネスについて瞑想していました。「○○」に入るのは感覚《フィーリング》やビジョン、音などです。すると突然、数人の人がクスクスと笑い出しました。やがて笑いは止まり、沈黙が訪れましたが、少しすると彼らはまた笑い始めました。どこからともなく、部屋の中に2つの役割《ロール》が現れ出たようでした。ひとつは10代のタイムスピリット、もうひとつは決して笑うことのない保守的な親あるいはタイムスピリットでした。

2つのタイムスピリットはお互いを笑い、怒鳴り合い、喧嘩のようなものが始まりました。すると、誰かの足が踏まれました。突然、その足に注目が集まり、誰もが嫌な気分になりました。「痛みがある」と1人の瞑想者が観察すると、全員が静かに集中し、同じ痛みを感じました。

この痛みから、水面下では生き生きとした霊《スピリット》が抑圧されており、それが現れ出ようとする激しい対立があるのだという気づきを生みました。しかし、その対立のさらに先にあるのは、無意識のうちに対立が現れ出るときに誰もが受ける痛みに対するアウェアネスでした。

混沌《カオス》に対する寛容性を持つことが、未来への最良の備えとなるのではないかと私は考えます。私たちは、自然を観察し、慈しみ、寛容になることで、この変化を助けることが求められています。しかし、存在するすべての部分に対するアウェアネスがなければ、混沌《カオス》と混乱は、新しい有用なパターンではなく、歴史の繰り返しにつながってしまうでしょう。

質問

1. 集団の混沌《カオス》について、もしあるとすればどんな恐れがありますか？　状況を変えようとするのではなく、人間の本質や状況の本質を意識し、試しにそれに従ってみてください。
2. あなたがこれまでに経験した一見混沌とした人間関係や集団の場面には、今振り返ってみると、どのような秩序が隠れていたでしょうか？

1　J・ブリッグス、F・D・ピート著『鏡の伝説——カオス・フラクタル理論が自然を見る目を変えた』（原題：Turbulent Mirror）を参照

第3部

グローバルワーク

第 8 章

葛藤解決の実践

この章を読むヒント

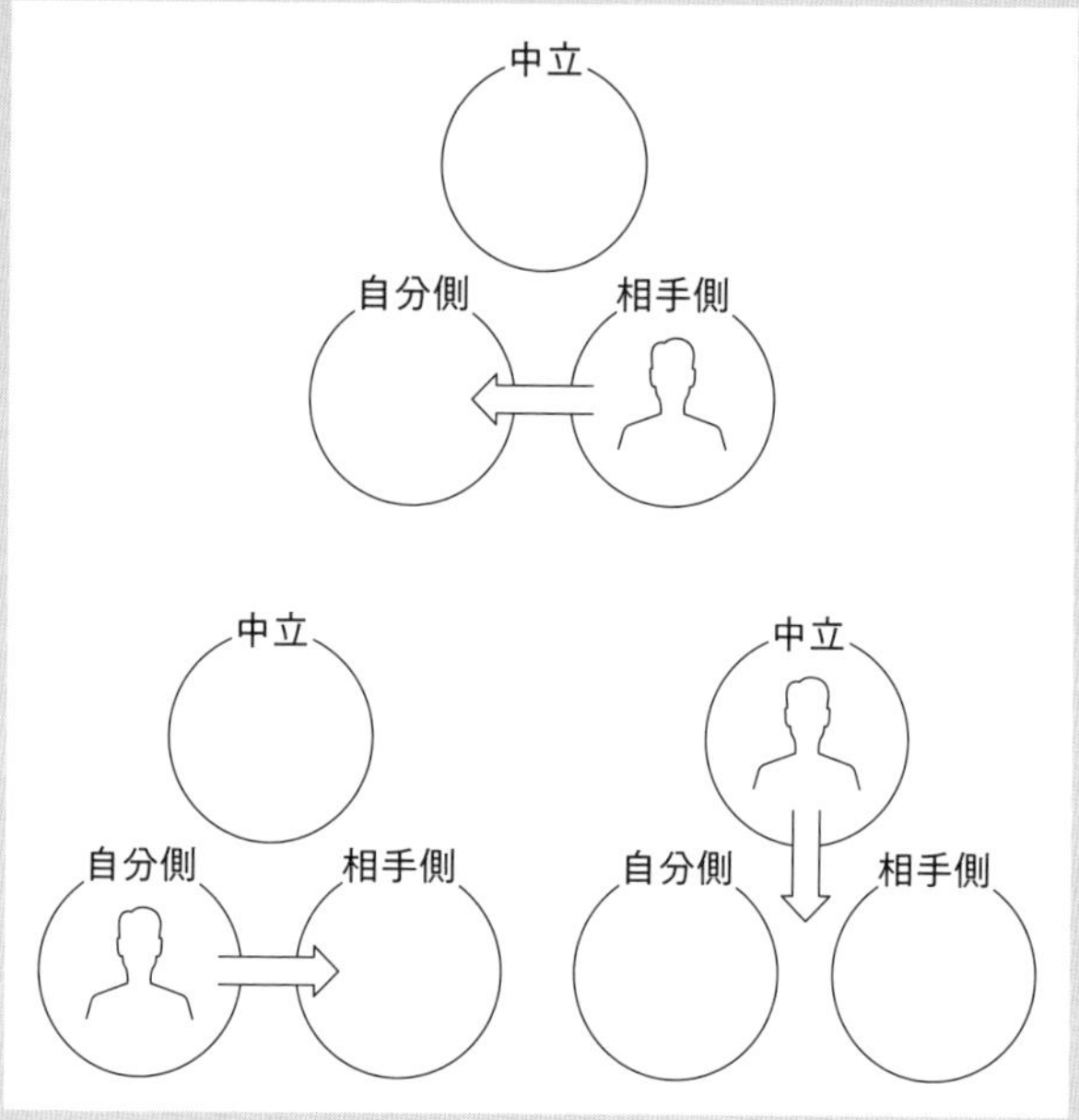

プロセスワークは対立関係を扱うことに優れています。そのアプローチはユニークです。簡潔にいうと、自分側の立場、相手側の立場、そして中立の立場をそれぞれしっかりと取りきります。

この章の最初のケースでは夫婦の対立関係において、奥さんが夫の立場に立つところからスタートしています。相手側になりきってその思いを切々と語ることを、ファシリテーターが勧めます。すべてを吐き出すと、ミンデルがいう「薪を燃やし尽くした」状態になり、その場以外の立場に立ちたくなるでしょう。上記のケースではミンデルは彼女を中立の立場にいざないました。

別のパターンもあります。対立する相手がその場にいない場合は、相手が傷つく恐れがありません。よって自分側から始め、空っぽの椅子にあたかも相手が座っていると想定して、言いたいことを出し尽くすところから始めても良いでしょう。わだかまっていたことを全部吐き出すことで、薪が燃やし尽くされ、相手の側に立つ準備ができます。物理的に場所を移動して相手の椅子に座って相手になりきります。今は空になった自分の椅子に、自分が座っていると想定して、語りかけます。こうして得たアウェアネスは、対立関係の自然な解消へと導きます。

妻のエイミーと私は、ある夫婦のワークを行いました。夫の方が他の女性を好きになってしまったことで妻は苦しんでいました。私たちは2人の対立をプロセスする手助けをしました。

夫は黙って座っていましたが、妻は「落ち込んでいるし、拒絶されているように感じます」と言いました。彼女に自分の気持ちについてさらに話してほしいとお願いすると、「実は夫の気持ちも理解できます」と言い出し、私たちは非常に驚きました。夫が微笑むと、彼女は「夫を愛していて、彼の自分をもっと知りたい、成長したいという気持ちをサポートしたいんです」と語りました。

対立のさなかで妻が夫の味方をしている間、当の夫は黙っていました。そこで、私たちは彼女に、実際に夫の隣に立ち、彼を代弁することで、より一貫性を持って彼の味方をしてみるように勧めました。彼女は夫の気持ちを想像しながら、彼になりきって、これまでの生活から抜け出したいと思っていること、自分の存在が無意味に感じられることを説明しました。夫は何も言わずに頷いていました。

すると突然、彼女は夫の気持ちを代弁するのを止め、「夫を擁護する気分ではなくなってしまった」と言い出しました。そして、「こだわりが消えて、中立的になった感じがします」と言いました。私たちは「それでは、中立的になりましょう。完全に中立になってください。外側に出て、自分と相手を見てみましょう」とアドバイスしました。彼女は立ち上がって夫の隣を離れ、そして夫と自分が座っていたところを見つめました。すると彼女は笑い出し、「自分自身を支えるよりも、彼を支えていたようです」と言いました。

この洞察を得たことがきっかけとなり、女性は再び対立の中へと戻っていき、今回は自分自身の味方をし始めました。夫に向かって、最初は穏やかに、けれど次第に激しい口調で「あなたが何を感じているかなんて、知ったことじゃないわ。あなたが私を軽んじたから、私はあなたが嫌いなのよ」と言いました。彼女は躊躇した後、私たちに向かって「気持ちを言葉にしきれません」と言いました。そこで、私たちは全身を使ってみるように勧めました。すると突然、彼女は床を思いきり踏み鳴らして「あなたって最低の赤ちゃんね。私は母親みたいにあなたの世話をするのにうんざりしてる。本当に強いリアクションがほしいのよね。だったらいいわ、くれてやる！」と叫びました。彼女は立ち上がり、拳で脅しながら夫の方に向かっていきました。

すると夫が初めて口を開きました。彼は満面の笑みを浮かべ「これぞ、僕が結婚した素晴らしく奔放な女性だ。僕は君をずっと探していたよ！」と言ったのです。妻の方は、激憤と喜びの入り混じった声で彼に向かって叫んでいました。怒りと喧嘩が愛に変わり、雰囲気が一変しました。2人は抱き合い、私とエイミーは部屋を出ました。ひとまず、第1ラウンドはこれで十分でした。

私はこれまで、世界中で何千時間にもわたって個人や組織の対立を見てきましたが、上記の例には、この章で紹介したい葛藤解決の側面がよく示されています。この話では、まず、一部の対立においては、どちらか一方の当事者がアウェアネスを持つだけで済むワールドワークの手順が必要となることが示されています。第2に、当事者が対立のさなかで、その瞬間における自らの状態（すなわち、自分の味方をしているのか、相手の味方をしているのか、あるいは中立なのか）に対するアウェアネスを持つことが葛藤解決の極めて重要な要素であるということも示されています。

最後に、この章では、ほぼすべての人や組織が、対立において同じような進展の段階を経ることを示したいと思います。ここで説明するタイプの対立においては、ファシリテーターは、上述の状況での私とエイミーのような中立的な第三者ではなく、当事者の1人であると仮定します。さらに、この当事者は、これまでの章で推奨されているレベルの個人的成長を達成していると仮定します。

私が説明する葛藤解決方法は、あらゆる種類・文化のカップルや集団における長年の対立に有効です。また、当事者の一方が相手との交渉を拒否しているような長期的な対立にも適用できます（よくあるのは、対立の当事者の1人が、相手と話し合うことを拒否するケースです。ほとんどの交渉や葛藤解決の手順では、対立の当事者全員が話し合いの席に着くことが必要になります）。

私が世界各地で経験した典型的な葛藤解決の事例を研究した結果、葛藤解決にはいくつかの段階があることが見えてきました。最初に、これらの段階とそれにどのように取り組めば良いかを説明します。私は、対立に関係する人全員がそれに取り組むことを勧めるつもりです。葛藤解決の段階を書き記すことの難点は、それが葛藤解決を行うためのプログラムとして受け取られてしまう可能性があることです。この本の読者には、これらの段階を機械的に適用されるルールとしてではなく、対立に対するアウェアネスを高めるためのガイドラインとして捉えてほしいと思います。

「私は何を感じ、何をしているのだろう？　私は対立のどの段階にいるのだろう？」。アウェアネスを促すこの質問は、対立において私たちを導いてくれる重要な質問です。私が推奨するあらゆる介入は、一時的な感覚《フィーリング》と対立のステージから導き出されたものです。以下に推奨することを利用し、発展させることで、あなたのアウェアネスを目覚めさせ、あなたとあなたのパートナーがどのステージにいるのか見出してください。

以下を参考にして、対立においてアウェアネスを使う練習をすることで、対立に入り込み、そのステージを完成させ、解決に向けて動かすことができるようになります。

この章で紹介する介入方法は、集団における長期的な対立を一時的に解決することが分かっていますが、その効果にはいくつかの限界があります。

▼1．アウェアネス──集団が対立を解決するためには、葛藤解決の手順について訓練を受けた人が、１００人中数人いる必要があります。こういった人たちは、ある程度の客観性を保ち、人前でも迅速に自分のワークを行うことができ、ワークのフィールドのコンセプトを認識できている人でなければなりません。

▼2．個人的成長──ファシリテーターは、ディープ・デモクラシーを実践できなければなりません。つまり、たとえ自らが当事者の1人であったとしても、対立のすべての当事者の側を認識し、サポートできなければなりません。これは、対立の中において、これまでの章で

説明したメタスキルとここで説明するスキルがどちらも使える必要があるということです。

▼**3．時間**――ここで紹介する葛藤解決の手順は、たとえ暴力的な対立であっても数時間以内に解決することができます。しかし、解決とはプロセスであり、進化の中のひとつの状態にすぎません。長年の緊張状態から有益な経験を生み出すということは、大きな集団だけで成し遂げられることではなく、その集団に属する個人やサブグループとのワークも含め、様々なレベルにおける解決とワークが必要となります。

▼**4．自助努力**――完全な解決とは、集団が変化し、自らの対立をワークする能力を身につけたときに初めてもたらされるものです。集団の中に自然に生まれるリーダーたちが自らの悩みから抜け出し、葛藤解決の方法を身につけ始め、大規模な集団が完全な解決の段階に至るには何ヶ月もかかることがあります。

葛藤解決の段階1　回避 vs 理解

葛藤解決の第1段階は、対立に直面したときに私たちの多くがすること、つまり「回避すること」です。対立を忘れ、無視して平和的に振る舞おうとします。それでもうまくいかない場合（ほとんどの場合はうまくいきません）、次のような考え方をすると、対立を避けたいという気持ちを克服できるかもしれません。

▼**自己発見**——対立を避けたいと思っているのはあなただけではありません。私たちのほとんどは、それを避ける傾向にあります。しかし、対立には成長と自己発見の可能性が秘められています。対立は、今まで知らなかった自分自身の側面を知るチャンスです。対立への恐れや違和感が、自己成長へのワクワク感に変わるかもしれません。

▼**対立は特別なことではない**——誰でも一度や二度は、内的・外的な対立を経験します。それが起こるのは珍しいことではなく、あなたの自己均衡化しようとする性質や、発展と成長の兆しでもあります。

▼**対立は多数のレベルにわたる**——対立は、自分自身の悩みやコンプレックス、個人的心理が表れたものだけではありません。対立には、自分自身の内的緊張、人間関係の悩み、集団や世界の問題なども絡んでいます。先程の例の女性の葛藤には、自分自身の成長や人間関係だけでなく、世界における男女の成長や変化も関係していました。

▼**対立はコミュニティを創造し得る**——上記の例では、夫婦自体が覚醒し、変化していきました。私たちが集団内の対立に取り組む際には、「集団は自らを理解するために対立を必要としているのだ」という見方を持つことが有効です。フィールドは、対立を通じて自らの部分を知り、理解し、完全な自己を実現しようとしているのかもしれません。対立における自分の個人的役割《ロール》が、実際にはグローバル・フィールドにおけるタイムスピリットの役割《ロール》であることを理解すれば、対立に入っていく勇気が得られるでしょう。あなたの役割《ロール》がどのようなものであっても、それを意識的に引き受けることは、フィールドが自らを知る手助けとなります。

葛藤解決の段階2　気づく

対立を回避しようとした後、次にやってくる対立ワークの段階は、対立に気づくことです。対立は簡単には気づかないこともあり、明白ではないこともあります。対立の典型的な兆候やシグナルには、以下のようなものがあります。

・言葉による意見の相違。
・明確なコミュニケーションの欠如。
・空間や時間を隔てている。
・相手の噂話をする。
・相手に関する悪夢や空想を繰り広げる。
・相手を疑ったり不信感を抱く。

葛藤解決の段階3　悪質性の判断

対立には、軽微なものもあれば、深刻なものもあります。前述の男女のように、家庭生活や仕事、家族などを崩壊させる恐れのある対立は、悪性の対立です。

対立に気づいたら、いつその対立をワークすべきなのでしょうか？　すべての対立をワークする必要があるのでしょうか？　対立が悪性のものであれば、全面的に注意を払うべきです。対立が悪性であるかどうかは個人が判断すべき問題で、コンセンサスによる同意は必要ありません。以下に、私が思う、ワークを必要とする悪性の対立の特徴をいくつか示します。

・問題が悪化し、嫌な感情を生み、時間の経過とともに増加している。
・長い間、噂話をしている。その噂話は悪意に満ちていて、そこに含まれる人の数も増えている。
・問題は解決せず、人が近寄らなくなるほど雰囲気が悪くなっている。
・絶望感や勇気のなさから、その問題を避けてしまう。ますます多くの人が対立に巻き込まれている。

葛藤解決の段階4　関与することを意識的に選択する

対立を解決しようとするのであれば、まず準備が必要です。対立に入る瞬間は、自分で選ぶものです。準備がないままに対立に入る人でもうまくやれる可能性はありますが、悪性の対立に足を踏み入れることを意識的に決断した人は成功する可能性が必然的に高くなり、その経験からより多くのものを得ることができます。さらに、他の人が関わっている場合は、決して無理やり参加させてはいけません。彼らにも準備の時間が必要だからです。

▼アウェアネスと勇気——アウェアネスを持つことは最高の準備になります。対立ワークでは、勇気よりもアウェアネスの方が大切かもしれません。勇気があると強くなったように感じるため、実は恐れているときでも他者に勝ちたい、圧倒したいという誘惑が生じます。自分の感覚《フィーリング》に対するアウェアネスを高めることで、自らを勝ち負けのプレッシャーから切り離し、より寛大で安定した態度でワークすることができます。

▼恐れ——恐いと感じる場合は、その理由を考えてみましょう。未知のものに感情が刺激されるから恐いのでしょうか、それとも負けるのが恐いのでしょうか？　恐怖心は、あなたを弱さか強さかのいずれかへと分極化させます。自分の動機を確認してみましょう。もしアウェアネスが高くありたいならば、強さや弱さは関係ありません。

それでもまだ恐いのであれば、自分が何を恐れているのかを考えてみましょう。相手を恐れているのであれば、自分自身の怒りや力も恐れているのではないかと自問してみてください。自分自身の力にアクセスできないがゆえに、他人の暴力や怒りを恐れるということがよくあります。自分の中にある未知の力を恐れていることもあるのです。

私たちが行ってきた葛藤解決セミナーでは、次のようなエクササイズが対立への準備に役立ちました。あなたが解決したいと思っている対立を想像してください。その対立について考え、自分に次の質問をしてみてください。

あなたがこの対立に入っていかない理由は何ですか？　もしあなたが恐れているのであれば、あなたが恐れているものや人を想像し、そのものや人になりきってみましょう。

あなたの恐怖心は、戦いのさなかにアウェアネスを失うことによって生じたものですか？　無意識的になったり、フラフラしたり、気分が不安定になったりしますか？　具体的にどのような気分《ムード》を意識する必要がありますか？　その気分《ムード》を覚えておいて、うまく使うにはどうすればいいでしょうか？

葛藤解決の段階5　対立の相手に取り組む

悪性の対立に気づき、その中に身を置くことに対する準備ができたなら、今度は問題に対処する準備ができていることに気づくでしょう。その準備ができているかどうか、自分に問いかけてみてください。

▼話し合いの場を設定する——対立に入る準備ができたら、話し合いの場を設定します。ただ飛び込むのではなく、セレモニーや対立の儀式を創ってみましょう。武術における「正確さ」と「アウェアネス」の態度を思い出しましょう。双方が合意する時間と場所を設定します。相手に相談せずにいきなり始めてしまうと、解決方法をめぐって2人で喧嘩になってしまい、問題にまでたどり着けません。相手が出てこないのであれば、問題を自分の中で内的にワークしましょう。対立はフィールドの現象であり、その緊張に内的に対処するか、人間関係の中で対処するか、あるいはグループプロセスの中で対処するかは、ときによって異なるとい

うことを覚えておきましょう。いずれにしても、ここでは相手があなたと話し合う準備ができていると想像してみましょう。

以下の手順をメモしておいて、必要なときに使うと良いでしょう。このワークには秘密の戦略などありませんから、これを相手と共有することも可能です。目指すのはアウェアネスであり、相手に勝つことではありません。

▼問題に取り組む——問題に取り組む際には、その対立を解決しようとする動機を述べます。平和を願っていることや、2人の周りに味方やグループが形成されていることに不安を感じていることを述べても良いでしょう。これは、対立を解決するための目標と動機について話すための時間です。

相手には、その問題に取り組む意思があるか尋ねます。ただ問題を提起するのではなく、相手がその問題に取り組むことに同意するかどうかを尋ねます。相手がそれを拒否した場合は、どうしたら対立を解決できると思うか訊いてみてください。相手の解決策があなたにとって有用でない場合は、ファシリテーターや外部機関の助けを借りることは考えられるか尋ねてください。あなたが示したアプローチを相手がすべて拒否した場合は、その対立を内的に捉え、そこで解決するようにしてください。繰り返しになりますが、すべてを直接解決しなければならないわけではありません。内的なタイムスピリットの問題というのも存在するのです。

葛藤解決の段階6　アウェアネスをプロセスする

あなたとあなたのパートナーが、葛藤解決を進める準備ができていると仮定しましょう。次のステップは、自分が対立のどの段階にいるのかを認識することです。対立にはいくつかの状態があります。あなたは中立な立場にいますか、相手の味方をしていますか、それとも自分の味方をしていますか？

これらの質問は、相手に向けてではなく、自分のみに向けてするものです。自分が意識的になることだけを求め、相手に変わることや意識的になることを求めてはいけません。相手を変らせたり何かをさせようとしたりするのは、非現実的な高すぎる期待といえるでしょう。

上述の女性のように、多くの人は気がつくと相手の味方をしています。理由はどうあれ、相手を擁護したいという気持ちがあるのなら、擁護しましょう。ここで、自分の動機を気にする必要はありません。相手との友情を失うのが恐くて、相手を支持しているのかもしれません。それならば、一貫して相手を支持しましょう。

もしかしたら、あなたは中立的な立場にいるかもしれません。無気力、冷淡さ、無関心を感じていますか？　あなたは本当に対立にとらわれていない状態にあるのかもしれません。それなら、存分にあなたの中立性を表現しましょう。

もしかしたら、あなたのアウェアネスは、あなたが自らの立場に憑依されていると教えてくれているかもしれません。そうであれば、まずは自分の側の意見を表明してみましょう。

葛藤解決の段階7　自分の味方をする

多くの人は対立におけるこの段階を飛ばして、すぐに相手の側に立ったり、中立性を表現したりしようとします。しかし、たとえ他に何が起きていたとしても、どこかの時点で自分の味方をする必要が出てきます。

▼自分の気持ちを知る——私たちの多くは、自分が何を感じているかを知る方法を学ぶ必要があります。自分の感覚《フィーリング》を直接的に話しましょう。自分の感情的な経験を正確に伝えましょう。動揺しているのであれば、動揺していることを伝え、それを隠さないことです。自分の感情を見せて、表現して、それが終わったら手放しましょう。自分のニーズ、痛み、恐れ、怒り、傷、嫉妬などをできるだけリアルに伝えましょう。もしパートナーが感情を恐れているのであれば、別のチャンネルで表現してみましょう。つまり、怒っているときに動いたり叫んだりするのではなく、例えば絵で怒りや傷を表現してみましょう。相手に自分の状態をイメージを使って報告してみてください。

▼タイムスピリットを思い出す——フィールドについて思い出すことは有用です。あなたが感じていることは、世界の一部分かもしれません。それはフィールド内の十分に表現されていない役割《ロール》、タイムスピリットかもしれません。そのような場合、あなたは皆のために何かをしていることになります。

▼**自分の変性意識状態をワークする**――あなたは自分の怒り、傷、失望、あるいは愛を恐れるあまり、自分の味方をすることを避けてきたのかもしれません。ここに示すやり方は、あなたが抑圧しがちな感覚《フィーリング》の状態をよく調べなければうまくいきません。

恐怖、怒り、傷、悲しみなど、葛藤の中でどのような感情が湧いてくるかを考えてみましょう。その感情を感じ、自分自身に対して表現してみてください。それらの感情と、それに対する自分のエッジを見つけてください。そして、これらの状態を受け入れるようにしましょう。感情に対して自分が持っているエッジを見つけることは重要です。あなたはどの感情を表現できますか？　認識したくないのはどの感情ですか？　もし、自分の状態の一部が気に入らなくても、それを認めることが重要です。自分の感情を抑えようとしたり、その感情を嫌っていることを隠そうとしたりすると、相手はそれに気づいて「嘘をついている」あるいは「不誠実だ」と言ってあなたを攻撃してきます。一口に自分の味方になるといっても、いろいろな形があります。自分の味方をする方法のひとつは、自分の内なる体験を報告することです。もし、自分の感情がはっきりしないのであれば、相手の前で自分自身をワークしましょう。気づいたこと、自分の中にある感覚《フィーリング》、イメージ、自分の中で起こっている経験などを声に出して自分自身に聞いてみましょう。そして、それらの体験を追いかけて、その都度、報告するのです。[1]

葛藤解決の段階8　中立の立場へとディエスカレートする（沈静化）

▼自分の違和感に気づく――自分の味方になり、自分の気持ちを完全かつ正直に表現すると、おそらく自分の立場に違和感を覚えるようになるでしょう。相手に申し訳ないと思ったり、自分は一方的すぎると感じたり、もはや自分自身に完全には共感していないことに気づいたりするからです。

また、そもそも強い感情を持つこと自体に違和感を覚える人もいます。文化的規範は、感情、特に対立を抑圧し、その話題を持ち出すことに罪悪感を抱かせます。対立を口に出したことに罪悪感を感じたら、それ以上自分を追い込まず、引き下がりましょう。

▼自分のディエスカレーションのシグナルに気づき、それに従う――自分が変わるのを許しましょう。一旦、自分の味方をすると、おそらくディエスカレートし始めます。ディエスカレーションのシグナルとは、声が小さくなる、距離を取る、目をそらす、単に興味をなくすなどの撤退のシグナルです。もし自分が相手から物理的に離れようとしていることに気づいたら、アウェアネスを持ってそうしましょう。もはや怒ったり傷ついたりしていないのに、そのようなふりを続けないようにしましょう。自分の味方をした後は、怒りや傷に執着する傾向に注意してください。怒りや傷に執着しているのであれば、まずは自分の味方をした後、それを手離してニュートラルな立場に戻りましょう。

人が自分の意見に固執するのは、自分の意見を完全に表現していないか、自分の意見に固執してそれと同一化してしまい、ディエスカレーションのシグナルに対するアウェアネスを失っている場合がほとんどです。

葛藤解決の段階9　自然と中立的になる

人によっては、自分が中立的な立場にいることに気づくでしょう。人が中立的で物事を手放した立場にいる理由はたくさん考えられます。もともとニュートラルな人もいます。また、かつて自分がよく抱いていた感情を燃やし尽くしてしまった場合は、物事にこだわらない気持ちになることが多いでしょう。こだわらない気持ちになっている場合は、そのことを認めて、そこから離れましょう。そうしないと、相手が気づいて、あなたがよそよそしいと非難するでしょう。

中立的な立場も、あくまで人間関係におけるひとつの立ち位置にすぎません。中立的になっていることに気づいたら、その立場から離れてみましょう。文字通り物理的に離れて、それまでの空間や感覚《フィーリング》と同一化しないようにします。中立的な立場から、自分と相手を見てみましょう。先ほどの女性の例を思い出してください。彼女は夫の味方をした後、自分を見つめ直し、次に何をすべきかを理解しました。自分の役割《ロール》から離れて、相手と自分をよく見て、自分と相手がどう見えるかを報告してください。

外へと離れたら、以前の位置にいた自分自身を見つめ、自分のことを相手に説明してみましょう。外から見た自分の姿が、今どんな風に見えているか相手に伝えてください。おそらく、自分自身のこと、そして自分がどのように成長しようとしているのか、人間関係の中で何をしようとしているのかを意識できるようになるでしょう。それを相手に伝えてください。山の頂上から見下ろすように、今の自分がどこにいるのか伝えてみてください。

思いきって、相手にも目を向けてみましょう。もしかしたら、何か相手に勧めたいことが出てくるかもしれません。相手の言いたいことがより伝わるように、相手には何かできることがあると思いますか？　あなたは、何らかのかたちで相手を手助けしたいと思っていますか？もし相手が助けを必要としていると感じたら、その瞬間に中立的な立場から離れて、再び葛藤の中へと入っていきましょう。ただし、今回は相手の味方をします。

葛藤解決の段階10　相手の側に立つ

相手の側に立つことは、それが本心からくるものである場合に限って、葛藤解決の手順として機能します。私たちの多くは、本心ではないのに相手の側に立ってしまうことがあります。それは、相手に合わせて早く適応しすぎるか、親切なふりをしたり優越感に浸っているかのどちらかです。一貫性を持って相手の側に立つことができない場合は、自分がまだ自分の側に立っているのか、あるいは中立的な気持ちでいるのか判断してみましょう。

▼思いやりを持つ——あなたは相手に思いやりを感じているかもしれません。義務感ではなく、本心でそう感じているのであれば、自分の立場から出て、相手の力になれるか訊いてみましょう。思いやりを持って、相手が自分の立場をうまく表現できるように助けましょう。

▼シグナルを読む——相手の側に立つということは、単に思いやりを持つということだけではありません。相手をよく観察しましょう。相手の立ち姿や目線を見て、相手の気持ちを想像してみましょう。そして、相手がそれを表現するのを助けてください。

これを相手を模倣する機会として捉えないでください。相手を挑発するのではなく、アウェアネスと思いやりを持って、相手がどんな人なのかを発見し、感じるようにしましょう。もし自分が相手を挑発したり、相手を模倣していることに気づいたら、真似をするのは止めて、直接的に挑発してみましょう。

▼フィードバックを確認する——自分がどれだけうまくできているかは、相手からのフィードバックで測ることができます。相手がくつろいでリラックスしたり、自分のしたことに感動して感謝していたりすれば、相手のシグナルをうまく読み取ることができたといえるでしょう。しかし、相手のシグナルを読み違えても、それを役立つものに変えることもできます。相手が感じていること、考えていることを自分が間違って認識しているのであれば、相手に指摘してもらうようにしましょう。

相手の側に立つことには、重要な心理学的理由もあります。私たちが他者と葛藤するのは、自分自身が、対立の相手と同様に、自分の中の一部に対して無意識のうちに怒っているからなのです。結局、自分の中の一部が相手に同意できていなければ、対立が起こることはないのです。

葛藤解決の段階11　サイクリング

アウェアネスを使って自分の立場、相手の立場、中立の立場に立った後、対立は終わるか、サイクリングして新たなレベルに入ります。自分あるいは相手が傷つけたことを謝るかもしれません。そして、新たな問題、新たな反応、新たな感覚《フィーリング》が出てきます。対立のこの段階でも、以前のようにワークを続けます。アウェアネスを使って、内面に入り、自分がどのような感覚《フィーリング》を抱いているのか、対立の中において自分がどちらの側にいるかを確認します。自分の感覚《フィーリング》が分からなかったり、無意識的である、あるいは自己不一致が起きていると感じる場合は、中立的な立場に身を置きます。外から自分をよく見て、中立的な立場から自分自身にアドバイスしてみましょう。

▼**表現不足**――対立が不完全なものになっているのは、自分の感覚《フィーリング》を十分に表現していないか、相手の立場を完全に理解していないからかもしれません。

葛藤解決の段階12　フィールドを離れる

▼引き下がる――自分がどの立場にいたかを正しく認識し、その立場を表現し、すべての変化に従った場合、自分と相手の両方が自然と引き下がることがあります。これは微妙な瞬間で、気づくには注意が必要です。アウェアネスを使って、束の間のリラックスした瞬間、微笑み、安堵のため息といったものを見逃さないようにしましょう。そして、これらに気づいたら、手離してフィールドを離れましょう。

　これは対立の中でも極めて重要な瞬間です。多くの人は長い間、対立を避けてきた結果、いざ対立に身を置くとその状態に溺れ、そこから離れることができなくなってしまうため、ディエスカレーションのシグナルを見逃してしまいがちです。ディエスカレーションのシグナルに気づいたら、相手と自分を許してあげましょう。

▼学ぶ――あなたも相手も、何かを学んで喜んでいることもあるかもしれません。もしそうなら、相手や自分自身について何を学んだのかを確認してみましょう。これは、あなたが自分自身について学んだことを共有できる状況かもしれません。

▼相手があなたの立場を経験したがっている場合――相手があなたのことをもっと知りたいと考えている場合もあります。ここまでは、葛藤解決に関心があるのはあなただけだと仮定してきました。両方の当事者に葛藤解決に取り組む意思があることを求めると、初期段階のワークに不要な制限がかかるからです。しかし、相手はあなたのことや葛藤のことをもっと理

解したいと思っているかもしれません。こういったときにこそ、本当の意味での共有が始まります。

▼**教師になる**——ときには相手が葛藤解決についてあなたから学びたいと思うこともあるでしょう。そうなったら、あなたが普通の対立の当事者であることを止め、葛藤解決のファシリテーションの知識を共有するときです。

葛藤解決の段階13　集団でのワーク

対立の双方の立場が解消し、すべてがうまくいくというのは、最もシンプルな状況です。よくあるのは、双方の当事者が個人的なワークを終えた後も、友人や隣人が対立について話し続けるといった状況です。これは、タイムスピリットがまだ残っているということであって、対立する2つの立場がさらにワークをする必要があるということではありません。対立はコミュニティやフィールドの問題となり、グループワークで対処することが必要となります。そのときには、役割《ロール》を設定し、対立がコミュニティで解決されるまでの間、集団のメンバーにその役割《ロール》を引き受けてもらいましょう。

葛藤解決の段階14　個人でのワーク

大規模なグループワークで対立する当事者たちの葛藤解決を試みても解決に至らない場合は、個人でのワークを使って問題にアプローチすると良いかもしれません。その際には、関係者全員が、葛藤する2つの立場を、個人的解決を必要とする自分の内側の2つの部分として捉える必要があります。グループプロセスのレベルを変更し、全員に対して、集団の問題に対する個人的な答えを見つけるための個人的ワークを行うように促してください。

まとめ

1. 対立はそれが発生したときにプロセスしましょう。いたずらに二極化が進むのを待ってはいけません。
2. 絶望や恐れのために対立を避けているのであれば、対立ワークの訓練をすることでそれを乗り越えましょう。
3. アウェアネスを使い、自分が、自分の立場、相手の立場、中立の立場のどれにいるのかを理解しましょう。
4. 自分の立場に固執している場合は、自分の本当の感覚《フィーリング》を完了できていないか、相手に傷つけられたけれども、その傷や怒りを表現できていない可能性があります。

5. 中立的な立場にいると感じても、単に対立を避けるため、あるいは優越感に浸ったり超然とした態度を保ったりするためだけにその立場に留まってはいけません。その中立性を利用して、外側から対立を観察し、提案をすることで、自分と相手の両方を助けてください。

6. 相手があなたに非難を向けている事柄は、多かれ少なかれ、あなた自身が持っている、あるいは持っていたダブルシグナル、感覚《フィーリング》、感情です。相手は、自分の中の何かに腹を立てている自分自身の部分でもあることを忘れてはいけません。

7. 互いに相手のテーマや性質を理解し、悟りを得たと感じなければ、誰も対立に勝利することなどできません。悟りはフィールドでの経験であり、全員が悟りを感じない限り、誰も悟りを感じることはできません。

葛藤解決のエクササイズ

1. エクササイズを手伝ってくれる友人を選びましょう。
2. あなたが今、人生で直面している実在する相手との実際の対立について説明してください。
3. 友人にその相手役を演じてもらいます。
4. 自分の立場を強く主張しましょう。
5. 自分の立場に違和感を感じたら、中立的な立場に立つか、相手の味方をしてみましょう。
6. 元の役割《ロール》に戻って状況が変わったかどうか確認するか、対立が消えるか双方が勝利したと感じるまで続けてください。

7. ワークに新しい方法や手順を加えて、私にそれを手紙で知らせてください。

1 葛藤解決におけるインナーワークの説明については、ミンデル著『自分さがしの瞑想——ひとりで始めるプロセスワーク』（原題：Working on Yourself Alone）を参照のこと

第9章

マイノリティのアウェアネス

この章を読むヒント

1次プロセスとは、よく知っていて馴染みのある状態

プロセスワークの理論では、1次プロセス・2次プロセスという言葉がよく出てきます。通常プロセスというと、何かの手順や、物事が進展する過程を表しますが、プロセスワークの文脈で使われる「プロセス」とは意味が異なります。1次プロセスとは、よく知っていて馴染みのある状態を指します。

2次プロセスとは、馴染みがないが現れ出ようとしている状態

2次プロセスとは、馴染みがないが自然の流れに従って現れ出ようとしている状態を指します。1次プロセスと2次プロセスの間には、目に見えない壁があって、移行を阻みます。それをエッジと呼びます。エッジを越えるためには通常、1次プロセスに留まることを妨害するもの（ディスターバー）と、2次プロセスへと魅惑するもの（アトラクター）の増幅が有効です。

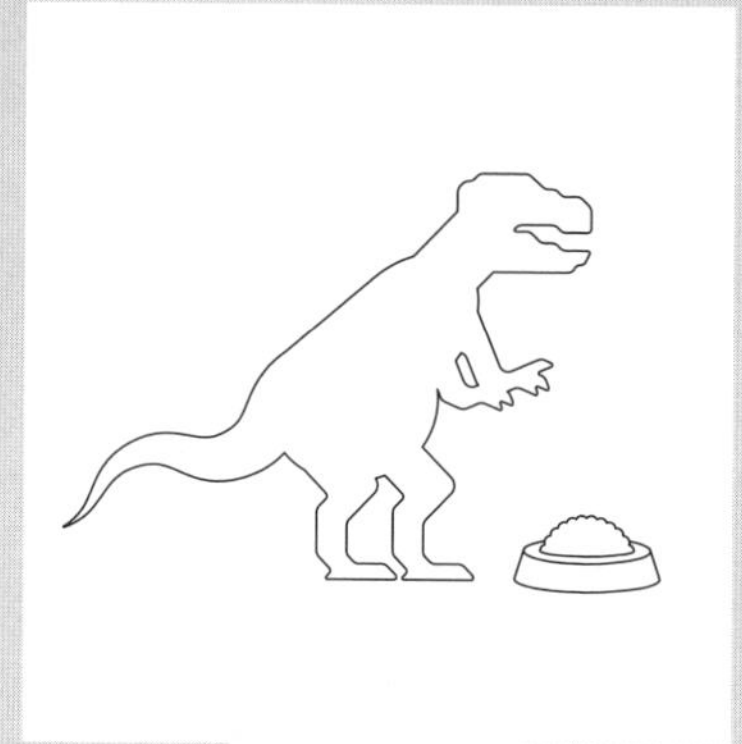

この章のトピックス。1次プロセスを尊重する＝モンスターに餌を与える

この章ではマジョリティの人たちにマイノリティのアウェアネスがない状態が1次プロセス、それが育まれた状態が2次プロセスという設定が扱われています。ここでは定番とは異なるタイプのアプローチ、「マジョリティの1次プロセスを尊重する」＝「モンスターに餌を与える」が紹介されています。無自覚なマジョリティの1次プロセスは、やっかいなモンスターのようなものです。これをいきなり攻撃し、「マイノリティの立場も理解しろ！」と投げかけてもうまくゆきません。まずはそれを尊重し、モンスターが満腹になったところで、本格的な介入を行うべきであるとミンデルは述べています。誰しも自分の立場が理解されたと感じるときにこそ変化の兆しを現すものです。

民族的、人種的、宗教的、社会的、経済的、ジェンダー的な要因による人々の抑圧という、未解決の重要な問題は次の世紀にも引き継がれることになるでしょう。

私は、世界のマイノリティに対する扱いに恐怖を覚える一方で、その潜在的な力に期待しています。マイノリティの立場は、未来への鍵に他なりません。異なる考えやライフスタイルを表現することで支配的な権力を乱す個人は、世界の意識を高める重要な機会に恵まれているということができます。この章では、私たち自身や集団、そして世界のために、マイノリティの視点をサポートするための能力開発やトレーニングについて説明します。

マイノリティ問題の否定

私たちの多くは、自分がいかに無意識のうちに他者を抑圧しているかに気づいていないかもしれません。社会問題に直接介入していない心理療法の集団やスピリチュアルな集団でも、暗黙のうちに偏見を持っていたり、人種差別や性差別を行っていたりします。今日では、集団や政府が「誰にでも開かれている」と言うだけでは十分ではありません。たくさんの暗黙の経済的・社会的圧力が、多くの人の完全な参加を妨げているからです。特に心理療法のコミュニティは、内的な問題や個人的な問題にのみ焦点を当てている場合、人種差別的で性差別的になり得ます。なぜなら、自分自身や親密な関係に多くの時間を割くことができるのは、食べていくのに十分な金銭的余裕を持つ人だけだからです。

内面に意識を向けるだけでは、人種主義的、反社会的、差別的になりかねません。存続・持続可能な未来を創っていきたいと願うのなら、これからのスピリチュアルな伝統やセラピーは、社会の営みに介入しなければなりません。また、彼らはその実践者が、例えば「ゲイやレズビアンは神経症的である」という信念のような抑圧的な思い込みがあることを理解させ、プロセスするのを助けなければなりません。そうでないなら、内面に取り組むことは異性愛者であるか、本質的な自己を抑圧することができる上流中産階級の人たちの特権である、と理解することになるでしょう。

そのため、マイノリティ問題への関心の低さは、マジョリティが政治的な力を奪われた集団を抑圧するひとつの方法であるといえます。さらに、これらの集団の個人が抑圧に対する悲しみや怒りからすぐに立ち直ることを期待することもひとつの抑圧です。なぜ私たちは、抑圧されている人の痛みに対してこれほどまでに不寛容なのでしょうか？　私たちは皆、子供の頃に大人に傷つけられたことがどれほど辛かったか、そしてそのことでどれほど長く怒ったり落ち込んだりしていたか覚えているはずです。それなのに、なぜ私たちは、何十年、何百年にもわたって虐げられてきた痛みに泣いている抑圧された集団の人たちに対して、これほどまでに不寛容なのでしょうか？

マジョリティがその騒音に耐えられないからといって、虐げられたマイノリティの人々がネガティブな「投影」を取り下げ、静かにしていることを期待するというのは抑圧的です。マイノリティの人々が苦しむのは、過去の抑圧のせいだけではなく、自分の苦しみに対する現在の不寛容のせいでもあります。例えば、白人社会が黒人社会に与えた苦痛、アメリカ憲法で約束されている公民権の侵害、世界各地で行われているゲイやレズビアンへの抑圧、女性が一貫して虐げられている様子、社会が男性に求める「英雄のようでなければならない」という非現実的な期待などは、私たちの環境にある怒りが自分たちの内面に由来するだけではないことを思い出させてくれます。また、しつこい自己批判や劣等感にさいなまれることは、単にマイノリティに属する個人が神経症の兆候を示しているだけではありません。

抑圧された個人や集団は、困難な立場にあります。その存在そのものが、マジョリティや共同体に反する視点、問題、意見を表しているからです。マイノリティにはほとんど選択肢がありません。言われた通りにし、自分の本質や視点を抑圧して共同体の見解に合わせるか、反乱を起こすかぐらいしかないのです。マジョリティを再教育することで平和的に変化をもたらすことができるのは、幸運にも外から見ることができる人か、苦痛の中でデタッチメントの状態に到達した幸運な少数の人だけです。

抑圧の存在を否定し、無視する傾向が強いにも関わらず、世界中で個人や集団がマジョリティとマイノリティの対立の中で二極化しています。1985年のヤヌーフの報告によると、イスラエルのある小さな町の住民たちは、コミュニティの中に次ページの図のような対立する集団があると認識していました。

あるイスラエルの町の対立する集団	
男性	女性
若者	大人
貧困層	富裕層
保守派	リベラル派
労働者階級	知識人・学者
犯罪者	善良な市民
原理主義者	世俗主義者
アシュケナジム（中央・東ヨーロッパ系ユダヤ人）	セファルディム（スペイン・地中海系ユダヤ人）
元から居住しているイスラエル人	最近の移民（エチオピア人）
タカ派	ハト派
連合政権のメンバー	野党のメンバー

しかし、このインタビューでアラブとユダヤの対立の存在を挙げた人は、この村には1人もいませんでした！　このようにマイノリティ問題を否定するのは、世界各地に共通して見られる特徴です。マイノリティ問題は、抑圧的な政府だけでなく、私たち全員によって抑圧され、否定され、無視されるのです。南アフリカでは、黒人も白人も、黒人・白人の問題を否定しているのを耳にしました。カリフォルニア人は、ヒスパニック系やアジア系の移民に対する差別についてどれだけ議論してきたでしょうか？　ニューイングランドの中流階級の町では、黒人の家族が近所に引っ越してきたことに対する自分たちの反応を認める住民はほとんどいないでしょう。スイス人の中立性は、イタリア人労働者に対するときにはあからさまな差別や、自国内でのネオナチグループの増加によって裏切られてい

ます。また、日本の国民が外国人に対する差別的な政策について言及することはありません。女性や同性愛者への差別は、今のところ世界のほぼすべての集団で存在しています。

マイノリティのメンバーと集団の極端な意識状態

集団の中で、ある個人が不人気な意見やマイノリティの意見を代表して発言すると、[1] 状況が一気にヒートアップし、暴力的で混沌とした極限意識状態へとエスカレートすることがあります。組織や集団が、黙殺された、抑圧された、あるいは無意識的な2次プロセスに目を向け始めたり、誰かがマイノリティの立場から発言したりすると、集団の主要な焦点や目標が混乱させられます。このように、力を奪われたマイノリティの集団や個人は、権力者からは妨害者と見なされることが多いのです。

しかし、1989年の中国の学生の民主化運動に対する政府の弾圧のように、自らの一部を暴力的に抑圧する都市や国家は、自滅の道を歩むことになります。自己均衡化の法則は、相反するものが最終的には均衡化されることを示しています。一方の方向への暴力行為は、やがて他方の方向への暴力行為で打ち消されるのです。

マイノリティの立場を完全に抑圧することは、不可能です。なぜなら、それはひとつのタイムスピリットだからです。集団や組織の中で異論を唱える個人やサブグループが殺されたとしても、そのメッセージは抑圧されることなく続いていきます。たとえマイノリティが追い出されたり、服従させられたりしても、タイムスピリットを殺すことはできません。タイムスピリットは、あらゆる戦術を使って集団の主要な焦点を妨害します。一見マイノリティが服従したように見えても、たとえそれが大きな組織であれ、集団の霊《スピリット》や雰囲気は、怒りや不信、憎しみのムードによっていずれ荒廃します。

抑圧されているということは、非常に厳しく苦しい経験であるため、多くのマイノリティの反乱は、アウェアネスはほとんど、あるいはまったく存在しないまま、凄まじい力を持って自然に起こるものです。自分が受けたのと同じ傷を負わせることで復讐したいという欲求は、世界中のマイノリティの「ホットスポット」に共通して見られるものです。マイノリティグループのメンバーとマジョリティの間の対立では、不幸なことに、マイノリティのメンバーが自分自身と全体の両方を助けようとしない、あるいは助けられないことがほとんどです。そして、力を奪われた集団はしばしば権力者を鏡映しにします。すなわち、どちらも自分の考えしか考慮しないようになるのです。そのため、１９６０年代のアメリカの公民権運動のような、この傾向の例外に注目することはなおさら重要です。

メタコミュニケーターの不在

典型的なマイノリティとマジョリティの対立の構造では、対立の中立的な目撃者となるメタコミュニケーターがいません。革命には、ほとんどの場合、抑圧される側と抑圧する側、オルタナティブとメインストリームという2つの部分しかありません。第3の部分、つまり激動の嵐の外に立つメタコミュニケーターが欠けているのです。

どんな問題であっても、誰もが傷、怒り、被害者意識といった感情のみと自分を同一化しているため、どちらの側も中立性や公平性というメタコミュニケーターの立場を占めることはできないと感じています。全員があまりにも落ち込んでいたり、激怒していたりするため、デタッチメントや相手の立場に気づくことができないのです。マイノリティの対立はフィールドを混沌とした混乱の状態に陥れる一方、外の世界は「対立しているどちらの側も狂っている」と考えて冷ややかに傍観します。

対立を外から覗き込む視点は、良くも悪くも、メタコミュニケーションに失敗しています。対立の一方の側を不完全な人間として判断し、診断し、治療しようとするのです。まるで医師や家族、同僚が精神病の発作を起こしている人に接するときと同じように、外の世界は革命を起こしている集団や国を罰し、診断を下すのです。

よそよそしく、優越感に浸っている外の世界は、争いの当事者が自分の立場を意識していないのと同じように、往々にして自分の立場を意識していません。皆、自分の状態に取り憑かれているのです。外の世界は、自分の立場は対立におけるひとつの役割《ロール》であると理解していないのです。したがって、局所的な争いというものは存在しません。どんな局所的な争いも、すべての人が参加するひとつの世界大戦なのです。

マイノリティのアウェアネス

このような混沌とした状況の中で幾分か啓発されたリーダーが現れ、問題を解決するための新たな例を示すことは、ほとんど奇跡のように思えます。マーティン・ルーサー・キングやマハトマ・ガンジーは、力を奪われた人々の内に、既存の政府権力を超えて行動する潜在的な力と能力を呼び覚まそうとした人たちです。今日、平和運動や環境保護運動の分野でも、同じような活動をしている人がたくさんいます。

変化を生み出そうとする私たちが取るべき最初のステップは、対立をプロセスする方法よりも、対立の問題が注目されることを認識することです。黒人と白人、男性と女性、第三世界と先進国、同性愛者と異性愛者、部内者と部外者、富裕層と貧困層など、地球上のあらゆる場所に、様々なマイノリティの状況があります。このような問題を解決しようとすると、私たちが葛藤解決のためのトレーニングをいかに必要としているかがあらわになります。私たちはしばしば、ある役割《ロール》やタイムスピリットに憑依され、他の側面を忘れてしまいます。私たちが必要とする永続的な変化を生み出すことを可能にするような全体像の把握を試みる代わりに、自分の見解だけを主張することで、世界を分極化させ、混乱へと陥れてしまうのです。

現状維持には2つの種類があることを覚えておきましょう。1つは、支配者が生活を現状のまま維持するという抑圧的な方法です。もう1つは、歴史上しばしば見られる血なまぐさい方法で、一方の集団が他方の集団に最終的に取って代わるというものです。真の変化とは、新しい変容の方法を開発することです。

マイノリティの立場の心理

マイノリティの立場にいる人は、通常、自分がマイノリティに属していることを知っています。しかし、人はマイノリティの立場になると、苛立ちが不満や不快感に変わり、続いて怒りに変わり、最後には正義感や慢心にすら変わることをときとして思い出す必要があります。マイノリティとして経験する変性意識状態は、自分の状況の概観を見失わせるのです。

マイノリティとマジョリティの分裂はどのフィールドでもよく見られます。ただ問題点や使われる用語が状況によって変わるだけです。どの集団のプロセスにおいても、一次的な集団アイデンティティと、否認される二次的な集団アイデンティティがあります。この2つの分断は常に緊張、隔離、怒り、憎しみを特徴とします。個人や集団が受け入れられる行動様式と拒絶される行動様式を区別するアイデンティティを創ることで、マイノリティを生み出すことは避けられません。どんな集団も「我々はこれであって、あれではない！」というアイデンティティを持っているのです。

マイノリティの立場の典型的な経験の特徴としては、以下のようなものが挙げられます。

1．裁かれている、迫害されている、誤解されている、過小評価されていると感じます。そのような場合、あなたはマイノリティの立場にいるのだと分かります。

2. マイノリティの立場は、マジョリティからだけでなく、自分自身の集団からも支持されていないと感じることで複雑になることがよくあります。自分の集団にさえ、自分の考えを支持してくれる人がいないかもしれません。

3. 迫害されていると感じ、機会があれば、マジョリティを迫害したいと考えます。このように、被害者という概念は、通常、あなたの立場を正確に説明するものではありません。不満のあまり、敵対者に似てしまうことがあります。

4. マジョリティが自分を扱うのと同じように自分自身を扱います。自己疑念で自分自身を迫害し、犠牲にします。ひそかに自分の集団やその考えを疑うことさえあるかもしれません。

5. マジョリティに見下されていると感じます。成人の特権を否定され、しばしば不可触民、子供、精神異常者のように扱われます。自分の意見を言うときに、何らかの理由で筋の通った意見を言わない、または言えないことさえあるかもしれません。

6. 人に理解されるように物事を明確に表現するのが苦手な場合があります。自分がはっきりと話せないのは、自分のせいだと落ち込んでしまうことがよくあります。自分が悩んでいることは、他の人には気づけないほど些細なことなのかもしれないので、自分が少しおかしいのだろうかと感じます。

7. 話すと逮捕されたり、怪我をしたり、仕事を失ったり、死んだりする可能性があるために、話すことを恐れています。

8．他の人よりも賢いように、あるいは愚かなように、もしくは他の人には見えないものを見ている部外者のように感じることがあります。それは、実際にあなたが賢者であり、愚者であり、部外者であるからです。賢者、愚者、部外者は、ほとんどの集団において抑圧されている役割《ロール》です。それらは表現される必要があります。フィールドが必要としているのですから、この立場に立候補し、それを表現しましょう。

9．自分のことを混乱していて、落ち着きがなく、偏執的なように感じます。集中することができず、リーダーや政府が自分を狙っているように感じます。

10．助けを必要としているのに、それを認めることができません。そのため、状況の外側にいる人との連携を模索します。今のままのフィールドには対応できないと弱気になります。協力者は意識的に探すべきです。必要な助けを得ましょう。

励まし

残念ながら、マイノリティや力を奪われた集団のメンバーになるためのトレーニングはありません。あなたは新しい領域にいるのです。あなたが生きているフィールドは、あなたがフィールドについてもっと知ることを必要としていて、フィールドがそれ自体を表現するのを手助けすることを共同体があなたに求めているのだと考えるべきです。すべての人の意見や立場のチャンネルになることで、あなたは皆を助けることになります。

あなたのマイノリティの立場は、フィールド全体の苦しみを表現していて、多くの人は耳を傾けることができないと理解しておく必要があります。あなたの立場は、他の人にとっては邪魔なものです。しかし、もし多少の余裕と洞察力を見つけることができたならば、あなたはすべての人の役に立つことができるでしょう。しかし、マイノリティの立場と自己同一化してしまうと、自分がひどく傷つけられる可能性が高くなります。何もしないで絶望に暮れるか、余裕を保つのか、それとも激怒するのか、意識的に選択してください。

ヒーローやヒロインになることは、他の人にとっても意味のあることですが、同時に自分が傷つく可能性も出てくるということです。死ぬこと、仕事を失うこと、刑務所に入ること、傷つけられることが自分に必要なことなのか、よく考えてみる必要があります。待つこと、ファシリテートすること、カリスマ的なヒロインになること、そのすべてにタイミングというものがあります。

緊迫した対立のフィールドでは、あなたの中に死の幻想が生まれるかもしれません。今が外的な対立からデタッチしてファシリテーションワークを進めるべきときなのであれば、さらに内的なレベルで死の幻想について考えてみましょう。比喩的に「自分を殺す」ことを試み、もはや自分という人間と自分を同一視しないようにします。そうすると、あなたは対立の通常の当事者とは異なる何かになれるかもしれません。あなたはもはや被害者でも、英雄でも、殺人者でもなく、客観的で公正な目撃者であり、他の人を目覚めさせることを含め、何でも自由にできるのです。それができるかどうかは、時代の霊《スピリット》と、あなたのインナーワークの熟練度にかかっているといえるでしょう。

　このようなデタッチされた立場になれば、余裕を持って、皆のためにワークすることができるでしょう。そうなったあなたには、以下の推奨事項が役立つかもしれません。

1　あなたのモンスターを知る

　ほとんどの集団は、すべてがうまくいっているときは温厚に振る舞います。しかし、どんなに親切で礼儀正しく寛大な集団でも、乱されると好戦的なモンスターになってしまいます。これが、私たちが人前で発言することを恐れる理由のひとつです。したがって、集団のアイデンティティ、その1次プロセスを研究し、観察することは、最も重要なタスクのひとつです。集団を注意深く研究して初めて、モンスターが目覚めたときに対処する準備ができるのです。

2　モンスターに餌を与える

　モンスターに餌を与えることを学びましょう。モンスターに餌を与えることは、自分が食われないように、また、モンスターが変化の可能性を受け入れるように、モンスターを満足させ、なだめることができるということを意味します。もし集団のモンスターに餌を与えなければ、モンスターは追い詰められてパニックに陥った動物のように反応します。危険を感じ、死が近づいていることを察知し、暴力的に反応します。

もしあなたが他の人を目覚めさせたいのであれば、まずはマジョリティの性質を認識し、マジョリティの立場もあなた自身の立場も、あなたがいてもいなくても変化するタイムスピリットであることを認識して、交流のための舞台を設定しましょう！　自分がどのような集団に属しているのかを知りたければ、集団を少し乱して、どのようなタイプのモンスターがいるのかを調べてみましょう。最初のステップは、自分がどのようなタイプの集団の1次プロセスと対立しているかを分析することです。集団アイデンティティには、以下のようなものがあります。

人道的で恩着せがましい

外見上は人道的に振る舞っていても、自分の行動とは異なる行動を抑圧します。マイノリティの意見が出てくるまでは友好的ですが、その後は多くの人とは異なる意見を主張する人を潰してしまいます。

経験からいうと、常に1次プロセスに「餌を与える」ことが推奨されます。彼らの人間性に餌を与えましょう。彼らのアイデンティティをサポートし、それを思い出させるのです。人道的であることを褒めましょう。一時的に居心地が悪くても、新しいアイディアを受け入れていることを褒めてください。

人道的な集団は平等主義的に振る舞い、地球上の他の場所と同様にこの場所にも多くのパワーがあることに気づいていないかもしれません。リーダーのいない、平等主義的な集団への期待が大きければ大きいほど、通常は見えないパワーが強くなります。このような場合、発言しようとする人は自分の強さを恐れていることが多く、実際にはパワーのために強く立ち上がるように励ます必要があります。数人の一時的な独裁者がいれば、その集団に普段欠けている構造を実際に与えることができるからです。

お祭り好き

気が荒く騒がしい集団や、ただ単にお祭り騒ぎが好きだと自認する集団もあります。社交的で騒々しい振る舞いに勤しんでいる彼らは、自分たちのパーティーを邪魔されることを拒みます。このような集団は邪魔をされると、厄介な存在になります。

このモンスターにも餌を与えましょう。その場の雰囲気を讃え、内向的なことや、交流に貢献しないようなことを持ち込まなければならない自分に悪態をつきましょう。話し終わったら、自分はすぐにパーティーに戻ること、そして皆も楽しい時間に戻れると約束しましょう。皆が同意するまで話し始めてはいけません。

形式ばっている

堅苦しく、形式的に振る舞う集団もあります。このような集団は感情や個人的告白を軽視します。コミュニケーションのルールも厳格です。彼らのコミュニケーションスタイルには、長い間《ま》や、苦痛を伴うような沈黙が含まれているかもしれません。

このような形式ばった態度に餌を与えましょう。それを賞賛し、彼らに感情を抑えるように促しましょう。非常に形式的で知的な口調で、この集団内ではどのように新しいアイディアや感情について話せば良いか、アドバイスを求めてみましょう。

もし彼らがビジネスの集団であれば、間違いなく、感情は非生産的であり、効率と生産性を阻害すると感じているでしょう。合理的な解決策が失敗した場合は、非合理的な感情を話し合うことですっきりし、より大きな成果を生むかもしれないと提案し、彼らのアイデンティティに餌を与えましょう。対人スキルの欠如が全体の効率を阻害していると伝えてみましょう。

メンバーに自分のコミュニケーションスタイルに反することを強要しないことで、集団に餌を与えましょう。集団内で感情を表現することは求めず、反対意見やフィードバックを紙に書くよう全員にお願いしてみましょう。

抑圧的

一定の集団や共同体は、あからさまに独裁的です。問題に対する十分な知識がないために、あるいは肌の色や人種、宗教などの理由で、あなたの意見やアイディア、ライフスタイルを抑圧します。彼らは未知のものへの恐れからくる、表現されていない内的葛藤に満ちているため、対処するのが難しい集団です。

あなたは彼らに餌を与えることができますか？　彼らのルールや規則は、メンバーが明らかに自分たちのために最善を尽くしたいと思っているからこそ存在するものだと伝えてください。しかし、自分たちのために最善を尽くすには、間接的に必要とされる様々な人たちと少しずつつながっていくことが一番の近道であることを彼らに伝えてください。つながろうとしなければ、歴史が彼らの一方的な態度を破壊することになると警告してください。

人種差別的

抑圧的な集団と同様に、このタイプの集団は表面的には友好的で形式的に振る舞いますが、自分と異なる人を避け、見知らぬ人を危険な、不道徳な、不潔な、または価値のない人だと決めつけます。彼らは基本的に、自分たちの視点に関わる話題を避けます。彼らは心が広いように見えるかもしれませんが、新しい意見に対して心を深く閉ざしています。この集団には注意が必要です。自分の立場から十分にデタッチできているかどうか判断して、以下のことを試してみてください。まず、謙虚になることから始めてみましょう。あなたも彼らと同じように安心や安全を求めていることを伝えてください。彼らの安心と安全への欲求を自分に有利になるように利用して、他の意見を聞いたり異なるタイプの人を受け入れたりすれば、彼らの世界はより安全になるということをほのめかしてみましょう。自分の人種差別的な意見を相手に示すことで、謙虚さを示しましょう。

宗教的

宗教的な集団とは、メンバーがその信念によって結ばれているものです。信念は多くの場合、1次プロセスにすぎません。これはまた、個人的成長に関する信念を持つ心理学的集団であることもあります。特にメンバーが自分たちの独裁的な傾向に気づいていない場合には、これらの信念に対処する必要があります。

集団の最も深い関心と信念を利用しましょう。この集団がマイノリティの視点の重要性に目覚めているのでない限り、まずすべきことは、1次プロセスを尊重することです。彼らの宗教や信念を褒めて、例えば「あなたがたの信念には、人々への深い愛が表れています。その愛は、今この瞬間にどのように実践されるのでしょうか？」というようなことを問いかけてみましょう。

モンスターに対処した後は、その種類に関わらず、フィードバックを確認します。集団内で言葉による合意や言外の合意が生まれるのを待ちましょう。彼らに尋ねられてから、自分の意見を言うようにしましょう。そうしないと、彼らはあなたのコミュニケーションスタイルに抵抗し、あなたの問題は聞き入れられないかもしれません。

あなたが対応している集団について知り、その1次プロセスに餌を与えることが重要です。1次プロセスのペースに合わせて、その言語で話し、集団のタイミングを利用しましょう。彼らが急いでいるのであれば、あなたも急いで、彼らの時間を奪いすぎないようにしましょう。そうしないと、彼らはイライラし始めます。相手が感情を表に出すのが嫌いなら、無理に自分の気持ちを打ち明けさせないようにします。あなたが支配的な集団の霊《スピリット》にあまりにも動揺させられていて、それを認めることができないのであれば、反感をあらわにして、モンスターとの戦いを企てましょう。

3 インナーワークを行う

マジョリティ集団の1次プロセスに逆らわず、それを維持するためにペースを合わせることは重要です。しかし、あなたがその1次プロセスにあまりにも動揺し、傷つき、困惑してしまい、それを認められないのであれば、怒りを爆発させて戦うか、自分をワークして必要なデタッチメントを得るしかありません。

あなたは気がつけばヒーローになっているかもしれません。その場合は、まず自分の内面をワークすることをお勧めします。自分の権利を守るために英雄的な行動を取り、勝利すること、あるいは傷ついたり殺されたりすることを想像してみてください。まず内的にすべてのシーンを経験し、空想の中で完成させます。勝利や死、もしかしたら自分の死後に忘れ去られるかもしれないことをどう感じるかを確認してみてください。

4　自分の側に立つ

自分自身をワークしても、マジョリティの1次プロセスを認めるのに必要なデタッチメントが得られない場合は、プロジェクト全体を完了させるようにしてください。これは、グループプロセスが可能な状況であれば、うまくいくかもしれません。英雄的かつ意識的に振る舞いましょう。自分の中のジレンマ、彼らの集団アイデンティティを認められないこと、自分の意見を主張することで死ぬかもしれないと分かっていることを報告してください。他の人はこれに反応するかもしれません。ヒロイズムは、集団やそのときのタイムスピリットかもしれないと考えてみてください。他の人にもこの英雄的な経験を共有してもらいましょう。すべてうまくいけば、あなたのワークや集団の緊張は一時的に解消されるかもしれません。そうでない場合は、いつでも次のステップに進むことができます。次のステップとは、もっとドラマチックではない形で自分の味方をすることです。

人前で自分の立場をプロセスする

、モンスターに対処し、それに餌を与えることができたと仮定して、次のステップは自分の味方をすることです。自分の味方をするときには、自分自身や自分の集団だけでなく、マジョリティの一部のメンバーや全世界の一部のために発言していることを自覚することが重要です。

あなたが集団の中で代表する立場は、あなた個人のものであるだけでなく、その集団、場所、時間に特有のタイムスピリットの立場でもあるのです。あなたは自分の感覚《フィーリング》や意見を1人で持っているわけではなく、少なくともマジョリティの中の誰か1人はあなたと同じように感じているはずです。対立を個人的なものとして捉えすぎることは、あなたにとっても集団にとっても有益ではありません。あなたはタイムスピリットのチャンネルなのです。あなたは声を上げて、自分のアイディアのための役割《ロール》を創り出す必要があり、またそれからデタッチできる必要があります。あなたが自分の立場からデタッチすることができれば、集団のすべての部分を助けることができる人として歓迎される可能性が高くなります。

また、自分の役割《ロール》を果たすために助けが必要な場合もあるので、他の人に自分と同じことを感じていないか聞いてみるのもいいでしょう。しかし、人前で自分をサポートすることを他の人に強要することには注意が必要です。誰も賛同してくれない場合は、マイノリティが持つ恐怖心を話に取り入れてみましょう。ある話題を持ち出したことで、傷つけられたり、追放されたり、刑務所に入れられたりするのではないかという恐怖心を口にしてみましょう。何よりも、あなたは自分の立場、人種、宗教、性別、肌の色であるだけでなく、あなたの中には他のすべての部分もあることを覚えておきましょう。

5　ロールスイッチ

自分の味方をして初めて、真の意味で自分の立場から抜け出し、相手のタイムスピリットのワークを手伝うことができるようになります。マイノリティの立場とマジョリティの立場を行き来しつつ、中立の立場も忘れないようにしてください。あなたが純粋にワークをしていれば、他の人はあなたが全体が良い方向に向かうことに何よりも関心を持っていると感じられるでしょう。

6　愛する

自分の役割《ロール》からデタッチし、ロールスイッチを始めると、すべての人に対して開かれた気持ちと愛を感じるかもしれません。このような経験をするのはあなただけでなく、以前にもたくさんいたでしょう。対立の中で生きていることに自由と喜びを感じることに驚かないでください！

集団全体がそれ自身になれるよう、すべての立場を取る練習をし、集団の他のメンバーも同じことができるようにしましょう。あなたは、私たち皆が望むグローバルな未来のモデルとなる、特別なマイノリティの立場を取ったのです。

今、あなたはすべての側に耳を傾けることのできる理想的な立場にいるかもしれません。思いやりをもって聞くことは、ディープ・デモクラシーの根幹をなすものです。それは葛藤解決のための重要な能力であり、人間の行動の中でも最も稀有なもののひとつです。思いやり《コンパッション》のある聞き方とは、デタッチした冷静なものではなく、マイノリティに積極的に共感し、マジョリティ、急進派、保守派をすべての人の一部として理解するものです。思いやり《コンパッション》とは、何よりも、全体の中のひとつの側面にとらわれ続けるには、人生はあまりにも短いと知っていることです。

質問

1. 他人に嫌われるという空想をしたことがあるかどうか考えてみてください。その空想は、自己批判の表れでしょうか？　あなたは他者との間でどのような形でマイノリティの役割《ロール》を果たしていますか？
2. あなたの家族、集団、街にはどんなマイノリティがいますか？　これらの現実の人々を知るために、あなたは何をしていますか？
3. あなたの家族、集団、街を特徴づけるモンスターは何ですか？　モンスターを変えようとする前に、まず餌を与えてモンスターをリラックスさせてみましょう。

1 「マイノリティ」という言葉がいかに不適切かを気づかせてくれたジョン・ジョンソン博士に感謝します。「マイノリティ」の役割《ロール》あるいは不利な役割《ロール》を演じる意識的な人は、「マイナー」であることの経験をリーダーシップの感覚へと瞬時に変えることができます

第10章

カーストと人種差別のシステム

この章を読むヒント

従来からの解決策への疑問

人種差別をなくすために、どうすれば良いでしょうか。ある人は偏見を持たせないように子供の頃から教育すべきだと唱えます。ある人はヘイトスピーチなどの人種差別的行動を法律で罰することが重要と述べます。ある人は遅れた国には圧力をかけて差別的制度を廃止させるべきだと主張します。これらの解決策は功を奏してきたでしょうか。疑問が残ります。

対立や緊張を活用してアウェアネスを育む

ミンデルは人種差別的対立や緊張こそが解決へのヒントであると考えます。本文の中には、白人であるミンデルに対して「私は白人を疑っている」と突き上げてきた黒人女性のエピソードや、「黒人は信用できない！」と主張する白人男性のエピソードが紹介されます。そしてその対立関係により、2つのロールが際立ち、それがあって初めて感動的な結末が生じます。

ロールを消し去ることはできない

通常は悪い制度は廃止すれば良いと考えがちですが、ミンデルはそこにロールの存在を見抜きます。インドのカースト制度は4つのロールととらえることができます。かつての南アフリカは人種差別国というロールを取っていたわけで、この国がアパルトヘイトを廃止したからといって、人種差別国というロールが消えてなくなったわけではありません。

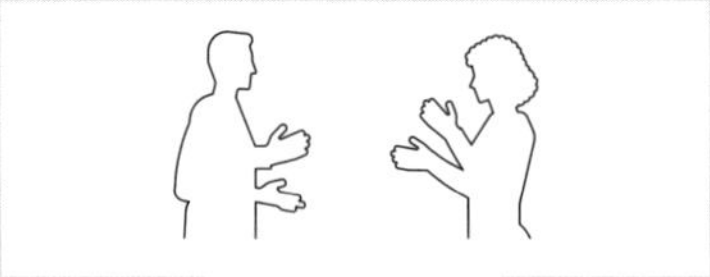

皆さんの中にあるテロリストのロール

ミンデルは差別される側には2つの道しかないと言います。盲目的に差別を受け入れるか、テロリストになるかです。そしてこの章の最後に、ミンデルは皆さんにテロリストのロールを取ってみることを勧めます。私たち1人ひとりが取らなければ、他の誰かがそのロールを極端な形で取ることになるからです。

今日、世界で起きているあらゆる問題の中で、人種差別とそれに関連する部族主義の問題は、最も油断ならないものだと私は思います。人種差別は貧困よりも悪質だとさえいえるかもしれません。私は世界中を旅して、差別や制度化された人種差別からの解放が、お金よりも人々を幸せにすることを目の当たりにしてきたからです。この章では、肌の色、家系、宗教、言語などの違いによって、ある集団が他の集団よりも優位に立っていると感じるプロセスである人種差別について考えてみたいと思います。

人種差別と部族主義

人種差別とは、新しいものや未知のものに対する憎しみや不寛容さが不安につながる「ミソニーイズム（misoneism）」のさりげない形です。人種差別主義者は、私たち全員に関わるタイムスピリットです。それは、自分の親しい友人や家族が一番だと感じている人です。「他人」は、異なる家系の出身で、異なる習慣、肌の色、または宗教を持つ、危険な存在であると見なされます。人種差別主義者は他人を避けます。人種差別主義者の頭の中では、他人は、自分自身が黙殺している自分の中のすべての部分のスケープゴートになります。

部族主義とは、自分の集団や家族への強い忠誠心と愛着です。部族主義は、家族や親族、集団の宗教的信念や慣習、あるいは人々が暮らす土地そのものへの忠誠心である場合もあります。私は多くのイスラエル人が「イスラエル系ユダヤ人が六日戦争（第三次中東戦争）で獲得した領土を、アラブ人は命を賭してでも取り戻そうとするから危険だ」と訴えるのを聞きました。しかし、アラブ人はイスラエル人に対して同じことを言います。南アフリカの白人は黒人の土地への愛着を理解できず、南アフリカのタウンシップ内では黒人グループが領有権をめぐって衝突しています。

逆説的ですが、世界は同じ肌の色を持つ人々の間の部族主義に対してはより寛容です。同じ人種、宗教、国籍の集団間での残虐行為は見過ごせても、異なる集団間でのあからさまな憎悪や人種差別の犯罪を見過ごすことは難しいようです。

人種差別と同様に、部族主義もまたタイムスピリットです。私たちは皆、部族主義的な傾向を持っています。部族主義的なムードになると、愛する人や家、車でさえも死守するようになります。近所の見知らぬ人や、自分の集団に新しく入ってきた人など、自分の知っていることと少しでも違う人には不信感を抱きます。見た目や行動が自分と違えば違うほど、私たちは彼らを拒絶するのです。ユングなら、彼らを私たちの「影《シャドウ》」と呼ぶでしょう。

カースト制度

インドのカースト制度の起源を調べると、人種差別に関する理解が深まるかもしれません。古くから続くインドのカースト制度は、特定の階層に生まれた人は、その階層に求められる仕事や社会的要求を満たさなければならないという、公認の人種差別制度でした。カースト制度は、最初の人間マヌを創造したブラフマーが、マヌの体の様々な部分から地球上のすべての人々を創造したというヒンドゥー教の神話に由来しています。マヌの頭からは最も神聖な人々であるバラモンが生まれ、手からは支配者や戦士であるクシャトリヤが生まれ、太ももからは世界の職人ヴァイシャが生まれ、足からは他の人のために働く労働者シュードラが生まれたとされています。

ヒンドゥー教には4つの異なるカーストがあります。バラモンは司祭であり、哲学者です。神聖な書物を研究し、国から支援を受けていて、ベジタリアンで、毎日2回流水で入浴します。クシャトリヤは統治と法的活動を行う人々で、上流中産階級を構成します。ヴァイシャは物質的なニーズに応える商人、農民、実業家です。シュードラは、労働者、職人、農場労働者、使用人、庭師として、他の人々に奉仕します。

不可触民

もうひとつの集団、不可触民(アンタッチャブル)は、このカースト制度に適合しないとされています。彼らは「人間以下」であり、危険であり、他のカーストの人々を汚染する可能性があるとされています。インドでは、この不可触民の不幸と怒りが、多くの社会的反乱の原因となってきました。

ヒンドゥー教のカースト制度では、マヌがフィールドを表し、各カーストはこのフィールドでの役割《ロール》やタイムスピリットを表しています。そこには精神的な頭、すなわちアウェアネスのための切り離された役割《ロール》があります。手は、命令に従う支配者や政府の職員です。熟練した職人はシステムを維持し、労働者は単純作業をこなします。また、不可触民という「ノンロール」もあります。私が「都市の影《シティシャドウ》」と呼ぶ、誰も自らと同一視したがらない人々です。彼らは、精神異常者、役立たず、路上生活者、怠け者、あるいは空想家です。

特定の集団の人々は世界中で不可触民として扱われています。彼らの行動や習慣はあまりにも異質だと見なされます。マジョリティは彼らを養うことも、世話をすることも拒み、その窮状を無視します。集団全体が国家にとっての都市の影《シティシャドウ》となります。彼らは、グローバル・フィールドの中の望まれない部分であり、人々が認めたがらない国の一部なのです。

カースト制度は、集団という体の役割《ロール》や機能を説明し、無意識のうちに人々を役割《ロール》と同一視します。僧侶が最高で、不可触民が最低であるという価値体系が生まれます。人々が立場と同一視されるため、部族主義が生じます。

人を長期にわたり固定的に特定の役割《ロール》と同一視することは、人種差別です。私たちが生きているアントロポスの中で、1人の個人がただひとつの器官だけであることなどあり得ません。人格を持つということは、アントロポスの血液中の細胞となることであると説明した方がより正確です。それぞれの細胞は、体中を移動します。あるときは足あるいは労働者であり、あるときは精神であり、あるときは手であり、あるときはリーダーであり、また、特に酔っぱらったり、落ち込んだり、気が狂ったり、通常は無視されるような変性意識状態に陥ったときには、不可触民となります。このような観点から見ると、部族主義、人種差別、人種隔離は、人々を特定のタイムリピリットや文化的役割《ロール》と同一視する傾向であるといえます。

タイムスピリットとしての人種差別

フィールドの考え方では、個人を国家のフィールドにおける役割《ロール》と見なしますが、同様に、国家はさらに大きなフィールドであるグローバル・フィールドでの役割《ロール》を担うことがあります。つまり、1990年までは南アフリカのような国が最も簡単に人種差別主義者の役割《ロール》を果たしていたと考えることができますが、決して南アフリカだけがグローバル・フィールドにおける唯一の人種差別的な国ではありません。「アパルトヘイト」は、実はどの国にもある傾向なのです。

言い換えれば、南アフリカの人種紛争は、現実的な局所性を持つと同時に、異なる部族、家系、宗教、肌の色、言語の人々が互いに憎み合うところに現れる非局所的なタイムスピリットです。南アフリカから隠れたり、無視したり、それをボイコットしたりすることはできません。南アフリカはどこにでも存在するタイムスピリットだからです。そして、この問題は、タイムスピリットと同様、私たちがその存在を否定することでは解決しません。非局所的なタイムスピリットの問題は、ある局所だけで取り組んでも解決しません。

「マヌ」とは、私たちが生きている人間的なフィールドの象徴であり、私たちが集団、コミュニティ、部族、都市、国家、世界の一部であると感じる場所ならどこでも、マヌ的な存在が生まれます。路上生活者にすらマヌ的な文化があります。自分のことを「浮浪者」と呼んでいる人たちは、何にも取り組まない「怠け者」よりはマシだと言います。非局所性の原理によれば、遠くの問題でも、現在の環境におけるその問題を意識することで、局所的に処理することができます。私たちは、無関係な問題というものは存在しない世界に住んでいます。世界全体が私たちの中にあるという考えは、もはや単なるトランスパーソナルな信念や元型的な信念ではなく、現実的、政治的に必要とされる考えなのです。

私たちは常に自分の中のある部分を他の部分よりも優先する傾向があるので、人種差別に対するワークは、自分自身の中の人種差別を認識し、それをできるだけ明確に他者にも伝えることから始まります。そうして初めて自分の偏見と向き合い、否認していた部分を引き受け、より全体的なものになっていくことができるのです。

これに関連して思い出したのが、ケニアのある集団で起きた人間関係のトラブルです。グループミーティングの最中に、私に対し、ある黒人女性が「私は白人を疑っている」と言いました。私は彼女を理解しようとし、白人であることを許してほしいとお願いしました。私は彼女の疑念を無視して、彼女に歩み寄り、その中で「話し合いの場を持たせてほしい」とお願いしました。

彼女は目をそらし、私を信頼していないと答えました。「なぜ、私のことをもっと知りたいと思うの?」と彼女は訝しげに尋ねました。彼女の疑念は正当だということを認める代わりに、私は弱々しく自分を擁護しました。

もし完全に正直になれたなら、私は嘘をついていたのだと告白していたでしょう。私は恩着せがましい態度になっていただけで、彼女と話し合うことには本当は興味がありませんでした。話し合おうとした私よりも、疑っている彼女のほうが正直だったのです。実際、私は自分を疑われたことに傷つき、怒っていました。話し合うことに興味があると言ったにも関わらず、私が白人であるために彼女が私を差別しているのではないかとひそかに考えていたのです。

突然、私はマイノリティの立場になったように感じました。自分は劣っていて、拒絶されていると感じたのです。このことを知って、私は彼女に親近感を覚えました。私が隔離されていることについて訴えると、彼女は笑いました。一瞬、黒人と白人のタイムスピリットが崩壊し、私たちはただの人間に戻ったのです。

他の場所で、特に自分が直接関わっていないときには、もっとうまくいったことがあります。あるとき、人種が混ざった集団でワークをしていると、黒人男性が、他の参加者（主に白人のメンバー）から無視されている、仲間外れにされていると訴えました。ある時点で、1人の白人男性が立ち上がり、「黒人は信用できないし、黒人だからというだけで親切にしたくない！」と主張しました。

その白人男性に「あなたは自分の中に黒人に対する信頼はないと思っているようですが、実際どうか試してみましょう」と提案したところ、彼は「私は黒人には絶対に自分の背中を見せない」と言いました。私が試しにやってみることを勧めると、彼は不承不承、黒人の「敵」に背中を向けました。この2人の間に何が起こるのか、皆は固唾を飲んで見守りました。すると、黒人男性は少し躊躇した後、白人男性を抱きしめて皆を驚かせました。

この男性たちは、対立する2つのタイムスピリットを、自分の感覚《フィーリング》を明確に表現し、それから変容させることでプロセスしました。1人がもう1人を後ろから抱きしめて立つ姿は、その場にいた100人の人々に深い感動を与えました。人前で誰かをハグしたことがない人でも、そのときばかりはその場でそうせずにはいられませんでした。

白人と黒人のように、異なる部分は、人であると同時にタイムスピリットでもあります。黒人も白人も、アジア人もアラブ人もイスラエル人もアフリカ人も、皆一時的なタイムスピリットを表している人たちにすぎません。

逆説的ですが、自分のアイデンティティを一時的なタイムスピリットと捉えることで、古いアイデンティティを失うと同時に、世界全体に対するアイデンティティを高めることができます。国籍、性別、人種、宗教、年齢などへの執着が薄れ、他のタイムスピリットとのつながりが強まります。

私はアメリカで生まれましたが、人生の大半をヨーロッパで過ごしてきました。しかし、自分はアジア人、アフリカ人、オーストラリア人であるとも感じています。京都の禅寺で強烈な宗教的体験をしたため、日本人だとも感じています。また、モンバサ郊外の森で、ヒーラーからアフリカ人の成人男性としてのイニシエーションを受けました。インドでは、見たことがないはずの街並みを思い出すというデジャヴ（既視感）体験をしました。

私が世界からスイスのアルプスに引きこもると、そこの隣人がオレゴンの隣人と重なって見えてきます。スイスとオレゴンは別々の場所ではなく、私たちの行く先々、どこでも再生産されるフィールドなのです。それと同じように、私という存在はなく、ある時空間の中で特定のフィールドによって誕生した一過性のタイムスピリットがあるのにすぎないのです。

分離主義と差異

しかし、私たちを隔てる線を忘れないように注意しなくてはなりません。世界の一部は統一を経験していますが、他の多くの部分は急速に分裂し、分離しています。

私は、今日、分断の聖地となっているエルサレムのことを考えます。エルサレムは4つに分割され、キリスト教徒、ユダヤ教徒、アルメニア人、アラブ人がそれぞれ4分の1ずつを占めています。そして、その1つひとつがそれぞれ兵士、銃、敵意によってさらに細かく分離されています。

ある町では、死の恐怖で分離された4つのタイムスピリットが対立していました。エルサレムには大きな教訓があります。世界が平和と統一を希求しているにも関わらず、それと同じくらい、相違に対する重要な希求もあるのです。統一と調和は、民族の中心性を圧制する理想でもあるかもしれないのです。エルサレムは、統一を図る前に、フィールドにおけるタイムスピリットと役割《ロール》を明確に定義する必要があることを思い出させてくれます。私たちは、特定の部族に属したいというニーズ、部族主義を大切にする必要があります。場所やコミュニティ、集団に所属したいという欲求を支持する必要があります。人は、他の人と団結することを求められる前に、安心できること、特別であること、ユニークであることを感じる必要があります。人種差別は、このような観点から見ると、違いを尊重しない統一と調和の専制政治に対する暴力的な過剰補償なのです。

人種・宗教的緊張をプロセスする

人種間の緊張や対立を解決するのは私たち1人ひとりの責任ですから、中東に典型的に見られる人種や宗教間の対立を解決したり、プロセスしたりすることにも、私たちは皆参加すべきだと思います。次のような状況を想像してみてください。

あなたは空港で、イスラエルの国内線に搭乗しています。搭乗者は特別なセキュリティ対策に従うことを求められています。黒い服を着た正統派のユダヤ教徒が、祈りを捧げるために窓際の一角へと移動しました。搭乗者の1人である世俗派のユダヤ人があなたに身を乗り出して、「パレスチナ問題」について訴えてきます。彼女は「パレスチナ人はユダヤ人を殺すことに人生を捧げている」と言います。あなたは彼女に何と答えますか？

空港のセキュリティは厳格です。あたりにはテロの恐怖が常に漂っています。重武装した空港警察が、乗客が武器や爆弾を所持してないか検査しています。男性は男性用トイレで、女性は女性用トイレで徹底的な検査を受けます。邪悪な者、すなわちテロリストはどこにいるのでしょうか？

テルアビブ空港からタクシーに乗ってホテルに向かっているとき、あなたがヨーロッパ人であることを聞いたタクシーの運転手が「ヨーロッパ人はパレスチナ人を支持しているから反ユダヤ主義者だ」と文句を言います。あなたはどう感じますか？　あなたは何と答えますか？

あなたが夕食に出かけたとき、ウェイターはパレスチナ人でした。彼は「イスラエル人は皆嘘をついているから信じてはいけない」と訴えます。イスラエル人は観光客にどれほどの緊張とトラブルがあるかを知られたくないのだと言います。突然、彼は周囲を見渡し、あなたと話しているところを潜入捜査官に見られているのではないかと不安そうな表情を浮かべます。殴られたり、尋問されたりすることを恐れているのです。

見聞きしたことに落ち込み、悲しい気持ちで外に出ると、美しい地中海を眺めても、そこには水ではなく血が見えます。このフィールドのタイムスピリットは何でしょうか？　あなたはこの状況の改善にどのように貢献しますか？　何を言い、何をしますか？　あなたは何を感じていますか？

帰りの飛行機がテロリストにハイジャックされるという、最悪の恐怖が現実になったと想像してみてください。あなたには準備ができていますか？　テロリストは怒り狂っていることを忘れないでください。彼らは、自分たちの状況について、罪のない子供たちを含むすべての人を非難します。テロリストは、人間主義的な動機には従いません。直接的な対立ではなく、ゲリラ戦やテロリストの戦術を好みます。彼は自分の信念のために自分の命を犠牲にします。彼は理想のために戦っています。テロリストのタイムスピリットは暴力的で、神のために戦います。神はどこにいるのでしょうか？

私が掲げる政治観は、歴史学に基づいています。すべての人が、グローバル・フィールドの共同創造に部分的に責任を負っています。先に述べたような人種間の緊張や対立の中で生活したり、それらを経験したりする人は皆、その責任の一部を負っているのです。それどころか、そのような事件を耳にした人にも責任があります。たとえテレビで人種問題やテロ事件を見ただけでも、あなたの反応はプロセスされるのを待っている全体的な緊張の一部なので、あなたには責任があります。

もしあなたが自分の中のテロリストのタイムスピリットを否定するなら、もしあなたが自分をいい人としてしか生きられないようにして、対立したり、対決したり、自分の中の至上の原則のために立ち上がったりする自発的な傾向を抑圧するなら、もしあなたが潜在的に熾烈な交流を避けるなら、他の人がこのタイムスピリットを占有しなければならなくなります。そして、彼らがあなたよりも意識的にそれを行うという保証はありません。

人種問題は、それが最も明白な場所だけでは解決できません。グローバル・フィールドである世界において、ひとつの局所、ひとつの集団だけでは何も解決できません。対立に対するインナーワークと、局所的およびグローバルなグループワークは、すべて一緒に行われなければなりません。

質問

1. 最後に自分がテロリストのようだと感じたのはいつですか？
2. あなたは集団内で不可触民的な存在でしたか？
3. あなたの周りや集団内のマイノリティ問題やテロリストの行動を解決するために、あなたには何ができますか？
4. あなたが今持っている、あるいは過去に持っていた集団に対する偏見を特定してください。その偏見はどこで覚えましたか？
5. あなたはどのような場合に、自分が偏見を持っている集団と同じように振る舞いますか？
6. この集団が自分自身の一側面である可能性を考えてみてください。自分の行動の中で、この集団の行動をどのようにより積極的に利用することができますか？　どういった意味で、その利用を減らすべきだと思いますか？

第11章

女性と男性

この章を読むヒント

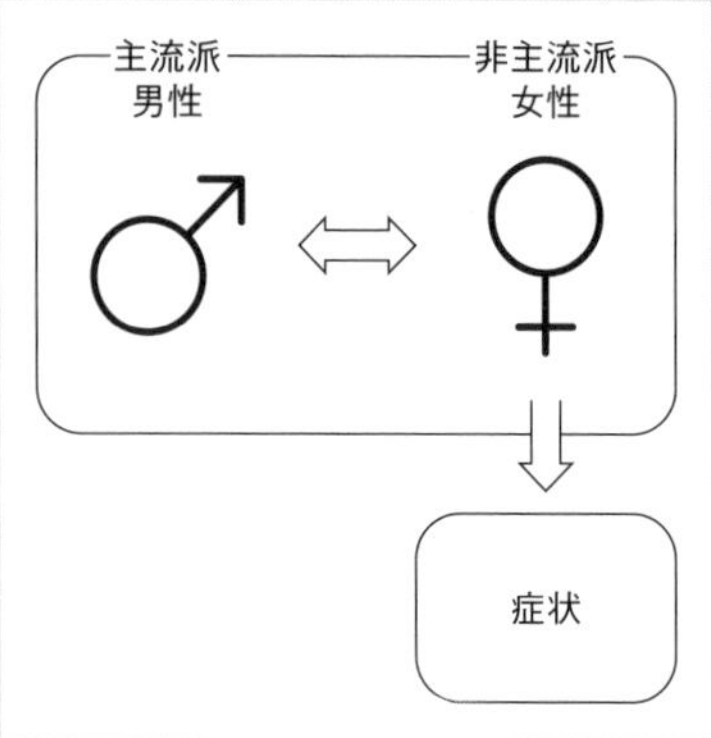

女性の声がゴーストとなる背景

多くの社会において、男性は主流派としての特権を享受していると考えられます。一方、女性的な観点は知らぬ間に非主流派として扱われることが多いでしょう。例えその状況に対して勇気を持って声を上げたとしても、主流派から抑圧され、正当に扱われないかもしれません。そして女性たちの声は徐々に地下に潜り、雰囲気の中のゴーストとなります。ゴースト（幽霊）の声は目には見えませんが、その存在は症状となって現れることになります。

男性側に必要なのはアウェアネス

男性の読者の中には「私は女性を差別的に扱ったりしていない」と、上記の記述を不本意に思われる方もおられるでしょう。悪意を持って女性を蔑んでいる男性は現代では減少傾向にあるにも関わらず、ジェンダーの問題は解決していません。問題の本質は「男性側の無自覚」に隠れています。男性だけに与えられた特権や、それを女性たちがどのような思いで見ているか、女性として社会で生きる上での負担などに無自覚なのです。ワールドワークは女性が声を上げることができる稀有な場になり得ます。ジェンダーをテーマにしたワールドワークに参加した女性が「初対面の男性たちにこんな本音を言えるなんて、すごい場所だ」という感想を口にしました。男性たちは「そこまで彼女たちは追い込まれていたとは知らなかった……」と愕然としたりします。また、男性側にも実は痛みという隠れた感情があることに、男性も女性も気づいていく必要もあるでしょう。具体的にこの社会を変えてゆくための第一歩はアウェアネスなのです。

私は、第三次世界大戦は20世紀初頭から続いていると考えています。第三次世界大戦とは、女性と男性の戦いです。世界中の女性が自分自身に目覚め、多くの人が硬直した家父長制を代表する男性に怒りを感じています。一方、男性も自分自身の価値や深さに目覚め始めたところであり、女性が古来の重要な男性の価値観を抑圧していると感じる人もいます。このような対立は、アメリカ、ヨーロッパ、アフリカ、日本、インドなど、ほぼ世界共通で見られます。

男女の対立は、マヌの問題に似ています。アントロポスのある部分が他の部分よりも優遇されているのです。多くの人間はなぜ典型的な男性的価値観を女性よりも優先してきたのでしょうか？　なぜ企業は女性に男性よりも少ない給料しか払わないのでしょうか？　なぜ、大学で学ぶのは女性よりも男性の方が多いのでしょうか？　アメリカ、ヨーロッパ、そして特にアフリカでは、女性が外に出て働きたいと思うと、家庭生活を破壊すると非難されるのはなぜでしょうか？　中国ではいまだに女の子の赤ちゃんが殺され、インドでは結婚するときに十分な持参金を持ってこられなかった妻が焼かれるのはなぜでしょうか？　なぜ、アメリカやヨーロッパの現代男性の多くは、ワイルドでパワフルであることを恐れているのでしょうか。彼らのドラムの音はどこへ行ってしまったのでしょうか？

世界中で、女性は人間関係や家族・社会構造を維持するために負担を担っています。多くの国では、女性は経済的援助に、完全にではないにせよ、多大に貢献しています。男性は、女性と同じように自分を表現できないのなら、自分には何の感覚《フィーリング》もないのだろうと感じています。どこで仕事をしていても、男女の問題は出てきます。人種問題でも、地域問題でも、企業でも、あからさまに男女問題で集団が分裂するか、背景にある緊張感に静かに悩まされるかのどちらかです。世界のほとんどの地域では、欧米の一部の心理学的なワークショップを除いて、女性が人前で話すことはほとんどありません。また、アメリカ、オーストラリア、ヨーロッパの一部では、女性が男性に対して怒りを爆発させる一方で、男性は女性の性質について深い疑念を抱き続けています。

ジェンダーの対立は、人種や階級間の対立と構造的に似ています。なぜなら、どちらの場合も、一方の役割《ロール》がもう一方の役割《ロール》よりも優れていると評価され、個人が好ましい役割《ロール》または拒否される役割《ロール》と同一視されるからです。しかし、性差別は、人種、宗教、国籍、家系とは関係なく行われるという点で、人種差別とは異なります。

心理学的な集団では、男女の対立は、事実と感情、ビジネスと人間関係、行動と存在、思考と心《ハート》、リーダーとフォロワーなど、2つの異なる役割《ロール》をめぐって分極化する傾向があります。これらの役割《ロール》はタイムスピリットであり、誰もが自分の中に両方の極を持っています。

現在、アメリカ、ヨーロッパ、オーストラリアでは、心理療法や医療の分野で、性的虐待への対応が始まっています。しかし、心理学が女性をさりげなく低く見ていることの政治的影響については、十分に認識されていません。一部の心理学の流派は、女性の不幸や怒りといった気分《フィーリング》を女性だけの心理的問題であるかのように扱うことで、性差別的な態度に陥っています。

相手の行動と折り合いがつかないからといってその人を変えようとしたり、自分自身や文化に問題を変えさせることなく、クライアントが自分の中で内的に問題に取り組むべきだとほのめかしたりするのは、控えめにいっても、恩着せがましい態度に他なりません。最悪の場合、それは自分が優れているという上下関係の表明であり、相手に劣等感を抱かせることが保証されている催眠誘導です。この一般的な心理学的手順で馬鹿げているのは、男性であれ女性であれ、心理療法家はいつもクライアントに対する自分の気持ち《フィーリング》を避けているということです。そのために、女性であれ男性であれクライアントがあまりにも暴力的になったときに、心理療法家にとっては、クライアントのやり方が気に入らないということを伝えて、その結果生じる出来事に直面するよりも、クライアントは一方的な人であると思っている方が楽なのです。

多くの心理療法家は、「相違は解決できないかもしれない」というメッセージをひそかに含んだ反意語を使うことで、問題を助長してすらいるかもしれません。個人や世界を役割《ロール》として見るべきときと、役割《ロール》や文化に関係なく、お互いを直視して「あなたは私を傷つけている」と伝えるべきときがあります。

私も過去に、心ではなく頭を使ってしまったことがあります。以前、ある女性がセミナーで「男性はうるさいから嫌いだ」と叫んでいたことがありました。私は理性と心理的な能力を使って、できるだけ冷静に、静かに「女性であれ男性であれ、うるさい人は私も好きではありません」と伝えました。

彼女はその意味を理解し、すぐに静かになりましたが、二度と私に話しかけてきませんでした。私は自分が勝ったと思い、自分を誇りに思いました。しかし、私は何に勝ったのでしょうか？

私は自分の心理的な能力を使って彼女に対抗したのです。振り返ってみると、私は彼女のうるささを巧みに指摘したにも関わらず、彼女がまさに嫌う類の男性になってしまったのです。彼女が私を攻撃してきたとき、私は彼女を打ち負かして、このやり取りに「勝ちたい」と思っていたことを認めるほど謙虚ではありませんでした。彼女が私を変えたいと思っていたのと同じくらい、私は彼女を啓発したかったのです！　なぜ私は勝たなければならなかったのでしょう？　彼女が私に向かって叫んだとき、なぜ私はただ泣かなかったのでしょうか？

彼女に欠けていると感じていた部分に私自身がアクセスできていませんでした！　私には謙虚さが欠けていました。私は無意識のうちに勝利にこだわり、男尊女卑的になっていました。私は、典型的な「男性」のやり方で彼女をおとしめることで、彼女が正しかったことを証明したのです。

あのときのことは、今書いていても申し訳ない気持ちになります。力で勝とうとする人、他の人よりも賢くなろうとする人、教えてほしいと頼んでもいない人に教えようとする人は、残念ながら無意識のうちにフィールドの独裁的な霊《スピリット》に占められてしまっているのだと、今は分かります。

次にグループプロセスが発生したとき、私は男女間の対立についてより多くを学び、より意識的になっていて、心の準備ができていました。今回はヨーロッパでした。チューリッヒで行われたグループプロセスのクラスで、ある女性が立ち上がり、私の同僚の多くが男性代名詞を使っていることを正確に指摘しました。彼女の指摘は正当でした。ヨーロッパのトレーナーの中には、まだジェンダーを補正した代名詞*について学んでいない人もいました。彼らは自分の間違いを認めましたが、その後もこのプロセスは続きました。それは権力闘争となり、集団の一部のメンバーは、彼女の無神経さが「男性的」であると証明することで、彼女を引きずり降ろそうとしました。

この集団的な問題の中で、私は突然、自分自身の経験について個人的に話さなければならないと感じました。私は、女性が男性よりも重要ではないと扱われている世界で育ちました。子供の頃、誰もそんなことを言わなかったのに、私はそれを感じていました。私の叔父は、家族の中で一番年上の男性だからという理由で大学教育を受けさせてもらえたのに、実際には一番年上の子供だった私の母は、彼の大学教育を支えるために裁縫をしなければならなかったのはなぜなのか、誰も説明してくれませんでした！　なぜだったのでしょう？　なぜ叔父は母の教育を支えるために裁縫をしなくて良かったのでしょうか？

私がこの記憶を話したことで、グループプロセスは一時的に解決されました。誰かが対立について無意識的だったことを素直に認めたからです。自分がただ耳を傾け、苦しみ、無意識を認める人となったことが重要でした。このときばかりは、私は「男と男」の戦いに身を投じるのではなく、ただ状況を受け入れ、苦しんでいたのです。しかし、個人的に認めただけでは不十分な場合もあります。それでは集団の残りの人たちを代表することはできないからです。フィールドそのものが、その問題をより深く掘り下げたいと思っているのです。

数ヶ月後、同じ問題がポートランドの集団で再び発生し、またしても苦しい循環に陥りまし

＊無意識に「彼（=he）」を使わず、代わりに「彼女（=she）」も使うこと

た。何が起こっても、問題が解決しないのです。どうやってこの問題を解決したらいいのか途方に暮れた妻のエイミーと私は、グループシアターを作ってみることにしました。女性に対する不当な扱いに関する辛い話が続いているのだから、未解決のプロセスを儀式化したら良いのではないかと考えたのです。私たちは「通常の方法では解決できないので、演劇の手法を用いてより詳細に検討してみよう」と提案しました。皆にも参加してもらいました。私とエイミーは立ち上がって部屋の中央に行き、私たちが聞いていた残酷な話を即興で劇にしました。

自然に他の人たちが立ち上がり、私たちが聞いた話をもとに自分たちのシーンを作っていきました。即興は3人ずつに分かれて行われるようになりました。1人は「男性」、1人は「女性」、最後の1人は必要だと感じたときに対立に介入する「観察者」です。

何十もの3人組のグループが次々と演劇を行い、それまで話し合ってきた苦しい対立には無限のバリエーションと解決策があることが示されました。

グループ・プロセス・シアターの最後には、誰かが即興で歌を歌いました。歌詞も即興でした。私の記憶では、その歌詞は次のようなものでした。

これがグループ・プロセス・シアターだ
見て、楽しんで、
悩んで、不思議に思おう
再び無意識的になる自分に注意しよう

いつもやっているように
今学んだことを忘れてしまう
創造性ではなく、無意識を選んでしまう

男女の対立は、その感覚《フィーリング》と内容に疲れ果てるまで、何度も何度も出てこなければなりません。1989年の地震の数日前に行われたサンフランシスコのグループプロセスでは、1人の女性が立ち上がり、レイプに対して賢明かつ怒りを込めて発言しました。

これにより、不快なグループプロセスが始まりました。永遠とも思えるほど長い時間にわたり、非難、告発、罪悪感、否定が何度も繰り返されました。すると突然、私はあることに気がつきました。私はなぜただ黙って聞かないのでしょうか？　まず私が、そして徐々に他の多くの男性が、次々と静かになり、女性の痛みにじっと耳を傾けました。

女性が話し終わると、次々と男性が自分の苦悩を語っていきました。ここでは、同じ対立がまったく新しい形で現れたのでした。男性の集団でも女性の集団でもない、誰もが他者の気持ちに耳を傾けられる公聴会になったのです。

しかし、翌朝、1人の女性が、男性に対する最初の怒りの声を避けようとしたと言って私を批判しました。私は自分の罪を認めるしかありませんでした。彼女は正しかったのです。私は単純に苦痛を避けたかったのです。あまりにも多くの対立の現場を見てきて、あまりにも残酷な行為や痛みが延々と繰り返されるのを目の当たりにしてきたので、もうそれ以上耐えられなかったのです。

私はその女性に、私が経験した対立はあまりにも痛々しく、ときには耐えられないこともあり、完全に挑戦する気になれず、避けたいと思うこともあると話しました。痛みや怒りを吐き出すことがどれほど大切かは分かっていても、その残酷さにただただ傷つくこともあると伝えました。

そう言った後、私はただ泣いてしまいました。その女性は、私が泣いているのを見て、何かが変わったようで、どうすれば痛みが少なくなるような発言ができるのか尋ねてきました。私は何を言ったらいいのか思いつきませんでした。このときばかりは、自分の気持ち《フィーリング》に気づかせてくれた彼女に感謝して、黙っていました。

条約と解決策

私たちは、対立を完了させ、解決する方法を注意深く見守る必要があります。双方が何らかの知見を得られれば、すべてがうまくいきます。一方が勝つだけでは、双方が損をします。

例えば、第一次世界大戦を終結させたベルサイユ条約について考えてみましょう。この条約は、フランス側の圧力により、敗戦国であるドイツに対して厳しい制裁を与えるものとなりました。広大な土地が他国に譲渡され、ドイツ人は莫大な賠償金を支払い、経済的にも精神的にも苦しめられました。

ドイツの屈辱が、ナチス党の特徴である復讐心、権力と征服への欲望を刺激したのかもしれません。ナチス党は、「制裁」と「残酷さ」という雰囲気の中で誕生しました。ドイツは、別の戦争で自らを取り戻すことを余儀なくされました。

これと対照的なのが、第二次世界大戦で荒廃したヨーロッパ経済を復興させたマーシャルプランです。マーシャルプランは大きな成功を収め、ヨーロッパの産業の急速な復興に貢献しました。

同様に、第二次世界大戦で日本が降伏した後に結ばれた日本との条約は、思慮深い人道的な協定でした。昭和天皇の地位はそのまま保たれ、日本の日常生活へのアメリカの介入は最小限に抑えられました。日本は非武装化され、日本軍は裁判にかけられることもありませんでした。さらに、戦争から平和への移行期には、経済支援も行われました。日本もドイツも、欧米の経済復興の柱となり、その後も米英の緊密な同盟国であり続けています。

男女の対立は、ほぼ一世紀にわたって争われてきた問題ですが、やっと現実的で価値ある問題として認識され始めたところです。そのため、私たちは問題をサポートするだけでなく、闘争に関わる怒りや痛みもサポートし続けなければなりません。特に、フェミニズム運動が始まったばかりの地域では、戦いを奨励することで戦争を短くすることができます。もしかしたら女性の声に耳を傾け、彼女たちは誰もが持っている気持ちを語っていることに気づくことが役に立つかもしれません。

この対立では、男性も女性も勝つことはできません。歴史を振り返ると、経済的、精神的、道徳的な支援を互いに共有できなければ、本当の意味で戦いに勝つことはできないからです。

男性の世界を弱体化させることには注意しなければなりません。なぜならば、一方の側をあまりにも厳しく屈辱的に罰する平和条約は、別の機会に別の戦争によって償われることになるからです。そのため、古くから続く硬直した男性のやり方はいずれ敗北するにしても、それを評価し、その中の力を有用な目的のために利用しなければなりません。

すべてのマイノリティグループが世界中で大切にされ、男性も女性もなく、陰も陽もなく、ただ変化に対するアウェアネスだけが存在する最も深いレベルに私たちが到達したときに初めて男女の戦いが一時的に止みます。プロセスワークは、原則として政治的に中立であるため、現時点においては役に立つでしょう。なぜなら、プロセスワークは分類や類型化を避け、人は永遠に変化するものだという理解に立っているからです。しかし、人間はときとして違いを重視することを大切にするので、そのことにプロセスワークは強くはないかもしれません。

私たちがどのように自分たちを男性や女性、黒人や白人、アジア人やヨーロッパ人、キリスト教徒やユダヤ教徒として同定するかということに耳を傾けるのは有益なことです。しかし、プロセスワーク的な態度は、これらのアイデンティティに縛りつけられていません。アイデンティティとは、私たちと私たちを取り巻く世界が縛りつけられている一時的なイメージにすぎないと、プロセスワークでは捉えます。アイデンティティには意味があり、生死に関わる問題でさえあります。しかし、すべてのイメージがそうであるように、アイデンティティも静止したものではなく、さらに神秘的な未知の霊《スピリット》へと続くゲートなのです。私たちは皆、いつかは死ぬのであり、私たちを動かす人生の夢見る精神《ドリーミングスピリット》は、美しさや時間、性別や年齢、生や、そしておそらくは死とすら無関係であることを忘れなければ、このように考えることは容易いでしょう。

エクササイズ

1. あなたや他の人が、女性は男性ほど価値がないと最後に考えたときのことを思い出してください。
2. 議論されていた女性のタイプを想像してみてください。彼女はどのように見えますか？ 彼女はどのような行動に出そうでしょうか？
3. あなたはどういった点でその人に似ていますか？ 答えが出るまで考えてみてください。
4. もし、その女性がそこのリーダーになれたら、世界やビジネスがどのように変わるか想像してみてください。彼女はどんなメリットをもたらしますか？
5. 今度は世界における自分の仕事について考えて、この女性のやり方を取り入れたらどんなメリットがあるか想像してみましょう。
6. この違いを想像したとき、あなたにはどんな感情の変化が起こりますか？
7. 第三次世界大戦の解決に貢献するために、ビジネスのやり方を変えたり、友人の間でジェンダーの問題が生じるのを許したりしましょう。

8. あなたはどのような「男性の役割《ロール》」の行動を拒絶していますか？　そのような行動を有益な形で利用することは可能でしょうか？

第12章

路上とエコロジー

この章を読むヒント

Junkはゴミであり、価値あるものでもある

この章に書かれていることの本質を、たった1分半でミンデル自身が解説しているユーチューブ動画があります。「Arnold Mindell on Process Oriented Ecology: Junk as Trash and Value」です。

プロセス指向のエコロジーを解説すべく、ミンデルは原っぱでカメラの前に立ち、ゴミを指し示します。「こういうゴミを拾ってきれいにしましょうね」と語ったミンデルは、一転して「私もゴミだ。捨てられて横たわったゴミみたいにリラックスするのは素晴らしい」と言い始めます。ゴミは、捨てられて、自らを手放して、ただあるがままの存在でもあります。一方でやっぱりゴミは拾ってきれいにするべきものでもあります。そしてミンデルは「Both things are right.(両方とも正しい)」と言って笑って去ってゆきます。

この考え方を理解していれば、路上生活者を我々の助けを必要とする支援すべき相手と見なすとともに知恵を与えてくれる教師と考えるという、ミンデルの一見唐突に聞こえるコンセプトが理解しやすくなるでしょう。

プロセス(タオ)に従えば、起こるべきことが自然と起きる

カフェインという特に西洋では体に害をなす毒物と認識されているものが、ガンの進行を止めた話がこの章で出てきます。このエピソードは「ゴミであると同時に価値がある」という1つ目の話に加えて、プロセス(タオ)に従えば、起こるべきことが自然と起きるという逸話としても語られます。

エコシステムにおいては、様々な要素が互いに影響し合います。そこには「Aが原因となってBが起きる」といった単純な因果律は多くの場合は役立ちません。ミンデルはプロセス(タオ)に従うことを提案しています。リヒャルト・ヴィルヘルムがユングに語ったという道教の雨乞いの話も、タオに従えば自然と物事が起きる(雨が降る)ということの例として解説されています。

妻のエイミーと私がムンバイに滞在していたとき、何か食べようと裏通りの小さな店に立ち寄りました。私たちはペプシとバナナを食べ、それを食べ終わると、ゴミ箱を探しました。店員にどこにゴミを捨てればいいか尋ねました。すると彼は何も答えず、私たちから缶とバナナの皮を取り上げて、道に捨てたのです。

私とエイミーは顔を見合わせて困ってしまいました。ムンバイは汚い街で、私たちはまずこの街をきれいにしたいと思いましたし、ゴミを直接道に捨ててさらに街を汚すのは私たちの本望ではありませんでした。もしこれがムンバイのやり方なのなら、私はどこまで街のフィールドを許容できるか自問しなければなりませんでした。

その答えを出す前に、牛と幼い子供がやってきました。牛はバナナの皮を食べ、子供は缶と側溝に落ちていた他のゴミを拾って去っていきました。私はふと、ゴミなどないこと、側溝に落ちていたものはほとんどが再利用したり、食べたり、転売したりするのが可能なものであることに気づいたのです。

これで私の答えが出ました。フィールドの外に捨てられるものなど何もないのです。私たちは皆、ひとつの存在として真につながっています。店員がバナナの皮や缶を道に捨てているのを見て、最初はショックを受けました。しかし、子供や牛がそれらを拾って使っているのを見て、すべてのフィールドにはエコロジーがあることを実感しました。

缶やバナナの皮を路上に捨てることは街を汚すことなのでしょうか、それともエコロジカルなことなのでしょうか？　店員が道に捨てなければ、少年は売るアルミがなくてもっと空腹に悩まされることになっていたかもしれませんし、あの牛もバナナの皮を食べなかったら、もっと体力が弱っていたかもしれません。

最終的には「エコロジー」となる、このような複雑な相互作用をどのように定義すればよいのでしょうか？　エコロジカルな考え方には、本来、心理学、スピリチュアリティ、政治学が含まれていなければなりません。スピリチュアリティ、地球の健康、そして政治が結びついたとき、私たちは新しい世界に生きることになるでしょう。

エコロジーと健康

私は以前、健康や癒しとは、良い食べ物を食べ、十分な運動をし、心理的に良い状態であることだと考えていました。しかし、私は次第にそういった健康に関する短絡的な考え方から離れていきました。

カフェインというと、神経を興奮させ、高血圧や消化不良を悪化させ、腸を傷つけ、胸のしこりの原因にもなる有害なものというイメージがあります。しかし、ある状況下では、コーヒーを飲むことは役立ちます。

数年前、ある末期がんのクライアントがいました。彼女は非常に落ち込んでいて、薬を飲んでも夜眠れないと訴えていました。私は、彼女の睡眠障害が、起きていたいという欲求をサポートしているのではないかと考え、起こっているプロセスに従ってみることにしました。私は彼女に寝る前にブラックコーヒーを飲むことを勧めました。「そうすれば、少なくとも、死ぬ前に事業税や所得税の申告を済ませることができるでしょう」と説得しました。

その女性は進んでコーヒーを飲み、夜も起きていました。彼女は税金の申告を終わらせただけでなく、雑誌の記事もたくさん書きました。そして、午後になると眠るようになりました。数週間後、不思議なことが起こりました。がんの進行が止まり、化学療法を止められることになったのです。がんは消えなかったものの、進行もしませんでした。彼女は記事を書き終え、出版のために提出しました。そして、その記事が採用され、出版された後、彼女は完全に回復したのです。

完治した理由は、もちろん知る由もありません。運が良かったのか、私の彼女への愛と信じる気持ちが良かったのか、化学療法が良かったのか、それとも魔術師が言うところの精神の反転があったのか、分かりません。私は、コーヒーが彼女の人生全体のプロセスに沿った良い「エコロジー」であったのだと思いたいです。

人間のシステムは、短絡的な方法で改善することはできません。私たちの世界はあまりにも複雑だからです。カフェインは毒物として知られており、有害であるはずの薬物です。実際、カフェインは有害だからという理由で、コーヒーの摂取量を減らそうとする人も多くいます。しかし、この女性にとって、この状況では、カフェインは必要な薬だったのかもしれません。カフェインは、彼女の2次プロセスを反映したものであり、彼女に起こる自然な出来事をサポートするものでした。しかし、仕事をしないでコーヒーを飲むのは、ただの害です。

優れたエコロジーとは、心の状態を利用して全体のプロセスに従うことを意味します。彼女は自分に合った物質を利用するだけではなく、態度も変えました。優れたエコロジーとは、ディープ・デモクラシー、すなわち、起きようとしていることをマインドフルに理解し、それを評価し、歓喜と批判の両方の心で分析し、全体のプロセスが展開するのを助けることです。

この例えを発展させて、私たちが有害だと思っているものが、人や地球のために役立つかもしれないと考えることはできないでしょうか？　エコロジーの観点からコミュニティのプロセスを考えてみましょう。私がこれまでに参加したいくつかのプロセスでは、ある集団の意識が、特定の生命地域《バイオリージョン》におけるシンクロニシティの効果と結びついているように見えることがありました。最も劇的な出来事のひとつは、カリフォルニア州ビッグサーにあるエサレンでの最初の滞在中に起こりました。[1]

エコロジーとシンクロニシティの効果

１９８８年のある秋の夜、エサレンの天候、土地、人々の心理がつながったように見えました。エサレンのコミュニティは、リーダーのひとりであるディック・プライスが亡くなって以来、変化の瀬戸際にありました。複数の派閥の間で意見が対立し、争いが絶えませんでした。そこで、経営者たちは、エサレンに外部から講師を何人か招いて滞在してもらい、物事を正しい方向に戻そうとしました。

私とエイミーは、最初の講師として招かれたのでした。私たちがエサレンに到着したとき、ビッグサーをはじめとするカリフォルニア州の大半は干ばつに見舞われていました。極めて厳しい状況で、秋の雨もまだ始まっていませんでした。

そのときは、コミュニティも一種の干ばつ状態に陥っていて、緊張感が漂っていました。到着した私たちは、滞在で初めにやることとして、まずコミュニティ全体でのミーティングを開くことにしました。それまで、学者、トレーナー、経営者、職員、ビジターを含むコミュニティ全体が一堂に会することはめったにありませんでした。集会は水曜日の夜7時30分から行うことにしました。住民が大会議室に集まり始めた頃、雨が降ってきました。

最初は誰も気づかないほどの弱い雨でした。しかし、会議が始まると同時に突然、天が開いて、ビッグサーのコミュニティに雨が激しく降り注ぎました。その夜、雨が降ったのは、エサレンの北約65キロにある沿岸地帯と南約55キロにある沿岸地帯を含む、ビッグ・サー周辺の地域だけでした。

これは人間のシステムの雰囲気と地球の大気がシンクロしていたのでしょうか、それとも単なる偶然だったのでしょうか？　もしかしたら、その場所の霊《スピリット》、地球の精神《アーススピリット》が乾いていて、解放と解決を必要としていたのかもしれません。もし、私がもっと目覚めていたら、グループプロセスの中で、そのときの困ったタイムスピリットとして、ワークに地球を取り込んでいたと思います。

この出来事は、リヒャルト・ヴィルヘルムがユングに語った道教の雨乞い師の話を思い出させました。[2] その話とは、次のようなものです。中国のある地域がひどい干ばつに見舞われていました。その地域の住民は、道教の雨乞い師を招き、雨を降らせてもらうことにしました。雨乞い師は到着すると、周囲を見回して、1人になれる小屋はないかと尋ねました。

彼は丘の上にある小屋に赴き、その中に座りました。1日経っても何も起こりませんでした。2日目も何も起こりませんでした。3日目の夕方、雨が降り始め、次の日になっても降り続きました。後日、雨乞い師が小屋を出て丘を降りてくると、ヴィルヘルムは彼にどうやって雨を降らせたのか尋ねました。雨乞い師は、「一切何もしていない。ただ、村の人たちが道《タオ》に入っていないことに気づいて、自分が道《タオ》に入ったら雨が降ったのだ」と答えました。彼にとってその地域はフィールドであり、バイオリージョンであり、近隣のすべてを含む未知の霊《スピリット》でした。エサレンの話とこの道教の話の違いは、エサレンではコミュニティ全体が自らをタオに参入させたことです。

優れたエコロジー

優れたエコロジーとは、地球と調和した生活を送ることであり、それができるかどうかは、道《タオ》に入り、自分がいるフィールドのエネルギーに従うことができるかどうかにかかっています。エサレンでは、問題を解決しようとすること、近隣の有力者と協調しようとしたことだけでも、十分だったということかもしれません。

個人が道《タオ》に生きるように、コミュニティが道《タオ》に生きるということは、すべての部分にアクセスできる状態で調和的に生きるということです。もしコミュニティの中に、感情的な緊張がたくさん堰き止められているのだとしたら、感情を解放するための出口を作るだけで、コミュニティはより調和の取れたものになります。感情を開放することと、雨が降ることには、それほど大きな違いはありません。

優れたエコロジーを実践するには、環境の予期しなかった部分や無視されている部分と付き合うことが必要です。例えば、地震国では、何が揺れ動こうとしているのか、一見日当たりの良さそうな地表に、どんな放置されてきたものが表出しようとしているのかに気づくということです。原油流出のような事故と調和した生活をするということは、石油の使用量を減らすことかもしれません。事象の意味は、その事象を受け止め、影響を受ける集団や個人によってまったく異なります。重要なことは、奇妙な出来事から何らかの意味を導き出そうとすることです。

優れたエコロジーは、バナナの皮もペプシの缶も感情も含め、すべてを利用します。使ったものはすべてリサイクルされ、何も放置されたり捨てられたりしません。道を歩いているときに感じる普通の感覚《フィーリング》は神聖なものです。一見破壊的に見えるものであっても、すべてのものから価値を引き出すことができるという「意味深さ」の感覚《フィーリング》は、生きることをより価値のあるものにしてくれます。

優れたエコロジーを実践するためには、放置されたもの、予測できないもの、神秘的なもの、目に留まったものすべてに従わなければなりません。これは、自分の身体や夢、家族や集団のことを考えるとき、地球のことも考えることを意味します。それは、マイノリティの意見をサポートし、聞こえないものや素晴らしいもののために立ち上がることを意味します。それは、厄介なフィールドに勇敢に飛び込み、それをバラバラにして、その知恵に任せて元通りに組み立てることを意味します。そして自分が賢いように振る舞うのではなく、集団の叡智を引き出すこと、リードするだけでなくファシリテートすることを意味します。

リーダーは死ななければならない

エサレンは、全体性を追求する小さな惑星の苦悩を抱えていました。多くの優れたリーダーたちが亡くなってしまったのです。フレデリック・パールズが亡くなり、ヴァージニア・サティアは亡くなったばかりでした。ハリー・スローンも亡くなり、ディック・プライスも事故で亡くなったばかりでした。リーダーたちが全員死んでしまうということについて、道《タオ》はどんな知恵を持っているのでしょうか？　エサレンに限らず、世界中でリーダーの不在、優れたリーダーシップの欠如が続いています。世界のリーダーはどこにいるのでしょうか？

フィールド理論は、リーダーがどこにいるのかを理解するのに役立ちます。私たちは自らの完全性を個々の女性や男性に投影していますが、実際にはこれらの個人はそのような投影には耐えられません。リーダーが悪者であったり劣っていたりするということではなく、リーダーシップとは、私たち全員が満たさなければならない役割《ロール》であり、タイムスピリットなのです。最高のリーダーは、せいぜい集団にすでに備わっている知恵のファシリテーターにすぎません。

単独で存在する雨乞い師などいません。最高のリーダーがいるという考えは死ななければなりません。なぜなら、それは各々が何をすべきかという責任と意識を個人から奪うからです。最高のリーダーという概念は人を不自由にするものです。なぜなら、どのような種類のプロセスが起ころうとしているのかに気づき、それが起こるための余地を作る人なら、いつでもどこでも、誰でも真のリーダーといえるからです。リーダーとは、自分のアウェアネスを使って道《タオ》を知る（探り当てる）人のことです。

地球への奉仕

優れたエコロジーとは、単にきれいな空気や水、土があることだけではありません。起きようとしているプロセスに対するアウェアネスを持つことも関係します。勇気を持ってこれらのプロセスに従うとき、優れたエコロジーは、私が地球への奉仕と呼ぶものになります。地球への奉仕とは、個人や集団が個人的自己と全体的自己になるのを助けることです。集団が自らの症状や問題に秘められた意味と力に目覚め、これらの問題に対する態度を反転させることで、問題の一見ネガティブな影響も反転させることができます。

愛情を持つこと、ポジティブな考えを持つこと、他人や大地を敬うことは必要ですが、それだけでは十分ではありません。地球への奉仕だけが単純に主張されると、誰もそれに従わなくなります。他者が残酷であるとき、誰がその人を敬いたいと思うでしょうか？　私たちが環境を破壊するのと同じように、母なる大地が私たちを殺すのであれば、私は何も、たとえ母なる大地であっても尊重したくなどありません。

地球への奉仕とは、愛情を持って奉仕することよりも、はるかに複雑なことなのです！　それは、すべての部分に対してアウェアネスを持つことなのです。地球への奉仕は、常に個人的な問題です。祭壇を設け、祈りを捧げることで道《タオ》に従う人や集団もあれば、足で地面を踏み鳴らしたり地面をシャベルで掘ったりする必要がある人もいます！　私たちの反応や感情、そしてそれらの間の相互作用のすべてが道《タオ》なのです。

地球に奉仕することは、歴史を覆すこと、世界のプロセスと常に密接に関係してきた、考えられないほど多くの無意識、痛み、無意味な緊張を覆すことです。私たちは、同じことが繰り返され、私たちを圧倒する前に、何が起ころうとしているのかに気づき、それを助けることで、歴史を共創する必要があるのです。

ポートランドの路上生活者

マイノリティの重要性という視点を検証するために、先日ポートランドで行われたホームレスに関する授業では、路上生活者にインタビューし、ワークをすることにしました。現地のプロセスワークのスタッフの協力を得て、授業中にたまたま講義室の前を通りかかった路上生活者にインタビューを行いました。ホームレスの3分の1は施設から出てきた精神疾患者、3分の1は薬物やアルコール中毒者、3分の1は政府の経済・社会政策の変化を反映しているという一般に認められている統計は、私の経験とも符合するものでした。貧困の痛ましい物語は、何百万人もの路上生活者の苦労を無視する他の国民にはほとんど理解されていません。

しかし、それ以上に知られていないのが、物乞いをする人々の内的な経験です。彼らの多くは薬漬けになっていたり、変性意識状態になっていたりして、「普通であるということはお金を稼いで生活するということである」という考え方自体が、彼らの視点からするとおかしく見えるほどなのです！　このように、人々が「自分はまともで、世の中の他の人はおかしい」と感じているような状況の中で、私は街の影《シティ・シャドウ》から学ぶというアプローチを取っています。

例えば、慢性的に酔っ払ったある男性は、私の授業を見て笑っていました。彼は、自分だけが本当の意味で自由であると主張しました。彼は、夏は北へ、冬は南へと貨物自動車で移動していました。家とは、この瞬間のことだと彼は言っていました。もう1人も同じ意見で、家とは「神が夜に私を眠らせてくれる場所だ」と言いました。さらに別の人は、ずっと皆に祝福を与えていました。統合失調症と思われる別の男性は、「私はあまりにも自由だ。私は結局のところアメリカ人で、必要に応じてあちこち行き来できるんだから」と言いました。プロセスワーカーの1人が路上でインタビューした、バッグを背負った気の荒い路上生活者は、「戦争は今ここにある、今ここにある、今ここにある！」と叫んでいました。彼は、戦争の原因は食べ物を捨てることにあると説明していました。考えてみると、これらの路上生活者はすべて、私たちが捨てている潜在的な食料や栄養のようなものであることが分かりました。彼らのライフスタイルの一部の側面は、皆が必要としているものなのです。

ポートランドのテレビ番組である路上生活者とのプロセスワークをしていたとき、テネシーという男性が、酔っ払って「神は、買い物客のために路上生活者を店から追い出そうとする警察の味方ではなく、私の味方だ」と言っていました。彼は、自分が飲酒していることについて「イエスは水をワインに変えたのだから、自分は信心深い人間であり、罪はない」と説明しました。

路上生活者は私たちの助けと愛を必要としていますが、ただ上の立場から支援するだけではいけません。優れたエコロジーやディープ・デモクラシーとは、路上生活者という教師たちが私たちに与えてくれる精神的な糧を捨てないということです。私たちは、精神的な教師が消えていく世界に住んでいるようにしか見えません。よく考えてみると、新しいトランスパーソナルな教師の多くは、街の路上で変性意識状態で生活しているのです。彼らは人生そのものから、今この瞬間が私たちの本当の家であること、そして本当の自分を探すのに最適な場所は、使われていない経験のゴミ箱の中であることを学んだようです。

エクササイズ

1. 次に街に出たとき、路上生活者の近くに座って、その人があなたの先生で、何かを学べると想像してみてください。
2. その人にいくらかお金を渡します。
3. その人に、路上生活の経験、良いところ、悪いところを尋ねます。
4. 路上生活者や、あなたがすぐには変えられない地球の一部から学びましょう。
5. あなたの身近な物理的環境の中で、あまり好きではない部分を選んでください。それは、泥やプラスチック、朽ち果てた木かもしれません。それに焦点を当て、その物体になるという空想をしてみましょう。
6. 自分がすでに環境のこの部分にあまりにも似ていることや、自分の中のこの部分をどのようにしてリサイクルしたり、より良い形で使うことができるか自問することで「掃除」をしましょう。

1 この話は、ミンデル著『うしろ向きに馬に乗る――「プロセスワーク」の理論と実践』（原題：Riding the Horse Backwards）で詳しく描写されている

2 C・G・ユング『結合の神秘』（原題：Mysterium Coniunctionis）を参照のこと

第4部

宇宙の可能性

第13章

心の反転とヒーリング

この章を読むヒント

電子と陽電子の対生成と対消滅

この章のハイライトは「ファインマンのフィールドにおける電子のモデル」の部分ですが、文章だけではミンデルの言わんとすることが伝わりにくいと思いますので、図示します。まずは図1を見てください。電子が磁場の影響を受けると、電子と陽電子の組み合わせが対生成《ついせいせい》します。陽電子はもとの電子と衝突して対消滅《ついしょうめつ》し、対の一部だった新しく生まれた電子が存続します。

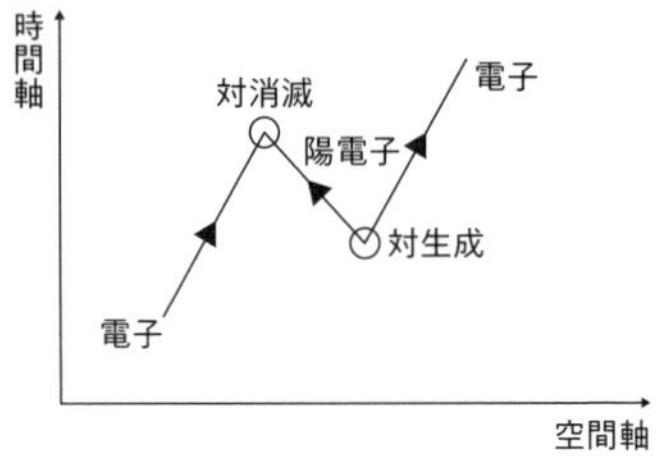

【図1】対生成と対消滅する電子と陽電子

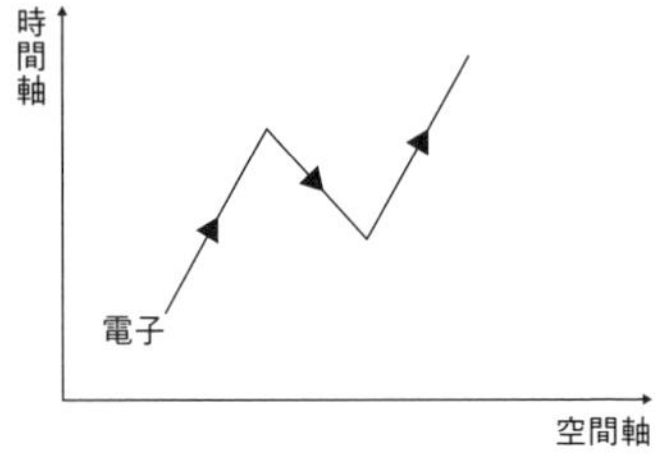

【図2】時間を逆行する電子

時間を逆行する電子

次に図2を見てください。この現象は異なる解釈でも説明できるとファインマンは言います。時間と空間を進んだ電子は、あるときから時間を逆に進み始めます。ある程度進んだところで再び時間を反転して前に進み、最後に磁場から出てくるという考え方です。この2つの図を理解していただければ、ミンデルによる本文の意味がよく分かるはずです。

内的体験と外的事象

スキー場で妻のエイミーに助けられてインナーワークを行ったミンデルは、その内容とシンクロする実際の出来事に出会います。インナーワークとアウターワークは対であるとミンデルは考えます。またある場所で行ったアウターワークが、世界で起きる事象とつながっていることもミンデルは指摘します。アウターワークはワールドワークなのです。

これまでの章では、私たちには普通の生活をより完全に経験する能力があることを示してきました。対立、性差、公害、マイノリティ問題などは、辛い状況を素晴らしい挑戦へと変えることができます。日常生活の中でアウェアネスと思いやりを持って生きる能力を得ることは、ディープ・デモクラシーの目標のひとつです。

フィールド理論で示されているように、症状、夢、人間関係の問題、グループ・ダイナミクス、身の回りの政治的、生態的、歴史的な事象などの強烈な体験をどのように生き、プロセスするかが世界の未来に影響します。本書の残りの章では、ヒーリング、魔法、世界の未来に対するアウェアネスと意識の影響について説明します。

時間を遡る

誰かのことを考えていたら、その人に偶然会ったり、電話や手紙をもらったりしたという経験はこれまでに何度ありましたか？　ユングは、このような現象を「シンクロニシティ」と呼んでいます。「本来なら関連のない2つの事象の間に起こる意味のある偶然の一致」という意味です。シンクロニシティや偶然、運を信じるかどうかに関わらず、内的な経験や事象が外的事象と重なって見えることはよくあります。

『イクストランへの旅（太田出版）』（原題：Journey to Ixtlan）の中で、カルロス・カスタネダは彼のシャーマン・メンターであるドン・ファンについて語っています。ある日、カルロスとドン・

ファンはメキシコの町の賑やかな市場を歩いていたのですが、カルロスは避けようとしていた知人を見かけてパニックになりました。ドン・ファンは弟子の不幸な境遇に気づき、背中を強く叩いてカルロスを道からどかしました。カルロスはその一撃で大通りから押し出されただけでなく、時間を遡りました。

カルロスは気づくと、1週間前の同じメキシコの町の市場を歩いていました。この体験から「目が覚めた」カルロスは、その市場に戻ると、現実にはそこにいなかったにも関わらず、市場とすべての人々が、ビジョンで見た通りの場所に確かにいたことが確認できました。

ファインマンのフィールドにおける電子のモデル

読者はこれを、例え話、超心理学的事象の記述、あるいは単なるフィクションとして見ることもできます。私は、このような明らかに超心理学的事象のモデルが、現代物理学ではリチャード・ファインマンの反物質の理論[1]に見られるかもしれないということに関心を寄せています。1960年代に、ノーベル賞を受賞したばかりのファインマンは「物質は時間を遡ることができる」という理論を提唱しました。磁場の中での素粒子の振る舞いを説明するために考案されたファインマンの理論によると、時間を前に進んでいる電子は逆戻りすることができるといいます。

ファインマンの理論は、負の電荷を持つ素粒子である電子と、電子に似ているけれど正の電荷を持つ陽電子に関するものです。陽電子は電子に似ていますが、より希少で寿命が短いことから、物理学では「反物質」と呼ばれています。心理学的には、電子は「現実」、陽電子は「夢のようなもの」と言うことができます。

ファインマンの理論は、物質が磁場にぶつかったときの挙動を説明するものです。当時の既存の説では、電子は強い磁場にぶつかるまで時間的に前に進むとされていました。電子が磁場の影響を受けると、新しい電子とまるでその「二重身《ダブル》」ともいえる陽電子の対が生成されます。これで、元の電子と、磁場との相互作用で生まれた電子と陽電子の対の3つの粒子ができあがります。

この説によると、元の電子が磁場に入ったときに対の一部として創られた陽電子は、元の電子と一緒に時間を前に進み、最終的に自らと元の電子を消滅させます。そして、対の一部だった電子は、あたかも元の電子が別の形で生まれ変わったかのように存在し続けます。

ファインマンはこのことについて考え、まったく別の説明も可能ではないかと考えました。電子が磁場に入っても、必ずしも新たな電子・陽電子の対が生成されて最終的に消滅する必要はなく、「二重身《ダブル》」なしで、元の電子は消滅せずにそのまま残ることができるのではないかと考えたのです。

ファインマンが提唱した第二の解釈によれば、元の電子が磁場の中を移動する際に、時間的に反転すると考えればよいのです。電子は時間を逆に進み、やがて再び反転して時間を前に進み、最後に磁場から現れるということです。

「二重身《ダブル》」の生成

このように、物理学では、素粒子が磁場にぶつかったときの挙動を説明するために、様々な解釈を想定しています。ひとつは、夢のような「二重身《ダブル》」が生成されるという解釈、もうひとつは、素粒子はそのままだけれども、時間の流れの中で自らを反転させるという解釈です。物理学を人間の行動になぞらえて考えると、元の電子は、個人に影響を与えるような特別強いフィールドに入り込んだ人のようなものと捉えることができます。

電子と同じように、私たちも困難な状況に陥ったとき、2つの選択肢があります。人格を分裂させ、自己不一致に陥り、夢のような「二重身《ダブル》」を生成して、普通であり続けようとするか、いわば時間から抜け出して、フィールドをうまく切り抜けて自分自身であり続けるかです。「二重身《ダブル》」が生成されるというのはどういうことなのでしょうか？　避けたい人にばったり会ったときのカルロス・カスタネダのように、張り詰めた状況に遭遇すると、私たちは「ダブルシグナル」を発するようになり、一時的に複数の部分へと分かれます。ある部分は自分のアイデンティティを維持しようとします。物事を計画通りに続けようとし、普通の状態を保とうとします。しかし、それと同時に他の部分、衝動、感情も生じ、自己不一致が起きて、いくつもの矛盾したメッセージやシグナルを発するようになります。カルロスのように、私たちは流動的ではないため、自分の意図に沿わない感情や部分を切り離してしまいます。こうして私たちは、コンプレックスや身体症状、夢や空想など、私が2次プロセスと呼ぶものが生成されます。

私たちの身体は狂い始め、数多くのメッセージを生み出し、皆を混乱させます。そして「二重身《ダブル》」が生成されます。片方は普通の自分、もう片方は夢のような自分で、それが相反するメッセージを放ち、問題を引き起こします。陽電子のように、それは私たちの正常なアイデンティティと意図を乱し、動揺させ、消滅させることすらあります。

言い換えれば、夢のような現象は、私たちの硬直したアイデンティティを打ち破り、変性意識状態、乱れ、症状、幻覚、夢、妨害された思考を生み出します。また、それらは事故を起こして私たちの健康を危険に晒すこともあります。意識しない限り、無意識の行動は自滅的なものとなります。

時間と心の反転

流動的な戦士は、2次プロセスによって消滅させられるのではなく、アウェアネスを使って自分のアイデンティティを変えることができます。自分の意図が唯一の道ではないことを意識的に判断し、代わりに起こっていることに従うことができるのです。意識的で流動的であればあるほど、フィールドのエネルギー、都市や時間の力の流れに乗ることができます。特に張り詰めた状況に陥ったときには、タイムスピリットに気づくことができます。タイムスピリットに自分のアイデンティティを脅かすような夢や身体症状、人間関係のトラブルなどを創り出させるのではなく、タイムスピリットに寄り添い、自分のアイデンティティを変えることで、時間を抜け出して道《タオ》の中に入っていきます。

時間を遡るということは、1次プロセスから離れることを意味します。それは私たちの通常のアジェンダ、計画、意図、意識的な目標から離れることを意味するのです。乱れが起きたとき、あるいは状況が私たちのアウェアネスに影響を及ぼすとき、単に前に突き進むのではなく、手放して2次プロセスに従い、そこに存在するタイムスピリットに寄り添うのです。

時間を遡ることとは、死を練習することであり、目標や意図、アイデンティティを放棄して、夢見るプロセスの道を進む練習をすることです。これを行うことは、比喩的に死ぬことであり、自分が何者であるかを放棄し、全体的な変化に同調することです。私は多くの死期が迫ったクライアントを見てきましたが、多くの本当の死の教訓は、手放して道《タオ》と一体になることのようだという印象を受けました。[2] 理論的には、私たちは死を待たずして、時間を遡り、普段のアイデンティティから抜け出すことができるはずです。

したがって、新しいリーダーとは、スピリチュアルな戦士《スピリチュアル・ウォリアー》のように、身体症状や問題を反転させ、直線的な時間から抜け出して、ときには時間を遡って過去の時代へと赴き、今、自分自身やコミュニティの中に生じつつある部分を見つけられる人です。自分のアイデンティティに出入りすることで流動的に自分を死なせられるのなら、戦士は身体の感覚《フィーリング》や自分の持つ空想や直観に従うことで時間を遡ったり前進したりすることができます。

内的経験と外的事象

エイミーと私は山の中でスキーをしていて、人里離れた谷の急斜面を歩いていました。この地域では他にスキーをする人はほとんどいないので、あたりには私たちしかいませんでした。山を下りながら、その週にワークした子供のことを考え、内なる対話をしていることに気づきました。私は、いわば「磁場」の中にいるようなものでした。

前回のセッションで、私はその女の子に厳しく接し、大人にならなければならないことを優しく諭していました。それまでは非常に甘やかして育てるような態度で接していたので、自分のやったことに自信が持てなくなりました。急に厳しく接しなければならなかったことに罪悪感を覚えました。

私は、自分がいかに内的な議論に没頭しているかに気づき、自分がある種のフィールドにいて、異なるタイムスピリットの間の集中砲火の只中にいるのではないかと考えました。そこで、私はその場に立ち止まり、エイミーに助けを求めました。私はこの葛藤を内的にプロセスし、少女の気持ちを代弁しました。彼女は父親にもっと優しくしてほしいと思っていたのです！しかし、父親は「愛情を注ぐということは、ときには厳しくしなければならないということでもある」と示すことで、女の子の気持ちを反転させたのです。

私は安心し、この気づきに満足しました。再び滑り始めると、地平線上にスキーを楽しむ人たちが2人見えました。この地域はとても人里離れているので、これは少し珍しいことでした。こちらに近づいてくると、驚いたことに、それは父親と小さな女の子だったことが分かりました。父親は少女を温かく励まし、スキーのコツを教えていました。

私はふと、自分のインナーワークと外の事象が衝突したような感覚《フィーリング》を覚えました。私は内なるジレンマを抱えていただけでなく、子供の教育をめぐって2つのタイムスピリットが争うフィールドの真っ只中にいたのです。これをどう説明すればいいのでしょうか？　この偶然の一致はシンクロニシティだということもできるでしょう。ファンタジーに溢れた物理学者であれば、私は難しいフィールドに入り込み、空間の別の地点で「二重身《ダブル》」を生成したのだと言うでしょう。また、私が親子の夢を見ていて、それが外の世界へと具現化したのだとも言えるかもしれません。あるいは、私は「時間の外」に抜け出して、子供になったのでしょうか？

いずれにしても、インナーワークは、インナーワークはグローバルワークであるという可能性を考えなければなりません。インナーワークは、私たちが生きているフィールドとつながっています。あるフィールドのタイムスピリットをワークするとき、もはやインナーワークやアウターワーク、局所的事象やグローバルな事象というものは存在しません。ワールドワークをするということは、私たちが考え、認識し、記憶し、感じ、空想するすべてのものについてエコロジカルになることを意味します。私たちが自分自身の心理的なものと考えているものは、今日の世界におけるひとつのタイムスピリットなのです。

グローバルな意味と結合した事象

先ほどの少女の例では、ひとつの要因だけに限定する思考はどのような役割《ロール》を果たすでしょうか？　物理学法則に頼らずとも、私たちの宇宙には基本的な対称性があることを私たちは知っていますが、誰が、何が、事象を引き起こすのかを知る方法はありません。

私がインナーワークをしたときに親子が現れたのは、私が「引き起こした」ことなのでしょうか？　人間関係のトラブルが起きたのは、私があなたから離れたからなのでしょうか、それともあなたが私から離れたからなのでしょうか？　私があなたを攻撃したのでしょうか、それとも私が前の晩に誰かに攻撃される夢を見たのでしょうか？　私の夢が身体の問題を創ったのでしょうか、それとも私の症状が夢を創ったのでしょうか？　イラクとクウェートの問題がカリフォルニアのグループプロセスに影響を与えたのでしょうか、それともカリフォルニアのプロセスが中東の事象に影響を与えたのでしょうか？

事象の起源や影響を追跡することが有用であり、必要な場合もあるかもしれませんが、私たちが生きている宇宙では、すべての事象が互いに対称的に結合しています。そのため、結合されたプロセスが私たちの身に起こっていることだけは分かりますが、どの事象が互いに影響し合っているのかは分かりません。

このような考え方は、私たちの普段の生活に対するアプローチとは異なりますが、自己の概念を拡大することにつながります。私たちは普段、自分の経験の一部しか自分だと認めていません。「自分ではない」と思っている他の経験は二次的なものとなります。それらはタイムスピリットや神秘的な世界になるのです。しかし、私たちが自然の中に流動的に参加するとき、私たちは単なる世界の神秘的な力の犠牲者ではありません。私たちは、不思議なタイムスピリットや力そのものでもあるのです。通常の考え方を反転させると、私たちは自らに対立を内包する宇宙であるか、あるいは多くの顔と時間を持つひとつの素晴らしい存在であることに気づきます。私たちは、他の人たちの変化を促し続ける招待状であり、挑戦状でもあります。

私たちは、これまでしてきたように個人の困難や世界の問題を変えようとし続けることもできます。あるいは、乱れ、汚染、対立、問題を利用して、周りのエネルギーやタイムスピリットに乗り、このグローバルなワークショップを利用して、完全な自己になることもできます。今のまま進めば、電子が「二重身《ダブル》」に消滅させられるように、私たちはいずれ他でもない自分が創った世界に破壊されてしまいます。しかし、もし自らの消滅が差し迫っていることに気づけたのなら、流れを反転させ、自分のアイデンティティを消滅させ、そのときの必要に応じて何にでもなることができます！　これはおそらく、人生が個人としての私たち、そして集団としての私たちに求めていることです。人生は、私たちが敵対していると感じている人や問題のエネルギーや霊《スピリット》を利用することを求めています。私たちは、自分が何者であるかという考えを変えたり、反転させせさえすれば良いのです。

時間を遡るエクササイズ

1. 五感を駆使して、フィールドに次の張り詰めた状況が発生するのをじっと待ちます。
2. 体の感覚《フィーリング》に気づきましょう。気分《ムード》、夢、人間関係、そして周りの世界を観察しましょう。
3. フィールドがあなたの心を乱したり、自分が2つに分かれるような感覚《フィーリング》を覚え始めたら、それは時間を反転させたり、宿命的な龍脈に乗るチャンスだと気づきましょう。
4. 古い自分を維持し、起きていることを避けたりコントロールしようとしてみましょう。
5. うまくいかなくなったら、勇気を出して、自分を悩ませている状況や感覚《フィーリング》になるのを許すことで、それまでの自分のアイデンティティや行動を変えてみましょう。そして、自分の中に生じつつある新しい部分に気づきましょう。
6. 今までとは違う動き、感じ方、表現を始めてみましょう。
7. 周りを見回します。世界のフィードバックに気づきましょう。自分の身体の感覚《フィーリング》や人間関係がどのように変化したか気づきましょう。周りの世界を見て、シンクロニシティの一致を探してみてください。
8. あなたはどのような意味で死を迎え、消滅を免れて成長することができましたか？

1　『ファインマン物理学』（原題：The Feynman Lectures on Physics）を参照のこと

2　ミンデル著『昏睡状態の人と対話する――プロセス指向心理学の新たな試み』（原題：Coma: Key to Awakening）を参照のこと

第14章

アウェアネスと
エントロピー

この章を読むヒント

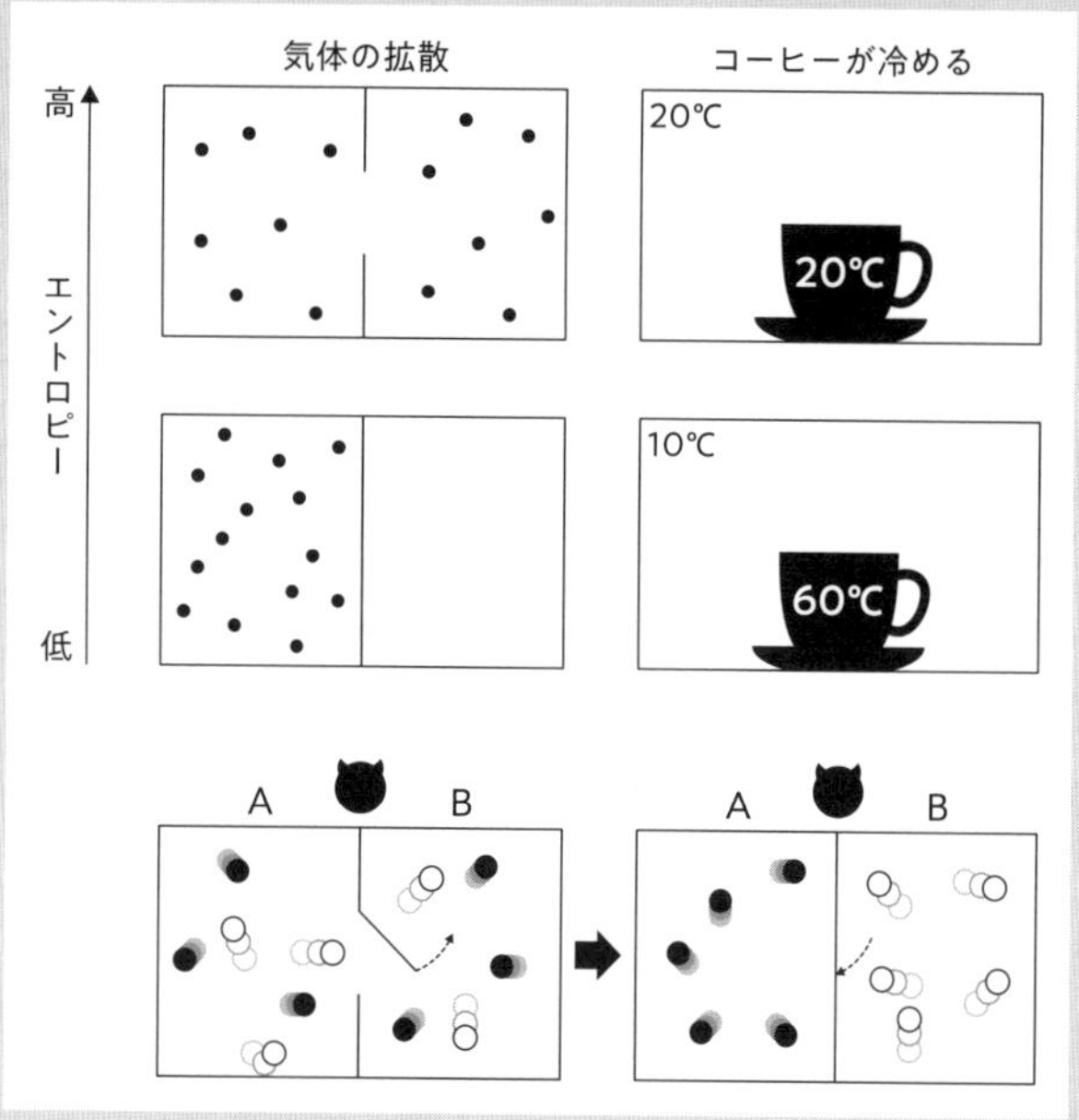

この章では世界はいずれ終焉を迎えるという悲観論がまず展開されます。

物理学に造詣の深いミンデルは、熱力学第二法則を取り上げます。これはエントロピー増大の法則とも言い換えられ、エントロピーという「無秩序さ」を定量的に表す概念は常に増大し、最終的には世界は終焉を迎えるという結論が導かれるとされます。

その悲観論に対する希望の光がマックスウェルの悪魔です。彼はAとBの2つの部屋の仕切りにいて、分子の動きの速さ（熱の高さ）を見極め、速い分子がBの部屋に向かうときと、遅い分子がAの部屋に向かうときだけに仕切りを開けるとされます。このことにより、エントロピー増大の傾向は逆転し、世界が終末を迎えることが回避できるとされます。この「見極める」という行為を、ミンデルはアウェアネスを持つことと同義であると指摘し、終末論へのアンチテーゼをこの章で展開します。

有用な理論とは、すでに観察されたことを説明するだけでなく、これから起こる事象を予測できるものでなければなりません。ここからの章では、時間の反転や、混沌《カオス》やネゲントロピーからの秩序の創造といった、ワールドワークの特定の側面を予測したいと思います。

本書の第1部で紹介した概念や理論からは、非局在的な影響を理解した上で世界の状況をワークする姿勢や方法が生まれます。ワールドワークは、一見混沌とした、あるいは何かを妨害する出来事を楽しむための方法すら示唆します。フィールドという概念は、時間の反転の可能性を考慮に入れています。

未来の事象についてはどうでしょうか？　未来という言葉は複雑です。プロセスワークの観点からは、未来とは隠れた現在、つまり今起こっている否定されたプロセス、あるいは2次プロセスに他なりません。次に何が起こるかは、今まさに起きようとしていることによって予言されるのです。したがって、未来を見つけるためには、自分の感覚《フィーリング》、症状、夢、そして人間関係におけるダブルシグナルを見る必要があります。地球レベルでの未来を見つけるためには、私たちの集合的な夢や神話、シンクロニシティを調べる必要があります。

地球に関する既存の神話は、私たちが悲観的になる理由を与えます。よく知られている地球に関する神話の中には、世界の終わりを予言するものもあります。例えば、中国の地球を表す人物《フィギュア》である盤古は、自分自身が世界になった後、バラバラになってしまいます。ドイツの神話『神々の黄昏』では、再生することのない死と破壊の恐ろしいビジョンが描かれています。[1]

自己均衡化と自滅

これらの神話は、私たちの未来を予言しているのでしょうか、それともこれまでの章で述べた自然界の自己均衡化しようとする性質を示しているのでしょうか？ タイムスピリットは、物質と反物質、現実と夢が衝突するように、放っておくとお互いに殺し合ってしまいます。システムの中の異なる部分は自動的に互いにバランスを取り、補い合います。その結果、アウェアネスが役割を果たすかどうかによって、自殺や不幸につながったり、あるいは知恵や全体性がもたらされたりします。

例えば、私が以前に関わったクライアントは、幻覚に悩まされ、精神病院に入院していました。彼には声が聞こえていましたが、そのうちのひとつの声は、自分を神だと名乗り、子供を殺せと言いました。鏡を見ると、そこには自分に微笑む子供の姿がありました。その子を見つけたと叫んだ彼は、頭に銃を突きつけてその子を殺し、自分も殺してしまいました。

これは、自己均衡化を失敗し、自滅した例でした。私はこの男性を知っていて、彼が大人になることに抵抗していることを知っていました。実際、彼は子供っぽい人でした。多くの人がそうであるように、彼も大人になって家を出ること（彼の場合は精神病院を出ること）を望んでいませんでした。子供を殺せという声は、自分自身のバランスを取ろうとするものでした。彼は子供を一方的に育て、自分自身の大人になろうとする傾向をサポートすることを拒否していたのです。彼の自殺は、知恵ではなく混沌《カオス》へとつながる自己均衡化の行為だったのです。

世界的に見ても、自己均衡化の試みが知恵ではなく破壊につながることがよくあります。集団は一方的になりがちなので、同じように一方的な集団から必然的に反発されます。派閥や個人が出会い、互いに脅し合い、しばしば殺し合おうとします。アウェアネスなしに一方的な傾向を補おうとすると、知恵や秩序よりも戦争や破壊につながることが多いのです。しかし、前章で述べたように、一見、内的な葛藤や集団の対立に見えるものは、自分自身を発見するチャンスや、時間を狂わせ、時空を超えた生命の本質を明らかにするチャンスでもあるのです。

物理学におけるエントロピー的な破壊

物理学では、熱力学第二法則には破壊の神話が反映されていて、世界が終焉を迎えることが予言されています。熱力学第一法則では、宇宙のエネルギーは破壊も創造もされず、ただ変換されるだけだとされています。熱力学第二法則では、エネルギーは他の形に変化したり、また元に戻ったりすることができますが、そのたびに利用可能なエネルギーが一定量失われるとされています。エネルギーの総量は変わらないのですが、外部との相互作用から遮断されたシステムでは、実質的な仕事をするためのエネルギーの利用しやすさが失われるのです。

ジェームズ・クラーク・マクスウェルが提唱したとされるこの理論によると、宇宙全体は、それが閉鎖系である限り、「熱死」、完全な無秩序《エントロピー》、有用なエネルギーの消滅に向かっていることになります。閉鎖系の中のエネルギーは仕事に使えなくなるため、閉鎖系は自滅します。宇宙や地球が本当に閉鎖系であるかどうかは議論の余地があるものの、熱力学第二法則の原理が私たちにとって重要であることには変わりありません。

神話も物理学も、地球をはじめとする閉鎖系は破滅に向かうことを予言しているようです。私は世界中の何百人もの人々に、次の2つの質問をしました。1つ目は「地球の運命は自滅することだと思いますか?」というもので、2つ目は「エントロピーや地球の死に直面したとき、人間、政府、あるいは神の役割《ロール》とは何でしょうか?」というものです。

この壮大な質問には、様々な答えが返ってきました。多くの人は、「はい、世界は滅びると思います」と答えました。「いいえ、神が介入すると思います」と言う人もいました。さらに「人間が問題を解決するでしょう」と答えた人もいました。

マクスウェルの悪魔

1つ目の質問に対する私の答えは、「イエス」であり「ノー」です。アウェアネスによってバランスを取らない限り、世界は明らかに自滅に向かっていくという意味では「イエス」です。しかし、世界は自滅する必要はないという意味では「ノー」です。それがこの本のメッセージです。人間は、アウェアネスによりエントロピーのプロセスを反転させることができるかもしれないのです。

マクスウェルも、破壊的なエントロピーのプロセスの反転に関する理論を提起しました。熱力学第二法則があまりにも悲惨な世界観であるため、マクスウェル自身が、「閉鎖系に小さな人間に似た存在、悪魔が住んでいて、何が起こるかを制御することができれば、法則を反転させることができる」という仮説でバランスを取ろうとしたのは驚くに値しません。この悪魔は、「マクスウェルの悪魔」と呼ばれています。

　マクスウェルによると、閉鎖系の中にいる悪魔は、閉鎖系の中の2つの部分を行き来する分子の流れをコントロールできるといいます。悪魔がいない閉鎖系では、高温の分子と低温の分子が無秩序に混ざり合い、最終的には温度が一定の系になってしまい、仕事ができないひとつの混合物になってしまいます。しかし、悪魔はこれを反転させることができます。彼はエントロピーが低い状態、すなわち「ネゲントロピー」、分子の流れを利用して多くの有用な仕事を生み出すことができるのです。

　同様に、地球のようなシステムで、全体の温度を上げる化学反応が起こっていたとしたら、悪魔はその熱を利用して仕事をし、仕事の可能性を失することなく、地球を冷やすことができます。言い換えれば、もし地球のシステムにマクスウェルの悪魔がいたとして、地球が閉鎖系であるのなら、悪魔のアウェアネスが存在する場合には（そのような場合にのみ）、温室効果を反転させることができるということです。

アウェアネスとエネルギー

上記の世界に関する神話では、熱力学第二法則のように、アウェアネスの悪魔が欠けているために世界が破壊されることが予言されています。アントロポスの神話の多くは、人間ではなく神々に関わるものです。エントロピーの法則も、人間のアウェアネスが入り込む余地はなく、したがって、人間の意識の微妙な変化には影響されません。そのようなアウェアネスがなければ、科学も神話も同様に、宇宙が自滅することを暗示しています。

科学者は、宇宙や地球は実は閉鎖系ではないと主張するかもしれません。しかし、私たちが思っている以上に、地球は心理的に閉鎖されたシステムになっているのです。これらの神話や法則は、誰もが知っている現実的で危険な日常のプロセス、すなわち閉鎖的なシステム、つまりアウェアネスが欠如した無自覚な状態に閉じ込められるプロセスを描写しています。科学や神話は、日常の現実を閉鎖系として記述していますが、誰かが十分にデタッチした上で分極化をワークするようなシステムで何が起こり得るかについては何も述べていません！

アウェアネスを持った悪魔がいないシステムとは、アウェアネスや知恵にアクセスできないまま、変性意識状態、恍惚や憂鬱などの強力な感情状態、戦争や怒りの中にある個人で構成される世界です。私たちが、アウェアネスなしに怒りや落ち込みなどを感じながら、このような閉鎖系の中に生きていることがどれほど頻繁にあるでしょうか？

アウェアネスなしに起こるこのような意識状態はすべて、閉鎖的で破壊的なシステムです。例えば、原子エネルギーの発見は、一見素晴らしいもののように見えますが、原子エネルギーが殺人を引き起こす可能性に対するアウェアネスがなかったために、世界は自分自身の大きな部分を破壊してしまいました。しかし、私たちは専制や権力の霊《スピリット》に対するアウェアネスを持ち続ける必要があります。東欧諸国の民主主義革命を聞いて、欧米に住む私たちは安堵し自由だけを受け入れ、専制君主のタイムスピリットを排除してしまうと、国は自由へと急激に路線変更し、別の時期に激しいエントロピー的な反応を引き起こすことになります。プロセスされていない専制、権力、怒りは、民主主義の動きを妨害するかもしれません。

歴史、変化、アウェアネス

歴史を振り返ると、革命が次から次へと起こり、暴力的な路線変更が繰り返されてきました。しかし、本当の変化とは、アウェアネスなしにひとつの状態から別の状態へと路線変更することではありません。路線変更は、あるタイムスピリットを別のタイムスピリットに置き換えること、民主主義を全体主義に置き換えたり、憎しみを愛に置き換えたりすることにすぎません。私たちは、システムを方向転換させるのではなく、すべての部分に耳を傾け、一方が他方を単純に打ち負かすことのないよう、意識的にファシリテートされるような新しい歴史、新しい世界を必要としています。

アウェアネスは、自分の中の戦争を起こすような新しい部分、つまり古い部分を打ち破って征服するような部分を発見して引き出すことではありません。これはアウェアネスではありません。個人が新しい行動や部分を発見するのを助けるような心理学やワールドワークは、切り捨てられたイメージや行動へのアクセスを可能にすることで、私たちを一時的に元気にさせるだけです。私が求めているのは、もっと繊細なものです。私が興味を持っているのは、新たな成長ではなく、アウェアネスのプロセスです。つまり、新しい部分、それに置き換えられようとしている古い部分、古いものと新しいものの相互作用を含む、システム全体に興味があるのです。古い専制君主を、やがて誕生する新たな専制君主と置き換えることには興味がありません。

アウェアネスとは、マクスウェルの悪魔、本来は閉鎖された系の中に立つファシリテーターがいて、民主主義と専制政治の間を単に一方から他方へとひるがえるのではなく、民主主義と専制政治が互いに知り合い、利用し合うことを意味します。アウェアネスとは、権力を抑圧することではなく、アウェアネスを持って権力を利用することです。専制政治から民主主義へと反転するだけでは、権力は意識されず、有害な形で現れます！　もし私たちがアウェアネスを使って異なるタイムスピリットの間の関係を調停しなければ、無意識のうちにバランスを取り、一方から他方へ反転することで自滅してしまうでしょう。したがって、最も重要なのは変化ではなく、変化に対するアウェアネス、変化のさなかで古い部分に起きていることに対するアウェアネスなのです。

運が良ければ、閉鎖系の中でともに過ごし、物事を有益にプロセスしてくれるマクスウェルの悪魔は、家族のセラピスト、調停者、親友、アドバイザーなどの形で見つけることができるかもしれません。しかし、私たちが1人でいるときには、このディープ・デモクラシー的な悪魔のセラピストがいないのが普通です。

私たちの中に、情熱を持って自分の側に立ち、思いやりを持って相手の側に立ち、対立の外側にはっきりと中立的に立って、双方が心と精神の限界の中で対話できるようにアウェアネスを使う準備ができている人はいるでしょうか？

アウェアネスとは、自分と対立しているものが、自分にとって必要な部分であることを理解することを暗に意味します。アウェアネスとは、往々にして、心を反転させ、後ろに戻り、自分が歩いている直線的な道から外れ、自分の中に現れ出る感覚《フィーリング》やタイムスピリットに従うことを意味します。アウェアネスは、自分自身の権威主義的な立場を自覚することにも関係します。自然に従うことを学ぶには、まず自分の考えに従って自然を導くことを試み、失敗するしかないのかもしれません。どんなに善意ある手順であっても、閉鎖系の中でアウェアネスを必要とする、より新しく、より深いデモクラシーがなければうまくいく見込みはありません。

戦争は、すべての閉鎖系の中で最も厳しいものです。2つ以上の立場が対立しますが、それぞれが相手に勝つことに関心を持っていて、アウェアネスを持っている部分はありません。アウェアネスなしに閉鎖系に閉じこもるという私たちの傾向こそ、私たちがしばしばリーダーのいない地球で行き詰まりを感じる理由です。私たちの中には、自分自身を反転させ、自分が創り出す比喩的な死を経験し、一時的に自分のアイデンティティを捨てて、アウェアネスに導かれる準備ができている人があまりにも少ないのです。

自己均衡化の結果、自らを死に至らしめるような無意識的な閉鎖系を創り出そうとする私たちの傾向こそ、私たちにとって最大の危機です。これまでの人類の歴史は、やり方も分からないままに、新しいリーダーやアイディア、集団が古いものに取って代わるだけの繰り返しでした。集団としての人間は、まるで1人の個人のように、成長し、反抗し、大人になり、他人を抑圧してきました！ 同じように、新しい世界的な運動が起こり、古い政党がつぶされても、私たちの多くはどちらかの側につくか、静かに苦しむか、受動的に新聞を読むだけです。これからは、すべての部分とすべての人を念頭に置いておくことで、アウェアネスを持った悪魔となり、反応し、変化が最も人道的に起こるようにする以外に、私たちが自律性を保つことができる道はありません。

一見回避不可能な創造と消滅の闘いの中で、歴史は曲がりくねりながら続いてきました。その間、ほとんどの人間は傍観しながらこんなふうに考えていました。「これが歴史の自然な流れだ。私たちが対処するには、あまりにも根深く、あまりにも巨大すぎる」。本当にそうなのでしょうか？

1　地球の神話に関する詳細は、ミンデル著『ワールドワーク：プロセス指向の葛藤解決、チーム・組織・コミュニティ療法』（原題：The Year I: Global Process Work with Planetary Myths and Structures）を参照のこと

第15章

ディープ・デモクラシー

この章を読むヒント

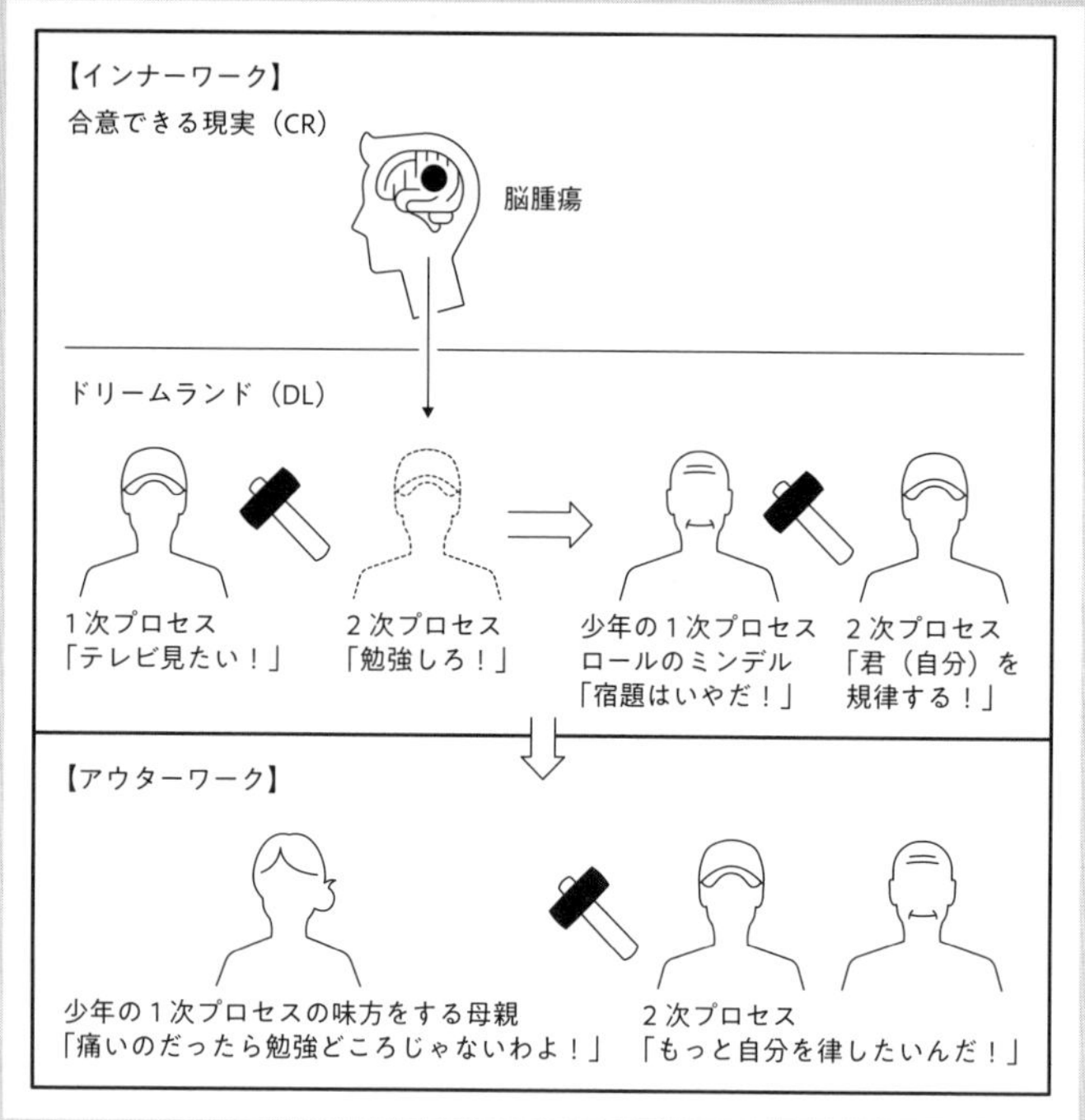

脳腫瘍の少年

この章で紹介される脳腫瘍の少年の短いエピソードは、実は豊かなプロセスワーク的示唆に富んでいます。まず脳腫瘍は合意できる現実レベル（CR）の存在です。ドリームランド（DL）に入ると、それは「勉強しろ！」と叱るハンマーでもありました。いつもテレビを見てさぼっている慣れ親しんだ状態から現れ出ようとするもの（2次プロセス）です。そこを増幅すべく怠惰な少年ロールをミンデルが引き受け、少年は自分の2次プロセスを存分に味わい、怠惰ロールと勤勉ロールは平和協定を結びました。ここまでが少年の中で起きたインナーワークです。そこにダメ押しのようにアウターワークが現れます。母親は「痛いのだったら勉強どころじゃないわよ！」と少年の怠惰な部分（1次プロセス）の味方をします。その母親を少年とミンデルはふざけながら「もっと自分を律したいんだ！」とハンマーで打ちのめし、アウターワークにおいても2次プロセスが完遂されました。そして腫瘍は消えたのでした。

新たなミレニアムへと突入した今、私たちが個人や集団としてのアイデンティティに頑なに固執してしまうことも、人間の歴史が紛争や戦争で彩られてきた原因の一部であると私たちは気づき始めています。熱力学第二法則には、人間の振る舞いに関する古い神話が反映されています。つまり、意識が欠如した世界は無慈悲に死に向かって流れてゆくことが示されているのです。闇に包まれた感情の閉鎖系の中では、人間はひとつの側につくか、別の側につくかしか選択肢がありません。科学、神話、そしてごく普通の常識が、自滅について私たちに警告しています。電磁場の中で自らの「二重身《ダブル》」に消滅させられたファインマン理論での電子のように、あるいは自らの温室の中で死にかけている世界のように、私たちは敵とは違う存在であるかのように装い、気まぐれな神々に翻弄される無力な存在であるかのように振る舞います。

しかし、科学と神話は変容の可能性も予言しています。ファインマンの「目覚めた電子」やマクスウェルの「アウェアネスを持った悪魔」のように、私たちも一時的に時空を超えて、エントロピーを反転させ、自然に寄り添って流れることが可能です。熱死や温室効果に代わる選択肢として、自己治癒力を持つシャーマンのように、世界が時間の直線性から抜け出して様々な役割《ロール》をプロセスするという、世界変容の雄大なビジョンがあります。このようなビジョンは、最終的に成功するに違いありません。なぜなら、セルフアウェアネス、グループアウェアネス、対立をプロセスすることは、戦争よりもスリリングで、平和よりもはるかに創造的だからです。

これまで、このビジョンは現実味のない夢でしかありませんでした。しかし、間もなく、それは現実的な必然となるでしょう。けれど、どのようにしてでしょうか？　フィールドやトランスナショナル・グループについて知り、本書で紹介されているワールドワーク・ツールを実践することは、役に立ちますし必要ですが、それだけでは十分ではありません。ツールや理論だけでは、ディープ・デモクラシーの感覚《フィーリング》が欠如した組織の思想と同じくらい、物事はうまくいかないのです。

病気と対立

第4章で取り上げた、脳腫瘍の少年の状況を考えてみてください。彼のワークの中で、規律がどのように現れたか覚えていますか？　両親がこの少年を私のところに連れてきたとき、彼はすでに2回の手術を受けていました。両親は、もう失うものはないと思って私のところに来たのでした。その子に脳腫瘍はどんなふうに感じられるか尋ねたところ、彼は「痛い」と答えました。

「どんな風に痛いんだい？」と私は尋ねました。

するとと彼は「ハンマーで殴られているように痛い」と答えました。「ハンマー」という言葉を言いながら、彼は自分の膝を叩きました。私は彼にもう一度膝を叩いて、同時に「ハンマー」と言ってみるようお願いしました。彼は私に促されて膝を叩き始め、彼がハンマーに込められたメッセージを理解できるまで、私たちはまるで遊ぶように一緒にハンマーを叩き続けました。1～2分後、彼は少しきまり悪そうに私を見て、「ハンマー」は「勉強をしろ。テレビを見る時間を減らせ。宿題をしろ」と言っているのだと言いました。

私は、彼がこのことをさらにプロセスできるように、反対側の立場を引き受けました。私は彼の強情な部分を演じて「僕はテレビが好きなんだ。宿題はしたくない」と訴えました。すると、少年はさらに深くハンマーの立場へと入り込みました。彼は、「僕」は自分を律しなければならないと言い張りました。最終的に私たちは平和条約を結びました。まず彼は宿題をして、それから少しテレビを見て、そしてまた勉強に戻ることになりました。少年はこの決定に満足しました。内面の平和が得られ、ハンマーの経験を通して人生の楽しみが増えたのでした。しかし、彼の母親はこれに不満でした。彼女は、息子は痛みが酷くて勉強どころではないと固く信じていたのです。私と少年は、「もっと自律したいんだ！」と大声で叫びながら、母親を「ハンマー」で打ちのめしました。すると皆笑い出し、母親もその子が宿題をすることに賛成しました。

その後少年の体調は劇的に良くなり、最終的にはすっかり元気になりました。後日、主治医からX線写真で見ると腫瘍が消えていたと聞きました。それよりもさらに重要なのは、少年が自分が強くなったことに喜びを覚えていたことです。しかし、何が破滅のプロセスを反転させたのでしょうか？　運でしょうか？

私は、マクスウェルの悪魔が少年の中に入り込んだのだと思います。対立が意識される瞬間まで、彼は自らを均衡化しようとする心理的な閉鎖系の中で生きていました。システムの一方には普通の怠け者の子供がいて、もう一方にはとても勤勉で勉強したいと思っている人間がいました。この2人がお互いに殺し合っていて、その対立を調停する「家《ホーム》」がなかったのです。

自己均衡化とアウェアネス

少年が持っていた自己均衡化しようとする性質は、それだけでは彼を殺してしまっていたことでしょう。これが、一部の神話や物理学法則が予想していることです。しかし、その閉鎖系に介入し、自律のプロセスとテレビのプロセスを分離し、組み合わせることができる調停者の存在が、対立から「より多く宿題をやること」と「より多くテレビを見ること」という両方の結果を導き出すことを可能にしたのです。そして何よりも、それによって子供は生き延びることができました。

この調停プロセスを詳しく見てみましょう。調停が始まる前、ハンマーと怠惰なテレビ好きという2つのタイムスピリットが葛藤していました。ハンマーは脳腫瘍という形で自らとテレビ好きの両方を殺しつつありました。しかし、アウェアネスが介入すると、少年は脳腫瘍のメッセージに気づき、自律の背後にあるエネルギーに惹かれるようになり、同時にテレビ好きも大切にできるようになったのです！　最終的には、対立し合うものが一切なくなり、心がワクワクした気持ちで満たされるようになりました。

人間のシステムでは、一方が単独で勝つことはありません。一方の人間や霊《スピリット》が他方を抑圧するような解決策に、持続的なものはありません。また、永続的な葛藤解決というのは、ひとつのアスピリンですべての頭痛を解決しようとするのと同じくらい、現実的ではありません。したがって、実現可能なワールドワークとは、少なくともすべての側の存在と価値を示し、そして次々と生まれてくるそれぞれの立場を大切にし、それらを生きるという感動的な経験を与えてくれるものでなければなりません。

この経験を育む感覚《フィーリング》とは、民主主義以上のものであり、平和や葛藤解決への希望以上のものです。それはすなわち、それぞれの部分を尊重するだけでなく、その部分が私たちを全体性へ導く能力を持っているということを尊重する、より深い民主主義の感覚《フィーリング》です。人々がこのような態度を取るとき、この少年のような一見破壊的なプロセスも、危険であると同時に刺激的で有益なものにできるかもしれないのです。

この少年は、単に回復しただけでなく、人生をより豊かで楽しいものとして経験できるようになりました。ディープ・デモクラシーは、私たちが捨ててしまいがちな自分自身の側面を再利用することを促します。この本の中で何度も示してきたように、破壊的な対立や有害な軽蔑をリサイクルすることは、単なる解決を意味するのではなく、個人の全体性、より多くのコミュニティの形成、そしてすべての人がより熱意を持てることを意味するのです。

地球の未来

タイムスピリットを発見し、実験し、組み合わせ、相互に作用させ、特定することで、すべての人、すべてのものがより深い意味、洞察力、悟りを得ることができます。少なくとも、大気を詰まらせている目に見えない要素が誰の目にも明らかになるという効果が得られます。このような可視性は、私たち全員を奮い立たせ、社会問題への対応を促します。ときには、それに続いて世界の状況が一時的に改善されることもあります。ある視点では悲惨な問題や病気、対立と思われたものも、別の視点から見れば素晴らしいチャンスとなります。

このようなワークは人生の価値を高めるものですが、その範囲は一体どこまで広げられるのでしょうか？　病気を治したり、世界を救ったりもできるのでしょうか？　答えは「イエス」でもあり「ノー」でもあります。個人の生活には非局在的側面があるという理論によれば、個人のアウェアネスは世界に影響を及ぼすと予想されるという意味では「イエス」です。問題や対立は夢のようなもので、永遠に再生産され、私たちが完全に流動的になるまで、新しい状況や成長の可能性という課題を与え続けるという意味では「ノー」です。

地球規模の問題が個人のアウェアネスと結びついているように、個人の症状が癒されるかどうかは、他者の意識に左右される部分があるのかもしれません。ファミリーワークでは、大人が成長することで幼児の症状が緩和されることが長年にわたって実証されてきました。そのため、個人、集団、地球の問題は、多くの人が地球規模で変化しなければ解決しないという事実を、私たちは受け入れる必要があります。そういう意味では、いかなる個人の問題も地球規模の問題であるといえます。私たちが生きているフィールドは、私たちの夢や身体に影響を与えます。

新しい神話とアウェアネス

健康改善への道は、より持続可能な政治への道と同じです。健康を得るには、マクスウェル的アウェアネスと、個人的問題の真っ只中にあるスピリチュアルな戦士《スピリチュアル・ウォリアー》のような流動性が必要となります。フィールドのタイムスピリットを感知して分離することで、タイムスピリット同士の出会いを組み立て直し、消滅を避け、タイムスピリットのエネルギーを溶解して拾い上げることができます。ワールドワークとは、以前は神々しか存在しなかったところに人間が介入する新しい神話なのです。

禅、ヴィパッサナー瞑想、老荘思想、武術など多くの伝統の長年の関心事であるアウェアネスは、これからの世界では決定的な役割《ロール》を果たすようになるでしょう。アウェアネスに歴史の共創の可能性が秘められていることに気づけば、「アウェアネス」はより重要で特別なキャッチフレーズとなるでしょう。かつては、多くの人にとって、アウェアネスとは比較的ニュートラルで受動的な意識状態を意味していました。今では、内的経験や外的事象に気づく客観的な覚醒状態を意味し、「空《くう》」や自由で創造的な行動につながり得るものとして認識されています。アウェアネスとは、自分自身と他者に対してオープンであること、そして人生のどの流れにも一時的に入ることができる能力を持つことを意味します。また、混沌《カオス》の中で完全な自己を思い出すことであり、好きな人の声に耳を傾けることであり、到底無理なように思えても敵になりきってみるのを試すことでもあります。

そして何よりも、アウェアネスは個人の生活に留まらず、集団の心をも特徴づけるものとなります。静かにすべきときと騒がしくすべきときを理解し、狂ったような声の不協和音に加わると同時に、フィールドの抵抗し難い性質から自らをデタッチすることができる、高度に進化した人々や、すべての人が参加する完全に目覚めた組織が必要とされています。このような新しいアウェアネスは、様々な選択肢を持つことを可能にしてくれます。私たちは受動的に事象を観察することも、コントロールしようとすることも、それらに奉仕することも、そしてそれらを自分の素晴らしさを発見するために利用することもできるようになるのです。

アウェアネスという概念がこのように変化すると、地球規模の事象や物理学法則にも影響が及ばないはずはありません。目詰まりを起こした環境の中で動いている霊《スピリット》たちと対立し、それらに奉仕し、世話をすることを学ぶと、ネゲントロピーが起こります。これは、私たちが奇跡の時代を生きることを意味するかもしれません。これまでの物理学法則、例えば熱力学第二法則は、閉鎖系の中に意識が存在しないという前提で成り立っていましたが、これらの法則は相対化されるか、絶対的なドグマとしての地位から降ろされなければなりません。「現代」量子物理学でさえ、眠っていた人類が歴史共創の可能性に突然目覚めたときには時代遅れのおとぎ話になるかもしれません。物質の科学は、もはや意識の研究と切り離すことはできなくなるでしょう。

また、私たちの生理機能はどうでしょうか？　これまで、私たちの心と体は、まるでニュースで見聞きする戦場のように感じられていました。焦りや眠気などの無意識の状態をケアするパーソナルワークは、より有意義な生活を送ることには必ず役立ちますし、ひいては寿命を延ばすことにもつながるかもしれません。生理学的に言えば、悪性の緊張を意識的にプロセスし、それらをまるで海の波のように乗りこなすことで、私たちの体と地球を、グローバルなタイムスピリット同士の戦争の舞台としての役目から解放することができるかもしれません。多大な緊張に耐えられるために作られているかのように見える内臓の構造も、変化します。地球の地震や干ばつ、動植物の声などに耳を傾けることで、私たちの身体はより敏感になり、現在の私たちの想像を超えた新しい体験をすることができるようになるかもしれません。

解決できない生態系の問題や地球上の生命の終焉の危機が、私たちを潜在的な能力に目覚めさせるきっかけを与えてくれているのです。

信仰の有無に関わらず、私が関わった死期の近い人たちは皆、自分の最大の才能に気づき、心を開き、物事の流れに従うことを死というものによって促されました。死を目前にした人は皆、タオイストになるようです。私たちの新しい神話は、「時代が移り変わる中で人間は危うく窒息しそうになったけれども、すんでのところで地球の閉鎖系から目覚め、エントロピーを反転させ、対立や緊張を創造に利用する方法を学ぶことで、絶滅寸前の状態から救われた」という素晴らしい物語を伝えるものでなければなりません。

地球のネゲントロピーは時間の反転と関連していて、サイキックやテレパシーの能力の向上と一致する可能性があります。第三世界の先住民族が経済的圧力やハイテクの魅力に屈していく中で、シャーマン、賢者、ヒーラーは、人々の感性やフィールドに関する知識の中へと生まれ変わっていきます。シャーマンのような賢者はあまり多くは必要ではありませんが、私たちが新たに形成するひとつのグローバルな部族の中で、霊《スピリット》と人々の間を取り持つ人がもっと必要なのは確かです。

理論的には、意識の変化によってエントロピーの法則を反転させ、地球の破壊を食い止めることができる、あるいは少なくとも失われた天然資源の一部を、息苦しい温室に閉じ込められたエネルギーから再生することができると考えられます。私は、ワールドワーク理論が示唆する一瞬のブレークスルーや心と時間の反転が多くの人を勇気づけることを願っています。しかし私は、これらの可能性がすでに天国に近づいている少数の人々を、神に陶酔した状態へとさらに後押しすることも期待しています。たとえそのようなニューエイジ的な輝きは、メディアから流れてくる終末論的なニュースを打ち消すための希望的な夢にすぎないとしてもです。

今日の問題に直面して幸福感に満ちた希望の光が薄れていく中で、私たちは、地球上の平和、そして飢えや悲しみからの解放という夢が、残虐行為の背後にあるエネルギーを受け入れて、好戦的な態度がプロセスされたときにのみ実現し得る潜在的可能性であることを理解するでしょう。

ディープ・デモクラシー

熱死の脅威が迫った世界では、「善」と「悪」そのものよりも、それらの間の関係がより重要になります。両者を意識的に体験することで、得するか損するかが決まります。世界が取るべき次のステップは、「善良であること」ばかりが推奨される宗教を再生産することではありません。マクスウェルの悪魔の火花は、地獄のない天国よりも完全な人生を約束してくれます。

ワールドワークは、変容する全体を包含する、エコロジーを意識した人生に対する態度がある場所ならどこからでも始まります。それは、私たちが最初は勝つために戦っていたのに、最終的には混沌《カオス》を受け入れ、ファシリテートすることになったとき、いつでも起こります。地球上での新しい生き方に関心を持つ人があまりにも多いため、ワールドワークは国内に限定される政党ではなく、多数決以上のものを望むすべての人が参加する国境を越えたひとつの政党でもあります。ワールドワークのファシリテーターは、自分自身とのつながりと、集団内のすべての関係者の間のつながりを強く望みます。

今日、国連はおそらく、危機に対する最も有力な平和創造の場です。国連には、世界の健康、平和、識字率、栄養、産業を監視する32の機関があります。しかし、私たちの唯一の世界的なファシリテーション機関である国連の歴史は、まだ50年にも満たないのです。1948年以前は、統計が取られていなかったために地球上に人が何人いるのか誰も知らなかったのです！今日、歴史上初めて、人口過剰が監視されています。

しかし、グローバルな思考を担い、世界の問題を相互依存的に考えることができる世界組織が、国連だけで良いはずはありません。私たち1人ひとり、そしてそれぞれの組織が、グローバル・フィールドに対する責任を負っているのです。これは「個人の存在意義とは何か」というような、通常は人生の最後にしか直面しない問題を日常的に考えることを意味します。私たちが考えなければならないのは、グローバルな問題、実存的な問題、そして深遠な問題です。地球における今の私たちの役割《ロール》は何なのでしょうか？　運命は私たちの集団に何をすることを求めているのでしょうか？

個人心理学や組織のアウェアネスはワールドワークです。私たちがこの瞬間にすることは、世界に影響を与えます。私たちの感覚《フィーリング》や感情は、他の部分とうまくやっていこうとする世界の一部の感覚《フィーリング》です。自分たち自身とうまく付き合えるかどうかで、世界の発展が決まります。インナーワークはワールドワークなのですから、部分同士のつながりや環境の霊《スピリット》を大切にしてファシリテートする、心理学に基づいた政治観を私たちは生み出しています。

民主主義は、このような考え方の最初の名称としては良いと思いますが、私たちは公選制やリーダー不在の集団に対するニューエイジ的な試み以上のものを必要としています。私たちは、自分自身への理解と、敵対する相手との協働を促すような新しい形を必要としているのです。開かれた輪、つまり誰もが一時的に入ることができ、合わなくなったら再び離れることができるようなタイムスピリットとしての政党を創るために、アップデートされた無支配《アナーキー》、新たな民主主義が必要とされています。私たちは、より深い民主主義を反映した政党と政治を必要としています。

ディープ・デモクラシーは、私たちの生活にすべてのレベルで関わるものです。それは、個人的生活においては、既知のものや自分が支持するものだけではなく、恐れていたり未知であったりするものも含め、自分の内なる声や感情、動きのすべてに対してオープンであることを意味します。人間関係においては、ディープ・デモクラシーとは、自分の最高の理想と最悪の気分《ムード》に対するアウェアネスを常時持つことを意味します。集団生活においては、浮上してきたどんな部分にも耳を傾け、試してみる姿勢を意味します。グローバルワークにおいては、ディープ・デモクラシーは、政治、民族、分離主義、自然の霊《スピリット》を大切にすることです。

ディープ・デモクラシー自体は、私たちがフィールドや集団に関する感受性を使うときに私たちの中に生まれては消えてゆく、古くから存在するアイディアです。この感受性には、アウェアネス、地球への奉仕、代表することが含まれます。

▼アウェアネス——自分や他人、外的事象に関心を持つことは、グローバル・フィールドの知恵を増やすことに貢献します。起こっていることに気づけば、そのエネルギーを意識的に利用することができます。自分の内外のすべての部分に対するアウェアネスと、それを受け入れることなしに、民主主義は成り立ちません。

▼地球への奉仕——ディープ・デモクラシーは、地球を力と魔法を持った人間であるかのように扱う先住民の経験と一致するものです。何を行うにせよ、そこには何らかの「場所の性質」が関わることに私たちは気づいています。環境への直接の介入や、それを愛する人たちによるグループプロセスにおける地球のスピリットを代表することで、地球の一部が私たちのアウェアネスに入り込むことを、私たちは尊敬して許す必要があります。私たちはプラスチッ

クを拾い、それを落とした人とそれが傷つけた土との間の対立を演じきる必要があります。ディープ・デモクラシーとは、世界は部分的にしか理解できないということに対するアウエアネスです。その説明困難な性質は、私たちが住んでいるフィールドの神秘的な力との対話へと私たちを導きます。

▼代表すること――ディープ・デモクラシーは、すべての人が現実を代表する必要があるという認識に基づいています。ディープ・デモクラシーは概念ですから、いつでもどこでも、どんな集団においても、感覚《フィーリング》や信念として現れることができます。ディープ・デモクラシーのタイムスピリットに触れるとき、私たちは皆、ディープ・デモクラシー党の党員となります。誰もが一度はこの党に属しているのですから、ディープ・デモクラシー党は原理的には最も多くの党員数を誇るはずです。しかし、この党には固定された党員はいません。なぜなら、誰もこのような愛に満ちた思いやりのある状態に恒久的に留まることはできないからです。

悲しいことに、大きな可能性を秘めているのにも関わらず、ディープ・デモクラシーの霊《スピリット》そのものは、世界で最も人口の少ない部分のひとつです。私たちは皆、偏見や非民主的な傾向を持っています。私たちは、「良い政治」と「悪い政治」という通常の二極を支持し、自分自身の既知の部分や「良い」部分しか受け入れません。そして、新たに出現した力に反転し、憑依されてしまうのです。あるいは、静的にニュートラルで飄々とした態度を取ります。

しかし、ディープ・デモクラシーはこれらとは異なります。自分自身と他のすべての政党のために立ち上がるのがディープ・デモクラシーです。革命以前の時代を忘れることなく、そして古いものと新しいもののいずれとも自己同一化することなく、その両方に価値を見出そうとするのです。ディープ・デモクラシーは、過去が自動的に現在に影響を与える幽霊《ゴースト》になることを知っていて、それゆえに、明らかに死んだ、抑圧された、さらには専制的な霊《スピリット》のエネルギーでさえも有用な形で具現化しようとします。

都市のエルダーたち

このような霊《スピリット》は、その存在を忘れることなど不可能なほど数多く存在します。都市部の犯罪について考えてみましょう。私たちは、人々を取り締まることに多くの時間を費やしているのに、持続可能な解決策を見つけることには十分な時間を費やしていません。都市部における暴力に対処するには、貧しい人々の状況を改善すること、また、ディープ・デモクラシーのファシリテーション能力を自然に体現する、才能ある若者たちを認めることが必要です。彼らは、暴力のエネルギーを活気とコミュニティへと変容させるようなワールドワークを行うことができるのです。

公民権について考えてみましょう。世界中でマイノリティは、屈辱的で非人間的な扱いを受けています。公民権の行使を確保するための新しい法律が必要ですが、同時に「人間とは何か」を定義する新しい概念も必要です。偏見が存在する場所では、人は法律だけに従うわけではないからです。法律や弁護士、政治家、軍のリーダーだけでなく、部族のエルダーたちが必要なのです。互いに助け合い、他者への恐れや愛を認めてプロセスするのを促す賢い女性や男性、少年少女はどこにいるのでしょうか？

昔の部族指導者たちは、スピリチュアルな特性と日常的な特性を兼ね備えていました。部族的な生活が消滅しつつある今、新しいエルダーの役割《ロール》が生まれつつありますが、これは誰もが共有しなければならない役割《ロール》です。私たちはこのようなエルダーを内外から探し出し、ディープ・デモクラシーの原則を実践するすべての人を支持する必要があります。自分自身のこの賢明な側面を見つけて愛することとは、グローバルワークの一部です。私たちの次のリーダーは、公の場で勇気を持って立ち上がる少数のカリスマだけでなく、家庭の中で模範としてエルダーの役割《ロール》を静かに演じる人々でもあるのです。

私たちが内面の自己を見つけ、宗教、人種、性別、経済的特権の異なる人々と共存していく上で、エルダーは、私たちのケアにおいて民主的な政府と同じくらい重要な役割《ロール》を果たします。私たちは、貧しい人々にもっと仕事を与え、住宅環境を改善し、路上生活者に支援を与えなければなりませんが、同時に、富める者と貧しい者がお互いに関係を持てるようにしなければなりません。現在の民主主義や資本主義のやり方は役に立ちません。現在のリーダーたちは、うつ病や自殺、そして多くの人々が感じている無価値感（meaningless）を理解していないからです。

麻薬はどうでしょうか？　自らも変性意識状態を経験したことのあるエルダーたちは、法律や警察は薬物中毒を治すことができないと知っています。私たちは、禁断のトランス状態に深く入り込み、そこで失った重要な秘密を見つける必要があります。私たちは、現在の世界では禁じられている人生の側面に中毒になります。薬物がもたらす変性意識状態の中に私たちが探しているエネルギーと生命を見つける手助けができる、ディープ・デモクラシーの感覚を持ったリーダーが必要とされています。

政府の欺瞞についてはどうでしょうか？　エルダーは自分のことをよく知っていて、豊かになっても道徳的な戒めがあっても盗みや嘘はなくならないと知っています。人間は誰しも評価されたいと思っていて、少なくとも愛や励ましをひそかに引き出そうとするという意味では、皆ひそかに盗みを働いています。政府があらゆるレベルの仕事に全員が参加することを奨励しない場合、多くの現代の国でそうであるように、ニュースは国からの盗みの話題で持ちきりになります。しかし、ディープ・デモクラシーを実践するエルダーは、犯罪者である無法者のタイムスピリットを前面に引き出します。エルダーは、創造性とエンパワーメントという最も深いニーズを満たすために、それを受け入れるのです。

「エルダーにはなり得ない政治家やリーダーに、世界を任せておいても良い」などと、自分たちを誤魔化し続けることはできません。持続可能な問題解決方法には、少なくとも法や秩序と同じくらいの愛と人間の理解があるはずです。

環境もまた、ルールだけでは救えません。2つの国の間に紛争が起こると、弱い方が強い方を脅かすために環境を破壊します。私たちは、国境を越えた武術家であると同時にエコロジストでもある国家指導者を必要としています。ディープ・デモクラシーを実践するエルダーたちは、妨害者の存在を予期し、彼らがテロリストになる前に輪の中に招き入れます。このようなリーダーは、気が荒い人々を受け入れ、社会的な課題をオープンにし、少数派のアイディアでさえも考慮することで、テロリズムを時代遅れのものにします。

持続可能で実践可能なリーダーシップとは、政治的に賢く、個人の成長と他のすべてのことに関心を持つ心理学指向のエルダーを意味します。インスピレーションを与えてくれるカリスマ的なリーダーは常に必要です。しかし、それ以上に必要なのは、善悪や自分や国の境界線を越えた感覚《フィーリング》を持ち、他者を理解して助けることができる思いやりのある人々なのです。

エルダーの悩み

私たちがエルダーになるためには、途中で失敗したときに励ましをもらうことが必要です。ディープ・デモクラシーのロールモデルになることは、それが畏敬の念を抱かせる存在であることと同様に、困難なことです。本物のエルダーになるということは、そのような「ふり」をすることではありません。人に向かってオープンに振る舞うだけでは不十分なのです。私たちが自分の偏見に気づき、少なくとも自分自身に対してそれを認められなければ、他の人はそれを感じ取ります。精神的なテレパシーがファックスと同じくらい重要である、アインシュタイン後の宇宙では、もはや秘密は存在しません。誰もがすべてを知っているのです。

無意識のプロセスされていない偏見は、目に見えない陰湿な対立を生み出します。しかし、もし私たちが自分の偏見に気づけば、外的事象と意識的に対立することができます。自分の意見を知って初めて、一時的に自分の意見を手放し、他人の意見に耳を傾けることができるのです。しかし、そのような意識を持つことは、特に激しい権力闘争の中では難しいことです。今日、各国が自由と独立を求めて努力している中で、世界中の誰もが新しい世界秩序を作り出そうともがいています。プロセスを重視しない古いタイプのリーダーシップが機能しなくなる中で、集団や国家は、これまでよりも深い民主主義の実現というやりがいはあるけれども、同時に深い苦悩をもたらす課題に直面しています。

転換期には、誰もが他の人と争うような混沌とした状態になります。様々なリーダーが権力を求めて争い、賢明なエルダーはいなくなってしまったかのように見えます。一方の立場を支持した後、他のすべての立場も支持するエルダーはどこにいるのでしょうか？　それは、暴徒の中では他の人と同じように狂っているように見えても、新しく現れ出るリーダーたちがもたらす混乱から自らをデタッチし、静かに、そして積極的に1人ひとりに耳を傾け、自分自身も含めたすべてを差し出すことができる人、すべての人に相応しい配慮をすることができる人です。

もしそういった人が自分のことをよく知っているならば、平和と調和を求める自分の気持ちでさえ、対立を引き起こす可能性があることを忘れません。その人が覚醒しているときは、自分の理想をはっきりと主張し、その後には、その場の現実とすべての人の発展に心を向けているうちに、その理想を手放します。たとえ一時的に無意識的になったとしても、自分自身だけでなく、まだ生まれていない人たちのことを忘れないという中心的な意図の方がより重要なのです。

イギリス連邦からインドの独立を推進したガンジーの壮大な物語は、多くのことを教えてくれます。彼が思いついた「非暴力」は一時的な救いになりましたが、それとともに残虐性のタイムスピリットを抑圧しました。そのタイムスピリットは後に彼を殺し、その後しばらくの間インドを支配することになったのです。21世紀のエルダーたちは、暴力的であると同時に非暴力的であり、そのどちらでもない存在でなければなりません。

1960年代の理想的な夢であった平等主義的なコミュニティは、強力な資本主義システムのため、また、リーダー不在の集団で有力者たちが団結できなかったために、機能しませんでした。今日、オルタナティブ・グループが力を発揮できないのはこのためです。コンセンサスにたどり着くことができないのです。民主主義は、意識的であることで初めて機能します。参加者が自分の意見を知り、他者との対立を許し、一時的な意見を超えたエルダーの感覚にアクセスできる場合にだけうまくいくのです。

権力を争うリーダーたちの混沌とした嵐をコントロールしたり克服したりすることはできないと悟っても、エルダーはディープ・デモクラシーの魔法を見つけ、常に不可能を可能にすることができるようです。支配者をコントロールしようとすることに疲れ果てたとき、初めてワールドワークのツールを使うことができます。すると誰もがリラックスし、たとえ束の間だったとしても、世界は不思議なことに再び秩序を取り戻すのです。

そのため、ディープ・デモクラシーの訓練とノウハウがなければ、古いシステムを覆して新しい、より良いシステムを創ろうとする革命は、過去の繰り返しに終わります。政府機関だけでは、ディープ・デモクラシーを実現することはできません。ヒエラルキーがまったくないシステムなど存在しないのですから、それを実現できるのは個人のアウェアネスだけなのです。私たちは勇気を持って権力を可視化し、それを支持しなければなりません。そうすれば、他の人はそれを受け入れたり、争ったりすることができます。そして何よりも、アウェアネスがあれば、より優れた他の人が現れたときに、自分の立場を離れることができるのです。

一部の哲学や信念体系とは異なり、ディープ・デモクラシーは、誰も何も救うことができないと認めることから始まります。いくつかの対立や問題を解決することはできるかもしれませんが、それは関係者全員が人間関係や組織の中で自分のエネルギーを個人的に活用するときが来たときだけ可能になることです。ディープ・デモクラシーの力と成功は、目の前のプロセスに対するアウェアネスにかかっています。そのため、ディープ・デモクラシーの霊《スピリット》は、政治における権力の行使も、平和を説くことも支持せず、むしろ、その瞬間に現れる両者へのアウェアネスを促します。何をすべきかは知りません。解決策を探そうとはしても、そのどれも信用しません。なぜなら、誰もが知っているように、すべては変化するからです。

完璧なエルダーなどいないのですから、ファシリテーターが対立する相手を大切にできないこともあるでしょう。そのような苦しい瞬間には、抑圧する側も抑圧される側も一緒になって、ファシリテーターが安全ではない世界や、問題に対しての公開討論会《オープン・フォーラム》を創っていると言って非難するかもしれません。ファシリテーターはそれに同意し、自分の無意識を詫びるしかありません。もしエルダーのアウェアネスがあるなら、誰も危険を感じることなどないからです。そして、攻撃的な当事者には怒ることを許しつつ、同時に恐怖や悲しみ、静けさに気づくことを推奨します。沈黙している人でも、自分を抑えて物事を深く考えていることを評価されたり、あるいは前に出てきて、彼らからのシグナルが暗示するような批判を行うことで、満足を覚えるでしょう。

唯一安全でない集団とは、閉鎖的な集団、変化に対するアウェアネスが存在しない世界だけです。したがって、私たち訓練中のエルダーは、成長し、他の人がすぐに私たちの立場を占めるのを祈ることで、攻撃や誤解を生き延びることができます。そして、権力者たちが私たちを弱者の擁護者だと非難する前に、その権力者たちが誰もが思っているような悪のパラダイムではなく、不安を抱えていたり、人を傷つけることに敏感であったりすることに気づくことができます。権力者たちがその地位を離れたり、襲ってくる攻撃に対応したりするには、その緊迫したシステムの中にいる他の人と同様に、彼らにもサポートが必要なのです。

もし機転に優れたエルダーであれば、マイノリティの人々に対し、自分が見かけ上、一時的に敵対者を支持しているように見えても、実際にはそれ以上のものであること、すなわち唯一存続可能な政府の種、ディープ・デモクラシーとアウェアネスの種を養っているのだと忠告しておくでしょう。しかし、マイノリティからの疑念に満ちた質問は、エルダーが自分の一部、かつて自分が生まれた場所、自分自身の無力感、無気力、痛み、怒りを忘れていることを示している可能性もあります。結局のところ、エルダーは自分が客観的な観察者などではないことを知っています。なぜなら、自分の今日の行動が、古くから続くより良い世界のビジョン、自分の時代よりずっと前に希望の火を灯し、自分の死後も世界の変化を照らし続ける炎に根ざしていることを覚えているからです。

そのため、マイノリティの人々に「即時的な具体的な変化、時間やお金をもっと得られること、私たちが大切にされることについて、どうお考えですか？」と尋ねられたら、エルダーは「そうですね、それらすべてを、もっともっと追求していきましょう」と答えるでしょう。

大きなシステムは、人間と同様に、構造的な変化、忍耐、癒しを必要とします。今日、すぐに実現できる永久的な解決策などありません。しかし、巨大なシステムやすべての人が無気力を抜け出して積極的になるのをいたずらに待っていてはいけません。忍耐は、私たちが怒りを示す能力を覆い隠すためのものではありません。忍耐は、私たちが周囲の世界を変えるために妨害を起こす際に、そして国際問題や個人の病気を喜びや満足に変える際に、私たちをしっかり安定させるものです。私たちには、自分自身の中にエルダーが現れ出るのを待っている時間すらありません。今ここで、ネットワークや個人と協働する中でエルダーになることを試みていかなければなりません。私たちの善意と努力は、眠っていた他人の叡智を呼び覚まし、一時的な解決策や戦争、平和さえも凌駕する経験をもたらすでしょう。

ニュースは日々、私たち1人ひとりに、地球の敵、戦闘状態にあるタイムスピリットを突きつけています。現在の国際的な法制度や政治制度は、誰が正しくて誰が間違っているという「真実」の判断を超えたプロセスに圧倒されてしまっています。単なる敵対関係には最終的な公平性などないことを、私たちの中のエルダーは知っています。公正な感覚は、コミュニティとのつながり、心の平穏、持続的な人間関係、集団間の緊張をプロセスするワールドワークの中でのみ生まれます。

ディープ・デモクラシーには、成功も失敗もありません。勝つことも負けることも、内側も外側も、陰も陽もありませんが、より深く、そしてより本質的です。ディープ・デモクラシーは、私たちが世界と呼ぶ全体性を生み出す渦に焦点を当てます。ある人は、この焦点が、グローバルな部族に欠けていた新たな「エルダー」という人物《フィギュア》として現れることを期待するでしょう。また、変化のすべての要素を大切にし、ファシリテートする自分自身の物事を愛する能力として、この考え方を経験する人もいるでしょう。

本書の位置づけ

本書はプロセスワーク（プロセス指向心理学とも呼ばれる）における、集団へのアプローチであるワールドワークについて詳述されたものです。プロセスワークは米国マサチューセッツ工科大学（MIT）出身で物理学の研究をしていたアーノルド・ミンデルが創始しました。大学院の留学先であったスイスのチューリッヒでユング心理学に出会い、その後ユング派分析家となったミンデルは、独自の理論を発展させてプロセスワークという学際的な手法を体系化させました。一般的な心理学の枠組みを超えて、人間関係や集団、組織や社会の問題、異なる意識状態へのアプローチ（昏睡状態の人とのワーク）など多様な領域で応用され、現在でも世界中で発展しています。

20世紀の心理学の巨人にはフロイトとユングがいます。彼らの功績は、人間が意識している領域と無意識の領域を発見し体系化したことです。しかし、彼らの実践はカウンセリンググルームでの個人的な領域に留まるものでした。

ミンデルは無意識と呼ばれる心は、内面のみならず、身体の姿勢や症状に現れたり、人間関係や人生に、集団に、社会に現れると考えました。個人の人生を振り返れば、自分の思い通りに計画・実行して進む部分と、ご縁としかいえないような自分のコントロールを超えた出来事とが相互に織りなされていることに気づくと思います。プロセスワークは世界や人生のコントロールできない部分も含めて、「プロセス」という用語を使い、無意識の理論をより分かりやすく、実践可能なものに進化させました。そこには「アウェアネス」と呼ばれる純粋な気づき、ユングの理論を発展させた「目的論」(起きてくる事象自体に意図があり、意味があると考える思想)、タオの流れを説く東洋の老荘思想、エネルギーと物質の非線形的な理論である量子物理学などが思想背景として含まれています。

ワールドワークは、ミンデルがプロセスワークを発展させる過程で生まれました。前書きでも触れられていますが、1979年頃にミンデルは複数の印象的な夢を見ています。世界中の異なる言語・民族の人々の師匠にミンデルがなっている夢や、ミンデルのセッションルームに神様が現れて新しいクライアントを連れてきた、という夢でした。その新しいクライアントとは世界だったのです。それは夢というリアリティに現れたイメージですが、その頃現実の世界ではミンデルの元に世界の異なる国々からプロセスワークを学びに来る学生が絶えませんでした。多様な集団が集まるために、民族や人種の対立、性的志向の間に生じる対立などは不可避でした。人々の関係や集団に現れる問題もプロセスであることを信頼し、取り組む過程でワールドワークという方法論が生まれたのです。

ワールドワークは、公式には国際プロセス指向心理学会（IAPOP）が主催する3～4年に一度の大きな大会として開催されます。とはいえワールドワークは、身近な家庭から組織や社会、人々が集まるところならどこにでも応用可能なものです。私自身はビジネス組織での応用に取り組んでいますが、先住民族の支援、刑務所などの矯正領域、あらゆる社会的なテーマにおいて世界中でワールドワークの実践はなされています。

現在でもミンデルの元には世界の困難な課題への相談が寄せられ続けているといいます。政治家や各国のリーダー、グローバル企業の経営者などが今ではミンデルのクライアントとなっています。まさに、神様が彼の元にクライアントとしての世界を送り込んでいるかのようです。

本書は誰のためのものか？

本書は世界に貢献すべく日々格闘しているあらゆるリーダーに読んでもらいたいと思っています。10年以上前にミンデルの住むオレゴン西海岸でセミナーに参加していたときのことを思い出します。大きな集団でワールドワークを行っていましたが、テーマは貧困格差でした。その後、小グループに別れてワークをさらに深めていたときのことです。私は、経済的に持てる側のロールに立ち、反対にいる人たちから非難を受けていました。自分の善意が伝わらず、身体はこわばっていましたが、通りがかったミンデルが私に働きかけてきました。「心も体も閉じているように見えるけど、あなたの目は彼らから逸れることはないね。それに従ってみて……その目が見ていることを信じてみて……そう……」。気づくと、私は組んでいた腕を開き、前へ歩みを進めて相手の腕を取って話しました。「あなたに攻撃されても、誤解されても構いません。それでも、悲しい現実を見過ごしたくない。私にできることはありませんか？」。私はその人と見つめ合い、言葉はなくても深く通じ合う感覚を持ちました。私たちのグループはしばらく静かになった後、各自が感情が動いたこと、溢れたことを共有しました。緊張状態が一瞬で溶ける出来事でした。後でミンデルに自分に起きたことを伝えると、「世界を助けることができるのは、力を持つ主流派からだ。その力があのように勇気を持って使われれば世界は良くなる」と彼は嬉しそうに言いました。

プロセスワークは力の心理学であると言われるほどに、パワーの扱いに敏感です。必ずしも主流派にいつも力があるわけではありませんが、世の中の影響力のある人が、力を上手に使うならば、世界中の問題は解決される可能性があるのではないでしょうか？　実際に私は企業の経営層やリーダーたちと仕事をすることが多いのですが、彼らが素晴らしいリーダーシップを発揮し力がスキルフルに使われるとき、組織やチームが変化を起こすのを何度も目撃してきました。

グローバルな世界経済・地球環境においてあらゆる制約を受けるなか、難易度の高い意思決定を迫られる大企業の経営者、政治家や行政機関のリーダー、集団を鼓舞するあらゆるリーダー、コンサルタントやコーチなど、私たちのみならず未来世代、未来の地球のために立ち上がるリーダーが本書を手に取ってくださることを願っています。また、今目の前にある現状を少しでも良きものに変えようと立ち上がっている方なら誰にでも、本書は響くはずです。

一方で、世界に大きな影響をもたらせるのは、弱い立場を生き延びてきた人々、小さな声を大切にする人々、心の深くに従う人々だとプロセスワークは信じています。数年前に日本で開催されたセミナーで再度ミンデルと話したときのことです。そのときはプロセスワークの瞑想法であるインナーワークを行っていました。自分の内側に深く潜ろうとする私の側に来たミンデルが嬉しそうに「いい感じだね！　深く深く潜ってごらん。その小さなエッセンスをしっかり持って、それを現実の世界に表現するんだ。深ければ深いほど、小さなエネルギーが大きなインパクトを与えるんだよ」と言われたことが印象に残っています。ミンデルは東洋思想や量子論を引き合いに出しながら、人が内側の本質の深い部分に従うとき、その影響は非局在的に世界に大きなインパクトをもたらすと話します。つまり、因果論を超えた不思議な影響が出るということです。実はこのことはプロセスワークを行っているとよく出会う現象です。例えばコーチングのクライアントが悩ましい関係性についてワークして洞察を得ると、その相手から謝罪の連絡が来るなど、何ともタイミングの良すぎるシンクロニシティが生じます。

プロセスワークはすべての人に、世界を変える力があると本気で信じているところがあります。そのためには、自分が本当に感じていることに心を開き、表現し、行動していく必要があります。微力ながら自分が世界や人々のために貢献したい、本書はそんな熱い想いを持っているすべての人に読んでもらいたい本です。集団を率いるリーダーである必要はありません。誰でも今ここから世界に対するワールドワークを始めることができます。世界はあなたの力と協力をいつでも必要としており、自らの力に立ち上がる人は誰もがここではリーダーと呼ばれます。

ミンデルはここ数年、プロセスワークがいかにメインストリームに近づいてきたかを話していました。私がミンデルに最初に出会った2001年頃から世界は様変わりしてきたように思います。ビジネスやテクノロジーが加速する一方で、私たちが世界にどのようなインパクトをもたらしているかもリアルタイムで見えるようになってきました。もはや力で競争に勝つだけでは、誰も幸福にならない……そんな認識を多くのリーダーは実感しているところでしょう。まさに、プロセスワークが必要とされるときがきた、そのように私自身も感じることが多くなっています。

SDGsが掲げられるように、世界は社会課題を解決するために協働しようとしています。世界のためであれ、身近な誰かのためであれ、立ち上がろうとするリーダーたちは、本書で扱われているような「対立」に直面することは避けられないでしょう。10数年前ならば、目的達成を正当化するために、力を行使して自らの道を塞ぐものをなぎ倒し、抑圧することもできたかもしれません。時代はそれを許さなくなったために、私たちには別の選択肢が必要です。対立はプロセスワークで考えれば必然なので、歓迎すべきものとされます。対立する両者には強い願いや想いがあるものです。対立を通じてこそ人間として、人類として共通する願いを持っていることに気づくことができます。差異や価値観の違いはなくならないでしょう。極端な差異の認識は戦争のようであり、歴史に根差す痛みが隠れていたりもします。ときにワールドワークは個人が抱えられないような怒りや悲しみ、痛みに触れる瞬間がありますが、深い感情が私たちをひとつにしてくれることがあります。地球環境が悪化していくことも、貧困格差が広がることも、子どもたちが幸せに安心して暮らせない社会も、心の底から望んでいる人などいないでしょう。

日本におけるワールドワークの現状

▼オープンフォーラム編

ワールドワークの実践は、集団を扱う視点からいかに世界に働きかけるか、ということです。私たちプロセスワーカーが日々取り組んでいる実践といえるかもしれません。

例えば数年前に私も教員をしている一般社団法人日本プロセスワークセンターで、原発に関するオープンフォーラムを開催したことがあります。原子力問題や、福島第一原発を取り巻く状況などを話すことには勇気を必要とします。それは、この周辺に強い感情を喚起するようなホットスポットが沢山あり、多様な立場の対立がそこに存在するからです。本書でも取り上げられているように、あえて両極を表現することは重要であるとプロセスワークでは考えます。オープンフォーラムという方法は、ワールドワークをより対話形式に落とし込んだプロセスワークの対話方法をいいます。

その時のオープンフォーラムには3人の方がゲストスピーカーとして協力してくれました。3・11当時に政府や電力会社の側についたと批判された原子力を専門とする物理学の教授、原発事故から放射能汚染を強く受けた地域出身の講演家、原発事故が起きた当時に行政担当者として日夜奮闘された官僚という方々でした。ファシリテーターの私たちも、問題の周辺にある立場や声を事前に想像してワークを繰り返しました。自分が何に反応し、どの立場に肩入れしやすいかにも注意を払い、インナーワークを行って当日に臨みました。

熱を帯びた瞬間のひとつは、原子力の専門家が原発の利点について科学者の責任として語ったときです。被害を受けた側の立場からは強い感情反応が表現されました。こうした緊張の瞬間を放置すると、対立や緊張がエスカレートするか、水面下で緊張が固着してしまうでしょう。まさに、ワールドワークのファシリテーターが介入する瞬間です。このとき、私たちは場の同意を得て、科学者の深い信念を支持し、語ってもらうことをしました。また、その後には感情的な反応がある方々の想いに参加者全員で耳を傾ける時間を持ちました。官僚の方のお話からは、命懸けで未曾有の事態に立ち向かってくれていた人々のリアリティを感じることができました。メディアを通じて政治家や官僚は批判の対象にこそなれ、このときに聞いたような話が共有されることは少ないでしょう。多様な声が場に現れ、誰もが大切な何かを代表していました。それでも悲しい現実が解決されず、無力感を感じることをファシリテーターチームの1人が感情を持って表明したとき、場がひとつになったような瞬間がありました。逆説的ですが、このような場を実現することができたこと、異なる意見と想いを目撃できたことが参加した人々に深い感情と希望を与えたように思います。強い緊張と対立の先に、小さな希望が生まれる学びを共有できた時間でした。

ワールドワークのひとつの狙いは、こうした緊張感のある対立の場に自覚を持って参画し、それらが変化することを体験することです。対立と緊張の背景にある願いや可能性に開かれる態度や準備はこうした経験から生まれます。さらに、個人が気づきを得るだけでなく、その気づきを家族や周囲の人間にも共有してほしいとミンデルはいつも話します。私たちの生きる世界のフィールドは誤解や投影、思い込みに満ちているので、周囲と話し合い共有していくことはフィールドを進化させることにもつながるからです。

▼ビジネス編

さて、弊社はビジネス分野で、特に組織開発やコーチングという領域においてワールドワークの理論と知恵を応用して実践しています。読者にはより身近なテーマとして参考になるかもしれないので私たちの実践について触れてみます。

弊社にはクライアント企業から多様なお悩みの相談が寄せられます。事業が傾きかけている中で社員に危機感が感じられない、ある組織やあるチームのエンゲージメントスコアが極端に低い、役員チームが一枚岩化できていないことを課題としているが関係構築の機会を作れない、職層間のコミュニケーションがうまくいっておらず若手や有能な社員の流出が止まらない、時代や外部環境の変化に合わせて上位下達文化を脱したいが社員が主体的に自ら動けない、など様々です。

ある大企業の一事業部の変革が大きな岐路にある段階で受けた相談がありました。社員のエンゲージメントやモチベーションは下がっており、業務負荷がリソースを逼迫し、大きな損失につながるようなミスが生じていました。変革の旗を振る事業トップは、誰よりも危機感と責任感を持ってこの問題に臨んでいました。キーマンとなる部課長層はトップの熱量と現場の反発の間に挟まれ悩んでいる様子でした。現場は現状の改善どころか、改善のための業務に忙殺され、不満や諦めが充満していました。

事前の情報収集や事務局との打ち合わせを繰り返した後、事業トップ、部課長層、現場の主任クラス30名ほどが集合して最初のワークショップを開催しました。開始前から部屋には重苦しい雰囲気が漂い、会場の後方に主任クラスが集まり暗い表情を浮かべていました。事業トップの危機感や素晴らしい変革ビジョンが彼らに伝わっていないことは、場の雰囲気から明らかでした。

最初に私たちは多忙な最中に時間を割いてくれたことをねぎらい、経緯とこれから取り組みたい流れについて共有しました。そして、組織の変革について自分はどのくらいの距離にあるか、場所を移動して示してもらいました。変革を示す象徴として、椅子をひとつ部屋の真ん中に置きました。中心近くには部課長層が集まり、それ以外の人は遠心状に部屋の隅まで広がりました。私からは「これが私たちの現在地かもしれません。良い悪いではなく、なぜ皆さんがそこにいるのか、何が起きているかを表現して共有できない限り、先に進めないのではないでしょうか？」とコメントしました。そして、なぜ1人ひとりがその場所にいるのかを話してもらいました。例えば、日常業務がいかに大変であるか、会議が多過ぎて業務を進める時間は時間外にしかない現状、上司からのビジョンやプロジェクトの共有がないこと、職種間や部門間の連携がまったく取れていないこと、人材不足解消のために新たに入ってきた人のＯＪＴにさらに工数を取られてしまう現実などが語られました。それまで見えていなかった問題の多くが明らかになってきました。

ワークショップの終盤では、事業トップ・部課長・現場という3つのロールを設定してワールドワーク的なロールプレイを行いました。ロールプレイをうまく活用することは、通常業務や会議の中ではスルーされてしまう対立軸をしっかり立て、かつ対話を促進する仕掛けとなります。また、あくまで役割としてワークを行うことでロールの背後にある想いが表現されやすくなります。

私たちがファシリテーターとして、各ロールの声を増幅して大きくすることと、その声に対して必ず応答が起きるようにファシリテーションを進行していきます。対立が背景にある場合、誰かが何かをコメントしたときに真の反応は返ってこないことが多いのですが、そのままだと対立は水面下に潜ってしまうことになります。それが症状の一端を形成しているのです。

「私のビジョンは何度も伝えてきたと思っている。なぜ理解が浸透しないのか、何か思いがあるならばこの場で表明してほしい」という事業トップの声からロールプレイが始まりました。現場の雰囲気は冷たく固まりました。現場のロールにいる人の体が動いて何かを表現するシグナルが見えたので、私がそれを捉えて「何か反応が起きていそうですね？　湧いてきている思いや反応を教えてください」と声をかけていきます。こうした介入を丁寧に行うことでスイッチが入り、現場ロールからはトップへの質問、現場で起きている悩み、不満や怒りが徐々に噴出し始め、紛糾状態になりかけました。私たちは、トップの役割も支援しながら1つひとつの問いに応答が生じるような介入を続けました。ここでは、投げられた発信、声、コメントがスルーされないことが非常に重要になります。その日に解決の糸口が見えたわけではありませんが、実際に深いレベルで起きていたことを皆が共通に認識できたことに意味がありました。次のステップを考えることを約束して1回目のワークショップを終えました。

その後、組織開発プロジェクトでは事務局やトップ、部課長層と振り返り、次のステップのデザインを相談しながら進めました。1回目のワークショップは、多くの参加者に目覚めの機会となったようでした。事業トップは自身の影響力が想像以上に強かったこと、自分の意図が誤解されて不本意に伝わっていたことを驚きを持って認識していました。部課長層には、中間に入るべき自分たちの役割が機能不全に陥っていたことに自覚が及び、日々の行動を変えるきっかけとなりました。現場に近い主任クラスにおいては上層部の意図に、善意や未来を思う真剣な覚悟があることを知り、自分の考えや立場を改める人が出てきました。

その後数回のワークショップでは、変革プロジェクトチームを各階層から募り、これまでの組織の歴史を紐解き、現状の危機感を共有し、職層間で伝え合いたい本音の対話から問題解決を行なっていくことを繰り返しました。最後には、部課長層のリーダーたちが、いかに現在が組織の危機であるかを真剣に語りました。「自分たちの力だけではこの危機を乗り越えられない。皆さんの力を貸してください」と真摯な想いを共有しました。その想いは伝わり、現場が鼓舞されるという大きな変化が生じました。後日談では、この組織は周囲が驚くほど変わり、コミュニケーションが活性化して、メンバー同士が信頼し合う明るいチームに生まれ変わったとのことでした。まさに、対立を歓迎するリーダーシップが発揮されたことで起きた変化の一例です。

私とプロセスワークとの出会い

私自身のプロセスワークとの出会いは大学の学部生の頃でした。当時の私は国際関係に関心があり国際政治のゼミに属していましたが、自分の不調から内面に関心が向き、哲学や心理学の授業に傾倒していました。特に河合隼雄の著書を通じて知ったユング心理学に強く惹かれていました。心の内面には外側と同じように世界の問題が内在（布置）されているという考え方が直感的にしっくりきたのです。その頃、周囲が就職活動に入っているかたわら、自分自身の問題に悩む状況をなんとかしたいと思い自らカウンセリングを受けてみることにしました。

思えば非常に不思議ですが、そのときに私が出会ったカウンセラーがプロセスワークの関係者だったのです。後日彼がミンデルの著書である『紛争の心理学』を翻訳されたことを知り、プロセスワークが世界に内からも外からも働きかけることを知り、衝撃を受けました。時間はかかりましたが、自分の問題の多くはプロセスワークを通じて自然と解消されていったように思います。メンタルの問題も、組織の問題も、唯一の原因があるわけではなく、複雑に事象が絡み合っているものです。

例えば、私が長年抱えていた悩みのひとつは日本において個性が本当の意味で尊重されていないのでは、という思いでした。日本は集合的な調和と美を発展させてきた一方で、集合的な意見を乱す個性を潰してしまいやすい傾向があり、ときに「出る杭は打たれる」と表現されます。プロセスワークを通じて体験的に理解できたことは、それらもフィールドの役割であるということです。個性よりも調和を重んじる役割を大切にするときもあれば、逆に個性を何よりも重要視する役割も理解できます。プロセスワーク研究所に留学しているときに、この問題は東洋と西洋の対立、差異でもあることを痛烈に感じる機会もありました。今では日本人としての自分を深く肯定できることで悩みの多くは解消されました。

人のパーソナリティは、どのように生まれ、幼少期を過ごし、誰と関わり、どんな仕事をしてきたかなどによって形成されます。こうした個人の歴史から生じる問題の多くは、訓練として受けてきた個人分析の時間で解消されました。また、個人だけでは解決されない問題も多くあることがわかりました。自分の問題背景に家族との関わりがあれば、家族との関係性を変える必要もありました。職場で起きる人間関係の問題や、いじめの問題を、誰か1人の問題として罰したとしても本質的な解決にならないことと同様です。関係の背景にはそこに影響を与えるシステムや文化、社会があり、問題はいつも相互に関連しているため、関係性へのファシリテーションが必要な場面が多くあるのです。

ワールドワークの体験といえば、20年近く前に最初に生のミンデル夫妻セミナーに出たときのテーマがワールドワークでした。全体グループでのワールドワークをミンデル夫妻がリードしたときに、短い時間で極度の緊張状態が現れ、かつそれをホールドしながら感情が語られている様を目撃したときは、何か異世界の物語を見ているような衝撃を受けました。日本のフィールドの深い部分には戦争のトラウマ、痛み、平和憲法や原爆の問題、沖縄の基地問題など多くが眠っていることもワールドワークを通じて実感を持って知ったことでした。

アメリカではクラスメイト16名の出身国が12カ国という超多文化の中で、プロセスワークを学びました。日本やアジアが、世界におけるマイノリティでもあることを痛感することにもなりました。同時に、我々日本人が持っている高いランク(影響力やパワー)があることも学びました。例えば、クラスメイトに2人日本人がいたのですが、私たちが日本語でコミュニケーションを取っている姿を見せるだけで、プロセスワークを学んだ欧米人は非常に感銘を受けていました。いかに私たちのコミュニケーションが平和的で、他者を思いやり呼吸を図り合っているかが伝わるのです。それは私たち日本人が世界に対して持っている才能、影響力、パワーともいえます。ミンデルからも私たち日本人は世界に自分たちを表現していくミッションがあるよ、と何度も言われました。

私は大学院では臨床心理学を学び、心理職としてのキャリアをスタートしました。プロセスワークを本格的に学び、応用の範囲を組織やビジネスに広げているのが現在です。内面のみならず、組織やシステム、世界に現れようとしている可能性を引き出すお手伝いや貢献を今後もしていきたいと思っています。

今後のワールドワークの可能性

SDGsが重要な指標になる今の世界においては、プロセスワークこそ必要とされる考えであり、実践であると思います。それぞれの立場に言い分があり、それぞれが歓迎される必要がある。問題は語られている表面のみに現れるのではなく、感情やフィールドが大切にされる必要がある。問題。解決はより深いエッセンス、非局在的な部分からもやって来る、といった深層民主主義の考え方はより知られる必要があるでしょう。

例えば、次の分野で今後ワールドワークがもたらす可能性が考えられます。

▼ジェンダー問題

ジェンダーに関わる話題自体が男性的な思考のフレームで語られることが多いように思います。女性活躍推進において、管理職を○○%に引き上げるなど表面的な解決では、女性が大切にされているとは感じられません。歴史を通じて、あるいは日々の中で女性が抱える感情や気持ちに男性が耳を傾ける時間が必要ではないでしょうか。実際にジェンダーの深いテーマについて対話が生じると、多くの気づきが男性側にも女性側にも生じます。家庭での夫婦関係の背景にあるものも同じ性質の対立なので、ジェンダーの問題は家庭の平穏と充足のためにも避けられない教養になります。日本の侍は感情を殺すことを美徳としましたが、男性が抱える感情が表現される時代が来たら、きっとこの問題も新たなステージに進展するのではと思います。

▼世界における日本

グローバル社会の中で日本という国、文化、民族のポジションや果たすべき役割はワールドワークを通じて知る機会にもなるでしょう。自分たちの持てる力を知ること、西洋の文化や方法に適応しつつも染まらない、そんな態度や可能性が私たちに期待されているでしょう。世界の最前線で日本の代表として活躍されている人々が痛感しているテーマかもしれません。

▼教育

力の使い方や、力が与える多様な影響力を知ることは、教育において非常に重要なテーマだと思います。大人と子どものランクがいかに違うか、いかに子ども、少年少女が弱い存在であるかを私たちは強く自覚する必要があるでしょう。子どもたちを常に指導しようとする姿勢は、力の乱用となる危険を常に含んでいます。大人も一緒に自分たちの力の使い方を学び、目覚める必要があります。理不尽な力の犠牲になりたい人がどこにいるでしょうか？　力の使い方に目覚めた社会は、力を社会や人々のために必要な形で使い、暴力的な使い方に注意深い、優しい世界を作り出すはずです。

▼政治

世の中に熱意と希望を持って政治家になっている方々が多いはずなのに、なぜ国民は政治に失望したり、政治を一部の人だけのものと感じたり、若者が政治から離れるのでしょうか。このシグナルに政治家や大人である私たちが答える必要があります。世界は問題に溢れているのに、政党同士でいがみ合っている時間はあまりないように思います。政党を超えた対話がなされたり、あらゆる国民の層に働きかける政治家の声が彼らに届き、国民の多様な声が政治家に届く必要があるでしょう。コミュニケーションの断絶は、勇気を持って直面すること、自覚することからしか始まりません。ワールドワーク、そして適切なファシリテーションが必要とされています。

▼ビジネス

あらゆる組織では「分断」が大きな問題となっています。世代間の対立、上司の力の使い方、部門間やシステム間の分断などは典型的な例です。組織がイノベーションを起こし、成長し進化していくためには、こうした対立を扱い、その先に新しい可能性を生み出し続けることが必要です。異なる立場の人々が集まるだけでは何も生まれません。遠慮と忖度から創造性に火がつくことはありません。むしろ、異なることの緊張や対立の炎を生かすからこそ、新たなイノベーションが生じます。ワールドワークやプロセスワークのファシリテーションは、組織の対立から新たな可能性を生み出すことに貢献します。

▼家庭

プロセスワークでは家庭は世界の縮図だといわれます。もし夫婦関係の問題を深掘りしようと思うならば、家族の歴史、国の歴史、社会の価値観や文化の影響と向き合うことになります。子供たちはしばしば、家族全体の問題や夫婦関係の問題に連動して症状を現します。育児を通じて地域社会や人間関係が家庭に入り込んできます。男女の闘争も、世代間の対立も家庭に内包されています。ワールドワークの種に尽きないのが家庭ですが、対立とは親密な関わりへの希求の裏返しです。家庭の調和が周囲に与える影響は大きなものとなるはずです。

これからワールドワークを学びたい方へ

弊社バランスト・グロース・コンサルティングでは、特に組織・ビジネス分野におけるプロセスワークの応用について学べる機会を用意しています。プロセスワークを学ぶことに関心があり、ワールドワークの理解と実践を深めたい方は、次の機関をご確認ください。

一般社団法人　組織開発コーチ協会

プロセスワークを企業の組織開発とエグゼクティブコーチングに応用・実践してきたバランスト・グロース・コンサルティングのノウハウを広く世の中に公開し、個人と集団両方の変化・成長を支援する「組織開発コーチ®」を継続的に輩出することを目的とした教育・研究機関です。www.odcoach.org

一般社団法人　日本プロセスワークセンター

国際基準のプロセスワーク資格である認定プロセスワークディプロメイトの養成プログラムを提供する日本で唯一の団体。年間を通して多様なプログラムが開講され、入門編からワールドワーク、プロセスワークの全領域を認定資格を持った講師陣から学ぶことができます。www.jpwc.or.jp

ワールドワーク自体をファシリテートするには、熟練のスキルと相当なアウェアネスの鍛錬が要求されますので、見様見真似で簡単にできるものではありません。多様な意見がぶつかり合う対立から新しい可能性やコミュニティ感覚が生まれる体験を、まずは専門家の元でしてみることをお勧めします。英語が得意な方はミンデル夫妻のウェブサイト（www.aamindell.net）や米国ポートランドにあるプロセスワーク研究所（www.processwork.edu）から学びの情報を得ることができます。他にも認定プロセスワーカーがそれぞれに自分の領域でワールドワークを実践していますので、ご自分に合ったトレーナーを見つけてみるのも良いでしょう。

謝辞

今回、弊社バランスト・グロース・コンサルティングより本書を刊行できたことに大変な喜びを感じています。同時に下記の方々の多大な貢献によってこのプロセスが成就致しましたので、ここに謝辞を表明させていただきます。

まずは、本書を執筆しプロセスワークを世界に生み出してくれたアーノルド・ミンデル博士に最大の謝辞を送りたいと思います。鋭い科学者の認識と、深く繊細なハートを持ったミンデル博士は、紛争地域や、社会問題の渦中に何度も入り込み、ワールドワークを生きるモデルとして体現してくれました。彼の世界に与えた貢献はノーベル平和賞に値するのではないかと思うほどです。今回、本書を翻訳出版するにあたり、私からのお願いも、ミンデル博士、そして奥さんのエイミー・ミンデル博士が快くお引き受けくださいました。

プロセスワークのビジネス世界での応用と啓蒙に注力してきた弊社は、今回の翻訳本をビジネス系の出版社から出すことを夢見ていました。ＪＭＡＭの柏原里美さんがプロセスワークを学んでいたご縁から、短期間で企画を通してくださりご多用のところ編集者の新関さんにおつなぎくださいました。新関さんはプロセスワークの中身自体にも共感と可能性を示しながら、本書の出版にご尽力くださいました。柏原さん、新関さん、ＪＭＡＭさんには感謝しかありません。

本書の翻訳にあたっては翻訳家の中尾美羽子さんに下訳をお願いし、松村、西田で修正を加えたものをＪＭＡＭさんより最終的に校正いただきました。弊社バランスト・グロース・コンサルティング株式会社は、これからもワールドワーク、そしてプロセスワークの知恵を組織開発に応用しながら組織、働く人々、世界への貢献に邁進したいと思います。最後に、共同翻訳者の西田の本書出版への強い想いとそれを実現するバイタリティなくしては、この本が世に出ることはありませんでした。こうしたプロセス（ご縁）の働きを通して本書出版に携われたことは本当にありがたい機会でした。本書が末長く、必要な読者の元に届きますように願っております。

２０２１年12月　松村　憲

Nevis, Edwin C. *Organizational Consulting: A Gestalt Approach.* New York: Gardner Press, 1987.

Nunez, Antonio. *Organizational Transformation: The Emergence of a New Paradigm.* California Institute of Integral Studies, 1988.

Porras, Jerry I., Gayton E. Germane, eds. *Organizational Development.* The Executive Course. What Every Manager Needs to know about the Essentials of Business. Reading, MA: Addison Wesley, 1989.

Rogers, Carl. *On Encounter Groups.* New York: Harper & Row, 1970.
（畠瀬稔, 畠瀬直子（訳）.『エンカウンター・グループ――人間信頼の原点を求めて』創元社. 2007.）

Rogers,Carl. *On Personal Power.* New York: Delacorte, 1977.
（畠瀬稔, 畠瀬直子（訳）.『人間の潜在力――個人尊重のアプローチ』創元社. 1980.）

Sheldrake, Rupert. "*Extended Mind, Power and Prayer.*" Psychological Perspectives 19, no. 1 (1988).

Spurr, John. "*Co-Dependence: A Process Oriented Developmental Approach.*" Unpublished doctoral dissertation, Institute of Transpersonal Psychology, Menlo Park, CA, 1989.

Stevens, Anthony. *The Roots of War: A Jungian Perspective.* New York: Paragon House, 1989.

Swan, James A. *Sacred Places.* Santa Fe, NM: Bear, 1989.

Thompson, William Irwin. *Pacific Shift.* San Francisco: Sierra Club Books, 1985.
（吉福伸逸 他（訳）.『パシフィック・シフト――文化生態圏の転換』春秋社. 1987.）

Ueshiba, Kisshomaru. *The Spirit of Aikido.* Translated by Taitetsu Unno. Tokyo and New York: Kodansha International, 1988.
（植芝吉祥丸.『合気道のこころ――「気」と「理」を和する合気の道』出版芸術社. 2008.）

Yanoov, Benyaman. *The Pursuit of Peace: A Curriculum Manual for Junior and Senior High School Teachers.* Partnership, P.O. Box 95777, Haifa, Israel, 31095, 1985.

Mindell, Amy, and Arnold Mindell. *Riding the Horse Backwards.* London and New York: Viking-Penguin, 1992.
(藤見幸雄, 青木聡(訳).『うしろ向きに馬に乗る――「プロセスワーク」の理論と実践』春秋社. 1999.)

Mindell, Arnold. *Dreambody, The Body's Role in Revealing the Self.* Boston: Sigo Press, 1982. London and New York: VikingPenguin-Arkana, 1986. Portland, OR: Lao Tse Press, 1998.
(藤見幸雄(監訳).『ドリームボディ――自己(セルフ)を明らかにする身体』誠信書房. 2002.)

Mindell,Arnold. *River's Way.* New York and London: Viking- PenguinArkana, 1985,
(高岡よし子, 伊藤雄二郎(訳).『プロセス指向心理学』春秋社. 1996.)

Mindell,Arnold. *Working with the Dreaming Body.* New York and London: Viking-Penguin-Arkana, 1986.
(高岡よし子, 伊藤雄二郎(訳).『ドリームボディ・ワーク』春秋社. 1994.)

Mindell,Arnold. *The Dreambody in Relationships.* New York and London: Viking-Penguin-Arkana, 1987.
(富士見幸雄(監訳), 藤崎亜矢子(訳).『人間関係にあらわれる未知なるもの――身体・夢・地球をつなぐ心理療法』日本教文社. 2008.)

Mindell,Arnold. *City Shadows: Psychological Interventions in Psychiatry.* New York and London: Viking-Penguin-Arkana, 1988.

Mindell,Arnold. *Coma: Key to Awakening.* Boston, MA: Shambhala, 1989.
(藤見幸雄, 伊藤雄二郎(訳).『昏睡状態の人と対話する――プロセス指向心理学の新たな試み』日本放送出版協会. 2002.)

Mindell,Arnold. *Working on Yourself Alone.* New York and London: Viking Penguin-Arkana, 1989.
(手塚郁恵, 高尾受良(訳).『自分さがしの瞑想――ひとりで始めるプロセスワーク』地湧社. 1997.)

Mindell,Arnold. *The Year I: Global Process Work with Planetary Myths and Structures.* New York and London: Viking-Penguin-Arkana, 1989.
(富士見ユキオ(監訳), 青木聡(訳).『ワールドワーク: プロセス指向の葛藤解決、チーム・組織・コミュニティ療法』誠信書房. 2013.)

Mirvis, Philip. "*Work in the Twentieth Century.*" Revision 7, no. 2 (1984).

Netanyahu, Benjamin, ed. *Terrorism: How the West Can Win.* New York: Avon Books, 1986.

Feynman,Richard. *Lectures in Physics.* New York: Addison- Wesley, 3 vols. 1963-65.
(『ファインマン物理学』岩波書店. 1986.)

Goodbread, Joseph. *The Dreambody Toolkit.* New York. VikingPenguin, 1987. Portland, OR: Lao Tse Press, 1997.

Goodman, Howard. "*Give War a Chance.*" Philadelphia Inquirer, June 19, 1987.

Grof, Stanislav. "*Perinatal Roots of Wars, Totalitarianism, and Revolutions: Observations from LSD Research.*" Revision 8, no. 1 (1985).

Hamman, Jamil. "*A Moderate Solution.*" Newsweek, Aug. 16, 1982.

Hanh, Thich Naht. *Being Peace.* Berkeley, CA: Parallax Press, 1988.
(棚橋一晃(訳).『ビーイング・ピース——一枚の紙に雲を見る』壮神社. 1993.)

Harman, Willis. *Global Mind Change: The Promise of the Last Years of the Twentieth Century.* Indianapolis: Knowledge Systems, 1988.

Hawking, Stephen W. *A Brief History of Time.* New York: Bantam Books, 1988.
(林一(訳).『ホーキング、宇宙を語る』早川書房. 1995.)

Jung, C. G. *The Collected Works. Vol. 14, Mysterium Coniunctionus.* London: Routledge and Kegan Paul, 1978.
(池田紘一(訳).『結合の神秘』人文書院. 1995.)

Kanter, Rosabeth M. *The Change Masters.* New York: Simon & Schuster, 1983.
(長谷川慶太郎(監訳).『ザ チェンジ マスターズ——21世紀への企業変革者たち』二見書房. 1984.)

Lamb, David. *The Africans.* New York: Vintage, 1987.

McGregor, Douglas. *The Human Side of Enterprise.* New York: McGraw-Hill, 1960.
(高橋達男(訳).『企業の人間的側面—統合と自己統制による経営』産能大出版部. 1970.)

Maslow, Abraham H. The Farther Reaches of Human Nature. New York: Viking Press, 1971.
(上田吉一(訳).『人間性の最高価値』誠信書房. 1973.)

Mindell, Amy. "*Moon in the Water. Meta-Skills of Process Oriented Psychology.*" Unpublished doctoral dissertation, Union Institute, Cincinnati, OH, 1991.

Mindell, Amy. *Metaskills: The Spiritual Art of Therapy.* Tempe, AZ, New Falcon Publications, 1995.
(佐藤和子(訳),諸富祥彦(監訳・解説).『メタスキル——心理療法の鍵を握るセラピストの姿勢』コスモス・ライブラリー. 2001.)

参考文献

Ackerman, Linda. "Managing Flow State." *Newsletter of Association for Human Psychology,* 1986.

Allen, R. F., and C. Kraft. *The Organizational Unconscious.* Englewood Cliffs, NJ: Prentice-Hall, 1982.

Belfore-Wilson, Maria. "*Archetype in a Group Experience.*" Pratt Institute of Creative Arts Therapy Review 3 (1982): 41-48.

Bertalanffy, Ludwig von. *General Systems Theory.* New York: Braziller, 1968.

Bohm, David. *Unfolding Meaning.* London and New York: Ark Paperbacks, 1985.

Bradford, David L., and Allen Cohen. *Managing for Excellence.* New York: Wiley, 1984.

Briggs, John, and F. David Peat. Turbulent Mirror: *An Illustrated Guide to Chaos Theory and the Science of Wholeness.* New York: Harper & Row, 1989.
(高安秀樹, 高安美佐子 (訳).『鏡の伝説——カオス・フラクタル理論が自然を見る目を変えた』ダイヤモンド社. 1991.)

Campbell, Joseph. *The Power of Myth.* New York: Doubleday, 1988.
(飛田茂雄 (訳).『神話の力』早川書房. 1992.)

Capra, Fritjof. Uncommon Wisdom: *Conversations with Remarkable People.* New York: Simon & Schuster, 1988.
(吉福伸逸 他 (訳).『非常の知——カプラ対話篇』工作舎. 1988.)

Castaneda, Carlos. *Journey to Ixtlan.* New York: Simon & Schuster, 1971.
(真崎義博 (訳)『イクストランへの旅』太田出版. 2012.)

Clancy, John J. *Invisible Powers.* Lexington, MA: Lexington, 1989.

Davis, S. M. "*Transforming Organizations: The Key to Strategy Is Context.*" Organizational Dynamics (Winter 1982): 64-68.

Devos, George Hsu, L. K. Francis, and Anthony J. Marsella, eds. *Culture and Self: Asian and Western Perspectives.* New York: Tavistock, 1985.

Dunningan, James F., and Austin Bay. *A Quick and Dirty Guide to War: Briefings on Present and Potential Wars.* New York: William Morrow, 1985.

Dworkin, Jan. "Group Process Work: *A Stage for Personal and Global Development.*" Unpublished doctoral dissertation, Union Institute, Cincinnati, OH, 1989.

Dyer, William G. *Team Building.* Reading, MA: Addison-Wesley, 1989.

Faber, M. D. Culture and Consciousness: *The Social Meaning of Altered Awareness.* New York: Human Science Press, 1981.

Feynman, Richard. "*The Theory of Positrons.*" Physical Review 76, no. 6 (1949).

著 者

アーノルド・ミンデル (Arnold Mindell)

著作に、『ドリームボディ――自己(セルフ)を明らかにする身体』(誠信書房 2002)、『プロセス指向のドリームワーク――夢分析を超えて』(春秋社 2003)、『Quantum Mind』、『シャーマンズボディ――心身の健康・人間関係・コミュニティを変容させる新しいシャーマニズム』(コスモス・ライブラリー 2001)ほか。夢とボディワーク、ユング療法とグループプロセス、意識、シャーマニズム、量子物理学、葛藤解決などを統合した革新的なアプローチで、世界中で知られている。米国内外を広く旅し、ワークショップを開催するほか、専門家会議やテレビ・ラジオ番組にも多数出演。現在は、オレゴン州ポートランドに在住。

訳 者

松村 憲 (まつむら けん)

バランスト・グロース・コンサルティング株式会社取締役、日本プロセスワークセンター教員、認定プロセスワーカー、国際コーチング連盟認定PCC

プロセスワーク理論を活用した組織開発コンサルティングやエグゼクティブコーチングの日本でのパイオニア。組織文化の変容や、組織における人間関係、葛藤解決などを得意領域とする。

西田 徹 (にしだ とおる)

バランスト・グロース・コンサルティング株式会社取締役、国際コーチング連盟認定PCC

リクルート、ボストン・コンサルティング、MBAの経験から来る左脳的なスキルと、プロセスワークの深淵な右脳的叡智を統合する「総合格闘技型」組織開発・エグゼクティブコーチングを標榜している。

監 訳 者

バランスト・グロース・コンサルティング株式会社

「戦略実行のために個人と集団の内面に変化と成長を創り出す」戦略的組織開発サービスを標榜。プロセスワークを活用した組織開発のトップランナー。“Connect Different”感動する未来を創造するために異なるものを繋ぐことをパーパスとする。

https://www.balancedgrowth.co.jp/

対立を歓迎するリーダーシップ
組織のあらゆる困難・葛藤を力に変える

2021年12月30日　初版第1刷発行

著　者——アーノルド・ミンデル
訳　者——松村憲／西田徹

監訳者——バランスト・グロース・コンサルティング株式会社

発行者——張 士洛
発行所——日本能率協会マネジメントセンター
〒103-6009　東京都中央区日本橋 2-7-1 東京日本橋タワー
TEL 03(6362)4339(編集)／03(6362)4558(販売)
FAX 03(3272)8128(編集)／03(3272)8127(販売)
https://www.jmam.co.jp/

装　　丁——山之口正和＋沢田幸平（OKIKATA）
本文DTP——平塚兼右、新井良子、矢口なな（PiDEZA Inc.）
印 刷 所——広研印刷株式会社
製 本 所——東京美術紙工協業組合

ISBN 978-4-8207-2971-6 C2034
落丁・乱丁はおとりかえします。
PRINTED IN JAPAN